지 은 이

표○○

서울대학교 건축학과를 졸업하였고, 현재 금융업에 종사하고 있다. 고소득 직종이지만, 근로소득만으로 경제적 자유를 얻을 수 없다고 생각하며, 머니 파이프라인을 확장하는데 힘쓰는 중이다. 실물 자산인 부동산으로 투자를 시작했지만, 디지털 자산이 블루오션이라 생각하여 적극 투자하고 있다. 시장의 사이클과 심리를 분석하여 투자하기를 좋아하며, 주식과 암호화폐 시장을 이끄는 주요 경제주체를 기술한 《세력》, 《고래》의 저자이다.

블로그(샤대아빠) https://blog.naver.com/psl0408

김준형

중앙대학교에서 경영학을 전공하였고, 현재 금융업에 종사 중이다. '블록체인'이라는 기술이 새로운 산업의 태동을 불러올 것이라는 점에 주목하고 있다. 주식시장에 대한 원리와 사이클에 대해 연구 중이며, 스스로 공부한 내용을 널리 전하고자 글로 정리하고 있다. 주식과 암호화폐 시장을 움직이는 주요 경제주체를 기술한 《세력》, 《고래》의 저자이다.

블로그(낮에는 투자자 밤에는 미식가) https://blog.naver.com/junkim2006

박종한

미래가치연구소의 대표이다. 부동산, 주식 등 전통적인 자산에 꾸준히 투자했고, 현재는 암호화폐에 가장 적극적으로 투자한다. 종합 베스트셀러인 《10년 후 100배 오를 암호화폐에 투자하라》를 비롯해, 6권의 책을 집필했다. 국내 1위 재테크 박람회인 〈2022 서울 머니쇼〉에서 강연했다. 암호화폐와 블록체인의 가치를 알리기 위해서 강연과 관련 콘텐츠 제작에 노력한다. 현재 〈클래스101〉에서 암호화폐 온라인 클래스를 운영하고 있다. 웹3.0, 다오, 크리에이터 이코노미에 관심이 많다.

블로그(미래가치연구소) https://blog.naver.com/lunarlover777
유튜브(박작가의 지식연구소)
https://www.youtube.com/channel/UCqaXPyhWGtS_Vt20GQQDSbg

유다나

2018년부터 BLOCKTERZ 마케팅 회사를 운영하며 국내외 블록체인 프로젝트 마케팅 및 컨퍼런스 기획 등을 담당하였다. 현재는 한중 블록체인 미디어인 치코미디어와 NFT 데이터 애그리게이터인 NFTGo의 한국 마케팅 총괄을 맡고 있다. NFTGo는 NFT 데이터 집계 및 통합 분석 플랫폼으로서 NFT 전문 지식과 정보를 제공하고 있으며, 유저들이 직접 분석할 수 있는 분석틀까지 제공한다. 이 외에도 다양한 프로젝트와 협업하며 블록체인 및 NFT와 관련된 정보를 제공하여 독자적인 커뮤니티를 형성하고 있다.

블로그(고래밥인포) https://blog.naver.com/goraebobinfo

윤형환

한국공인회계사로 삼정회계법인 및 미래에셋자산운용을 거쳤다. 현재 교육업 등 다방면으로 활동영역을 넓히기 위해 노력하고 있다. 암호화폐 투자는 2017년부터 꾸준히 해왔으며, 시장수익률 대비 높은 투자수익률을 거두고 있다. 투자 스타일은 개별 섹터에 집중하기 보다는 전체 투자시장 상황과 암호화폐 사이클을 고려하여 하는 편이다. 부족하지만 평소 주변 사람들에게 조금씩 자문해주는 내용을 책에 담았다.

유튜브(크립토 환) https://www.youtube.com/c/크립토환
이메일 soelzk5@naver.com

암호화폐 트렌드 2023

부와 비즈니스의 판도를 뒤흔들 암호화폐 전망

암호화폐
트렌드
2023

1판 1쇄 펴낸날 2022년 11월 3일

지은이 표상록, 김준형, 박종한, 유다나, 윤형환
펴낸이 나성원
펴낸곳 나비의활주로

책임편집 유지은
디자인 BIGWAVE

주소 서울시 성북구 아리랑로19길 86, 203-505
전화 070-7643-7272
팩스 02-6499-0595
전자우편 butterflyrun@naver.com
출판등록 제2010-000138호
상표등록 제40-1362154호
ISBN 979-11-90865-77-7   03320

부와 비즈니스의 판도를 뒤흔들 암호화폐 전망

암호화폐 트렌드 2023

표상록, 김준형, 박종한, 유다나, 윤형환 지음

나비의 활주로

암호화폐, 지금이야말로 투자의 적기입니다

7만 달러를 넘보던 비트코인 가격이 반토막 넘게 하락하면서 거래량마저 급감했다. 암호화폐 시장에 빙하기가 찾아온 게 아닌가 하는 분석에 힘이 실린다. 1년에 걸쳐서 80% 이상 추락하는 주기적인 현상인 '크립토 윈터'라는 분위기이다. 하지만 '골이 깊으면 산도 높다'는 사실에 주목해야 한다. 비트코인의 채굴 효율이 절반으로 떨어지는 4년 주기로 가격이 급락과 급등을 반복한다. 이러한 반감기마다 비트코인은 공급이 줄면서 전 고점 대비 적게는 6배 뛰어오른다. 2012년, 2016년, 2021년에도 어김없이 벌어졌던 일들이다.

이번 기회마저 놓칠 것인가

지난 과거의 상승과 2021년의 상승이 다른 점은 개인투자자만 있었던 암호화폐 시장에 장기보유 성향이 짙은 기관투자자가 진출했다는 사실이다. 당장 가격 변화가 크게 보이지 않더라도 전통 금융기관들이 비트코인을 매집하고 있다는 사실이 특히 중요하다. 과거의 기관투자를 단순히 대기업이 암호화폐를 보유하는 형태라고 한다면, 현재는 금융기관이 포트폴리오에 포함하는 대량매집이 진행되고 있다. 가격은 더 오를 것이고, 시장은 더 커질 것이라는 이유에서이다.

비트코인 현물을 담은 ETFExchange-Traded Fund는 1~2년 안으로 승인될 것으로 전망한다. 현물 ETF가 승인될 경우에 들어올 자금을 계산하면 비트코인 가격은 최소 10만 달러를 돌파할 것으로 예측된다. 현재 가격이 기관투자자들에게 미래를 봤을 때 충분히 매력적이기 때문에 이 시장을 키우려 하고 있다. 큰손이 투자하고 있기 때문에 뺏기지 않아야 한다.

가치는 가격에 직접적으로 반영되지 않는다. 단순히 가격이 하락한다고 파는 행위는 투자자로서 바른 판단이 아니다. 가치를 판단하는 수단이 가격밖에 없으면 가격의 오르내림에 따라 투자심리가 쉽게 흔들리게 된다. 블랙먼데이 같은 가격 폭락을 보고 주식의 가치도 함께 떨어졌을 것이라고 생각하게 된다. 하지만 실제 가치에 비해 저렴하게 살 수 있는 구간에서 매수를 결정할 수 있는 블랙프라이데이 세일(할인 행사)을 기쁘게 반겨야 한다. 쌀 때 사는 게 가장 확률이 높은 대응 방식이다. 싸진 자산은 당연히 가격이 올라갈 가능성이 가장 높기 때문이다.

비트코인은 통화혁명이다

금 태환을 중단한 1971년, 닉슨 쇼크가 상품 통화의 종말을 불러일으켰다. 중요한 것은 상품이 화폐가 되기 어려운 이유이다. 사용 가치 혹은 내재 가치가 있는 상품은 이상적인 화폐가 되기 어렵다. 가격이 오르면 공급도 증가하기 때문이다. 따라서 이상적인 화폐는 쓸모없는 화폐라고도 할 수 있다.

달러도 실질적인 내재 가치가 없는 종이 쪼가리에 불과하다. 오로지 사회적 합의에 기반하여 거래되는 것일 뿐이다. 많은 국가들이 달러를 기축통화로써 결제하는 달러본위제를 채택하고 있지만, 비트코인을 법정화폐로 채택하는 나라가 생겨나고 있다. 우크라이나-러시아 전쟁이 일어난 사이 전 세계인들은 우크라이나에 기부금을 암호화폐로 보냈다. 이는 사회적인 통용이 증대되고 있는 것을 말해준다.

암호화폐는 인터넷의 기축통화다

비트코인과 이더리움이 탄생하고 나서 지속해서 쓰이고 있다는 점은 디지털 통화의 태동을 암시한다. 비트코인처럼 통화량을 유한하도록 프로그래밍할 수 있고, 인터넷을 기반으로 매우 빠른 속도로 전 세계에 정보와 가치 전달을 동시에 할 수 있다는 점에서 암호화폐는 금융의 혁신이다. 근본적으로 블록체인의 시초인 비트코인은 가치의 전달과 저장과 관련된 일련의 행위에 위변조를 막는 프로토콜이다. 인터넷만 있다면 중앙화된 은행이 필요 없이 전 세계 누구나 지구 반대편의 누군가에게 비트코인을 보낼 수 있다. 이 기록은 '위/변조할 수 없다'는 점이 핵심이기 때문이다.

그리고 블록체인은 한 단계 진화했다. 비탈릭 부테린Vitalik Buterin이 개발한 이더리움은 비트코인의 한계점을 보완하고 블록체인 토큰이 경제활동에 사용될 수 있도록 '스마트 계약'을 도입했다. 이는 보증기관의 존재 필요성 없는 당사자 간의 계약을 의미한다. 어떤 재화를 판매하고자 하는 이가 그 판매 조건을 블록체인 네트워크에 등록하면, 구입하고자 하는 이가 상품 구매를 해당 네트워크에 참여함으로써 거래가 성사되는 것이다.

우리는 이것을 탈중앙화 또는 금융의 웹3.0이라고 부른다. 분명 이는 미래 금융의 모습일 것이다. 그리고 이 같은 미래가 메타버스 상에서 구현된다. 온라인 게임에는 수많은 토큰들이 오가며 권리를 주고받을 수 있다. 이러한 금융 거래는 어린 아이들이 좋아하는 로블록스, 마인크래프트와 같은 메타버스 세계관에서는 당연한 경제활동이라는 인식으로 자리잡을 것이다. 메타버스는 유튜브와 같은 시대적 흐름이다.

물론 비판적인 시각도 있다. 새로운 지불 시스템의 출현에는 부작용이 따르기 때문이다. 암호화폐가 투기 자산이나 자금 세탁의 수단이 될 수 있다. 그렇지만 적절한 선에서 규제가 이루어진다면 미래 통화의 태동을 위해 암호화폐는 여러 다양한 실험이 가능하다.

우리는 금본위제가 철폐되는 혁명만큼이나 이 시장의 규모와 가치가 폭발적으로 성장하는 시기를 목도하고 있다. 지금 이 순간, 암호화폐 투자는 절대 늦지 않았다.

산 정상에는 나무가 없다. 갈대만 있는데, 이는 바람이 부는 방향대로 움직일 따름이다. 암호화폐 투자로 단기간에 부자가 생겨나기도 했지만 실패한 사례도 부지기수다. 최고점에 팔겠다는 욕심을 부려서 나무처럼 행동하는 것도 옳지 않다. 빠르게 눈치를 살펴야 한다. 그러려면 현재 시장은 어떤 상황에 있고 다가올 트렌드가 무엇인지 잘 살펴야 한다. 지금부터 차근차근 정상으로 다시 올라가 보자. 이 책《암호화폐 트렌드 2023》이 그 길잡이가 되어 줄 것이다.

참고로 이 책은 암호화폐의 채택과 보험은 표상록, 웹3.0은 김준형, 디

파이와 다오는 박종한, 메타버스와 NFT는 유다나 그리고 P2E와 지표에
대해서는 윤형환이 나누어서 집필했다.

저자 일동

CONTENTS

2023 암호화폐 트렌드, 채택Adoption

CHAPTER 1 국가, 암호화폐 제도화 및 규제 현황

CHAPTER 2 VC, 디지털 자산 투자 현황과 실적

CHAPTER 3 디지털 자산 시장을 선점한 글로벌 기업

2023 웹3.0WEB 3.0 트렌드

CHAPTER 1 웹브라우저의 역사

PART 3

2023 디파이&다오 DeFi & DAO 트렌드

PART 4

2023 메타버스^{Metaverse} & NFT&P2E 트렌드

2023 보안 & 보험Security & Insurance 트렌드

2023 지표Index 트렌드

2023년 트렌드 10대 키워드

1. CBDC Central Bank Digital Currency

각국의 중앙은행에서 발행하는 디지털 화폐인 CBDC Central Bank Digital Currency에 대한 논의가 전 세계적으로 일어나고 있다. 디지털화에 따른 경제적, 사회적 영향이 크고 전 세계적으로 현금 이용 비중이 줄어들고 있기 때문이다. 디지털 자산 시장이 확장되고 있고, 정부가 관리하는 디지털 공공 화폐 도입의 필요성이 커지는 중이다.

2. 스테이블 코인 Stable Coin

스테이블 코인은 중앙은행에서 발행하는 CBDC와 달리 민간에서 발행한 것으로, 주로 법정 화폐나 금과 같은 담보물에 일대일로 가치가 고정되어 변동성을 최소화하는 암호화폐이다. 테라-루나 사태로 인해 스테이블 코인을 규제해야 하는 목소리가 커지고 있다. 각국의 규제하에 CBDC와 스테이블 코인이 공존할 수 있는 것인지, 기존의 스테이블 코인의 장점만을 모은 새로운 스테이블 코인이 등장하여 암호화폐 시장이 성장하는 계기가 될 수 있다.

3. 웹3.0 Web3.0

웹3.0은 개인이나 기업이 소유한 서버에 저장된 중앙 집중화된 방식이 아니라 블록체인 및 DAO와 같은 분산 기술을 기반으로 구축된 탈중앙화 인터넷이다. 블록체인은 '데이터를 기록한 장부'를 네트워크에 참여한 사람들에게 보상해준다. 개인 데이터에 대한 소유권은 개인에게 돌아가며 스스로 콘텐츠 제작자이자 배포자가 되고, 나아가 플랫폼이 될 수 있는 생태계가 만들어지고 있다.

4. 메타버스Metaverse

메타버스는 사용자 아바타가 다양한 몰입형 콘텐츠를 즐길 수 있고 만들기도 하는 모든 온라인 공간을 지칭한다. 웹3.0 기반의 탈중앙화된 메타버스에서 암호화폐를 사용하고 가상 세계에서 사람들이 참여하는 방식을 변화시킨다. 향후 메타버스는 촉각, 후각, 미각 및 기타 감각 경험에 대한 인간의 감각을 디지털화하여 가상과 실제 공간을 연결할 것이다.

5. NFTNon-Fungible Token, 대체 불가능 토큰

디지털 가상 세계에서 경제활동의 중요한 축인 디지털 자산으로서 NFT를 기반으로 한 커뮤니티와 다양한 비즈니스가 생겨나고 있다. 멤버십 입장권으로 커뮤니티에 참여할 수 있는 권한을 얻는다. 커뮤니티 운영에 적극적으로 참여하고, 자신을 표현할 수 있는 공간으로서 MZ 세대들이 선호하는데, 재미를 느끼면서도 수익 창출 및 투자 수단으로서의 가치를 지닌다.

6. X2E^{X to Earn}

게임하면서 돈을 버는 P2E^{Play To Earn}가 급속도로 성장하였다. 운동하며 돈 버는 M2E^{Move To Earn}, 크리에이터가 돈 버는 환경인 C2E^{Create To Earn}와 같은 X2E 비즈니스 모델이 다양하게 생겨나고 있다. 하지만 X2E는 규제에 민감하여 커뮤니티 및 생태계 확장에 한계가 있는데, 각국 정부의 규제 정책에 따라 비즈니스가 성장하거나 중단될 갈림길에 놓여 있다.

7. 크로스 체인^{Cross Chain}

크로스 체인은 독립적인 블록체인 생태계 간 상호운용성을 증진하게 해주는 기술을 일컫는다. 이더리움의 확장성이나 여러 레이어^{Layer}1 코인들을 연결하는 크로스 체인이 부상하고 있다. 서로 다른 암호화폐간의 교환이 이루어질 경우에 복잡한 단계나 절차 없이 연결하여 시간과 비용을 절감한다.

8. 디파이2.0^{DeFi2.0}

디파이는 전통 금융의 비즈니스 모델을 기반으로 새로운 서비스를 탄생시켰다. 기존의 디파이 프로토콜은 탈중앙화 거래소를 통해 서비스 제공에 필요한 유동성을 확보하기 위한 거버넌스 토큰 등을 인센티브로 제공해왔다. 서비스 초기에는 유동성이 확보되지만 다른 경쟁 프로토콜이 생겨나면 유동성이 이탈하고, 토큰 가치 및 프로토콜의 가치가 하락한다. 디파이2.0에서는 거래수수료 수입만으로도 유동성 제공자에게 충분한 경제적 이익을 줄 수 있어 프로토콜이 지속 가능할 것이다. 기존 금융의 장벽을 허물고, 접근 용이성 및 투명한 거래 시스템을 통해 미래 금융 시스템으로서의 지위를 공고히 하리라 예상한다.

9. DAO Decentralized Automous Organization

이는 탈중앙화된 자율 조직을 의미한다. 모든 구성원은 동등하며, 수평적 구조이다. DAO의 구성원은 토큰 보유자이면서 이해관계자로 참여하여 DAO의 이익을 공유하고 발전에도 기여한다. DAO는 웹3.0을 구현하기 위한 새로운 형태의 최적화된 조직으로서 경제, 사회, 문화, 비즈니스 구조 등 다양한 분야에서 근본적인 변화를 이끌어낸다.

10. 디지털 커뮤니티 Digial Community

웹3.0, NFT, DAO가 성장하면서 디지털 커뮤니티의 성장도 필연적이다. MZ 세대들이 자신의 목소리를 낼 수 있고 자신을 표현하면서 인정받을 수 있는 곳이 커뮤니티이다. 웹3.0 시대에서 사람들이 참여하도록 독려하는 커뮤니티 매니저의 영향력도 커지며, 커뮤니티 매니저는 MZ 세대들에게 각광받는 직업 중의 하나가 되어 가고 있다.

2017~2022년 암호화폐 트렌드

트렌드 하나,
투기성 자산에서 평화의 상징이 된 비트코인

2017년, 비트코인 열풍을 만든 것은 오로지 개인투자자의 수급이었다. 당시 비트코인은 '투자'라기 보다는 '투기'라는 인식이 강했다. 그런데 대중적인 디지털 자산 투자 상품이 된 계기가 있었는데, 바로 2017년 말, 비트코인이 시카고선물거래소CME에 상장되어 선물 거래를 할 수 있게 된 것이다. 비로소 이를 통해 누구나 더 쉽고 편리하게 비트코인을 거래할 수 있게 됐다.

2017년 이후 4년이 지나고 2021년, 비트코인 상승 사이클에는 기관이 참여하였다. 큰손들이 들어온 것이다. 비트코인은 4년마다 찾아오는 반감기를 기준으로 상승과 하락 사이클이 있다. 반감기란 비트코인 채굴량과 이에 대한 보상이 이전에 비해 반으로 줄어드는 시기를 말한다. 반감기를 거치면서 2009년, 1블록(채굴 단위)당 50 비트코인(하루 생산량 7,200 비트코인)이던 보상은 2012년, 25 비트코인(하루 생산량 3,600비트코인) 2016년, 12.5 비트코인(하루 생산량 1,800 비트코인) 2020년, 6.25 비트코인(하루 생산량 900 비트코인)으로 줄었다.

코로나로 인해 유동성이 증가했던 2020년, 2021년부터 기관들은 헤징 Hedging 수단으로 암호화폐를 투자자산으로 고려하기 시작했다. 팬데믹 이후 미국 증시든 국내 증시든 다 올랐지만 2020년 한 해, 수익률로 따지면 이더리움과 비트코인을 따라올 것이 없다. 비트코인을 자산으로 인식하기 시작한 미국의 헤지펀드들은 2021년 초부터 이미 발 빠르게 포트폴리오에 편입시켰고, 비자나 페이팔에서는 '결제 시스템에 비트코인을 허용하기로 하겠다'는 발표까지 하였다.

미국 최대 투자은행인 JP모건은 암호화폐에 대해 가장 회의적인 은행이었다. 2017년, JP모건의 제이미 다이먼James L. Dimon 회장은 비트코인을 사기라고 비난하며 비트코인을 취급하는 트레이더는 즉각 해고하라고 했다. 2021년, 비트코인에 대한 투자 관점을 완전히 바꾸면서 개인 자산가를 대상으로 비트코인 액티브 펀드를 내놓았다. 월가 대형 은행인 모건스탠리는 2021년 3월, 비트코인 전용 펀드를 제공했다. 관련 상품 중 하나인 'FS NYDIG 셀렉트 펀드FS NYDIG Select Fund' 출시 14일 만에 2,940만 달러(약 330억 원)를 모집했다. 모건스탠리의 비트코인 펀드는 보유 자산이 200만 달러(약 22억 원) 이상인 고객에게만 제공되었고, 높은 가격 변동성 때문에 순자산의 2.5%까지만 투자할 수 있었다.

국가도 나섰다. 엘살바도르는 경제 규모가 큰 국가가 아니지만, 세계 최초로 비트코인을 법정 화폐로 도입했다는 것은 상징적인 일이다. 기득권층은 비트코인을 기존 금융산업에 대한 도전이라고 생각한다. 사실 비트코인의 도입은 기득권자가 가진 것을 직접 빼앗는 것이 아니다. 블록체인 기술을 활용해 새로운 산업을 만들고, 신규 경제 영역을 확장하며 부의 질서를 다시 정립하는 것이다. 개발도상국인 브라질, 베네수엘라, 아르헨티나 등 인플레이션으로 지친 중남미 국가에는 기회인 셈이다.

우크라이나러시아 전쟁 속에서 비트코인은 빛났다. 우크라이나 부총리가 기부금을 받는 암호화폐 지갑 주소를 입력해 놓은 트위터를 올렸다.

전 세계인들이 전통적인 방식의 기부가 아닌 암호화폐 기부 주소를 통해 비트코인을 기부하였다. 전쟁이 나더라도 인터넷망만 연결이 유지되면 안전하게 어디에서든 암호화폐로 대금 지급이 가능하기 때문이다. 비트코인은 평화의 상징이 되었고, 암호화폐의 영향력이 이전보다 더 강해지고 있음을 보여주었다. 드디어 비트코인이 투기성 자산이라는 허물을 벗게 되었다. 가격은 많이 내려가 있지만 지금은 현물 ETF 승인을 기다리면서 다음 반감기를 기다리고 있다.

트렌드 둘,
블록체인 플랫폼의 시대를 연 이더리움

비트코인에 의해서 블록체인이 주목받았지만, 기술적으로 더욱 높은 성취를 이룬 것은 이더리움Ethereum이다. 이더리움은 블록체인 기술을 이용해서 왜 화폐 거래만 해야 하는지에 관한 근원적인 의문에서 시작되었다.

이더리움의 창시자인 비탈릭 부테린은 10대 시절 비트코인 네트워크에서 왕성하게 활동했다. 그리고 2013년, 금융 분야에 한정된 블록체인을 다른 서비스에도 적용하기 위해 〈이더리움 백서〉를 작성하고, 개발을 제안했다. 당시 그의 나이는 19세였다. 이후 2015년 7월 30일, 이더리움 서비스를 정식으로 시작했다.

이더리움은 튜링 완전한 프로그래밍 언어를 도입했고, 해당 언어로 작성된 프로그램은 어떤 환경에서도 똑같은 결과를 낼 수 있도록 설계되었다. 이를 위해서 부테린은 이더리움 가상기계EVM, Ethereum Virtual Machine를 고안했고, 그 핵심에는 스마트 컨트랙트Smart Contract가 있다. 이는 코드에 적힌 계약 조건을 만족하면 자동으로 계약이 성립되도록 설계된 프로그램이다. 스마트 컨트랙트에 의해서 각 비즈니스의 다양하고 복잡한 계약 패턴을 처리할 수 있게 되었다.

또한 이더리움은 탈중앙화 애플리케이션인 디앱DApp을 개발하고 운영할 수 있는 플랫폼이다. 2015년, 비탈릭 부테린이 제안한 ERC-20Ethereum Request For Comments 20이 채택된다. ERC-20은 이더리움 네트워크상에서 유통할 수 있는 토큰Token의 호환성을 보장하기 위한 표준이다. 이 규약을 통해 개발자들은 별도의 복잡한 프로그래밍 없이 토큰을 생성할 수 있게 되었다. 덕분에 인센티브 구조를 효율적으로 설계할 수 있게 되어 다양한 디앱들이 등장하게 되었다. 이후 상호운용성을 바탕으로 탈중앙화 금융 디파이DeFi가 성장했고, 이는 이더리움 생태계를 크게 확장하는 데 기여했다.

2018년, 이더리움은 세상에 단 하나만 존재하는 고유한 토큰을 만드는 표준인 ERC-721을 채택했다. ERC-721은 NFT가 성장할 수 있는 기반이 되었다. 블록체인 산업은 토큰과 더불어 예술품, 게임, 엔터테인먼트, 패션, 디지털 신분증 등으로 분야를 확장했다.

이더리움은 네트워크의 보안성을 강화하기 위해 트랜잭션 발생 시 수수료인 가스비Gas Fee를 지불하도록 설계되었다. 사용자가 낸 가스비는 이더리움 블록체인을 검증하는 채굴자에게 보상으로 돌아간다. 이 과정에서 트랜잭션이 과열되며 가스비가 지나치게 상승하는 확장성Scalability 문제가 발생했다. 이더리움의 느린 속도와 비싼 거래 수수료로 인해 솔라나SOL,

아발란체AVAX, 카르다노ADA, 폴카닷DOT 등 경쟁 레이어1이 급부상했다. 이더리움의 확장성을 보완하기 위한 레이어2 개념도 등장했다.

이더리움은 2.0 업그레이드를 통해 네트워크 확장성을 개선할 것을 약속했다. 이더리움과 이더리움2.0의 중요한 차이는 합의 알고리즘을 작업증명PoW에서 지분증명PoS으로 변경하는 것이다. 2022년 9월 15일, 이더리움은 블록체인 역사상 가장 큰 이벤트 중 하나인 더머지The Merge 업데이트를 성공적으로 마쳤다. 더머지 업데이트를 통해 이더리움의 기존 실행 레이어와 지분증명 합의 레이어인 비콘체인Beacon Chain이 결합했고, 이를 통해 지분증명으로 전환되었다.

그런데 이더리움2.0 업데이트는 모두 끝난 게 아니다. 더머지는 이더리움 네트워크를 에너지 효율적이고, 안전하게 만드는 목적이었다. 이제 샤딩Sharding을 통해서 더 많은 확장성을 구현할 수 단계로 나아가야 한다. 이를 위해서 앞으로 4단계의 업데이트 과정이 남아있다. 더서지The Serge, 더버지The Verge, 더퍼지The Purge, 더스프러지The Splurge이다.

샤딩은 레이어1 블록체인을 여러 개로 쪼개는 것을 의미한다. 노드들은 쪼개진 샤드의 트랜잭션을 검증하고 저장하면서 전체적인 네트워크의 부담을 줄이고, 효율성을 증가시킨다.

더머지에 이어서 샤딩까지 성공적으로 완료할 경우 이더리움2.0의 성능은 비약적으로 상승하게 된다. 이더리움은 초당 100,000개 이상의 트랜잭션을 처리할 수 있다고 한다. 그러면 목표로 하는 월드 컴퓨터에 더욱 가까워지게 된다. 이더리움2.0의 핵심가치인 탈중앙화Decentralization, 지속성Longevity,

보안성Security, 간소성simplicity, 견고성Resilience도 더욱 강화될 것이다.

트렌드 셋,
금융을 혁신한 디파이

디파이De-Fi는 탈중앙화된 금융 시스템을 뜻한다. 정부와 기업 등 중앙통제 기관 없이 블록체인 기술로 다양한 금융서비스를 제공하는 것이다. 올해 초, 디파이 시장은 TVTotal Valued Locked, 프로토콜에 예치된 암호화폐의 가치를 의미가 300조 원에 달할 정도로 크게 성장하였다.

디파이 시장이 성장할 수 있었던 근간은 테더사Tether Limited가 발행한 스테이블 코인 USDT테더에 있다. 테더는 1테더에 1달러의 가치를 지니게 한 달러 담보 스테이블 코인으로 암호화폐의 문제점인 변동성 리스크를 없앴다. 테더 이후 DAI다이, USDC서클와 같은 스테이블 코인도 등장하며 디파이 생태계는 점점 커졌다. 해외 거래소는 암호화폐를 매각하면 테더로 바꿔주고 다시 테더로 암호화폐를 살 수 있게 할 정도로 디파이는 성장하였다.

디파이가 신뢰를 얻기 시작하면서 기존 은행처럼 담보대출 시스템이 성장하게 되었다. 그런데 문제는 디파이는 완전히 탈중앙화 되어 있기 때문에 시스템에 올릴 암호화폐를 결정하는 등의 의사결정을 할 주체가 없는 것이다. 그래서 '거버넌스Governance 토큰'이 등장하게 된다. 대표적인 거버넌스 토큰은 컴파운드Compound의 COMP토큰이 있다. COMP토큰은 예치와 대출을 반복하며 이자를 받아가는 '이자 농사Yield Farming'라 불리는 개념을 탄생시켰고, 이는 2020년 말 디파이를 폭발적으로 성장하게끔 하였다.

디파이 시장이 커졌지만 또 하나의 문제가 생겼다. 유동성 제공자의 부재로 인해 호가창이 비어 거래가 잘 되지 않은 것이다. 유니스왑은 두 종류의 코인 비율이 서로의 가격이 되는 '페어예치'라는 것을 등장시켜 이 문제를 해결하였다. 두 종류의 암호화폐를 페어로 예치(유동성 공급)하여 사람들이 두 코인을 스왑이라는 기능을 통해 언제든 교환하게 할 수 있도록 한 것이다. '유니스왑'은 또 배당 뿐만 아니라 거래수수료를 사람들에게 돌려주어 디파이 거래량이 크게 늘어나게 했다.

이렇게 디파이가 활성화되며 폴리곤Polygon, 클레이튼Klaytn 등 엄청나게 많은 디파이가 나타나게 되었다. 그러나 서로 다른 블록체인 사이를 자산을 가지고 넘나들게 할 수는 없었다. 그래서 체인들 간의 이동을 연결시켜주는 '브릿지'라는 서비스가 생겨났다. 대표적인 브릿지로는 오르빗 체인이 있다. 그동안 디파이는 투자자들에게 탈중화거래소DEX에 유동성을 공급한 대가로 수수료를 지급하는 시스템을 제공해왔다. 하지만 높은 이자율로 초기 투자자들을 모으는데 성공했지만, 지속 가능성에 대해서는 여전히 의문점이 남는다. 유동성 풀에 대한 소유권이 유동성 제공자에 있어 언제든 이탈할 수 있기 때문이다. 이를 해결하기 위해 등장한 것이 디파이2.0이다. 그 중 올림푸스 다오Olympus DAO는 유동성 풀을 통제시키는 것으로 이 문제를 해결하려고 노력한다.

2022년 5월, 루나 사태로 스테이블 코인에 대한 안정성과 디파이의 신뢰는 많이 무너진 상태이다. 하지만 디파이는 짧은 기간 동안 기존 전통 금융이 안고 있는 많은 문제점을 해결하고 대안을 제시해 왔다. 시장 분위기는 좋지 않지만 현재 문제점으로 지적되는 것들을 어떻게 극복하고 앞으로 얼마나 발전할지 디파이의 앞날이 궁금해진다.

트렌드 넷,
NFT 태생기 그리고 필연적인 성장통

NFT^{Non-Fungible Token, 대체불가능 토큰}는 각종 자산에 기반하여 발행되는 토큰으로, 토큰별 고유한 꼬리표가 붙어 대체 불가능한 특성을 가진다. 다시 말해서, 블록체인에 저장된 디지털 증명서로 디지털 자산의 소유권, 판매 이력, 거래 명세 등의 정보를 담고 있다.

NFT는 아트(예술품), 상품(수집품), 게임, 메타버스, 유틸리티 등 다방면으로 시장을 확장하고 있으며, 메타버스와 연계하여 미래의 성장 산업으로 자리 잡고 있다. 2017~2021년은 NFT의 태생기로 볼 수 있으며, 2021년에 시장이 폭발적으로 성장하며 성장기를 겪었다.

최초의 NFT 개념이 소개된 것은 2012년 출시된 '컬러코인^{Coloured Coins}'이지만, NFT가 주목받기 시작한 것은 2017년이다. NFT의 시조로 불리는 '크립토펑크[1] 프로젝트'가 2017년 시장에 발표되며 세상의 관심을 받았기 때문이다. 이후, 대퍼랩스^{Dapper Labs}가 이더리움 ERC-721 기반으로 개발한 가상 고양이를, 크립토펑크 : 라바랩스^{Larva Labs}가 이더리움 ERC-20을

---

1 크립토펑크 : 라바랩스(Larva Labs)가 이더리움 ERC-20을 변형하여 실험적으로 개발한 NFT 프로젝트

2017~2021년 NFT 시장 규모

연도	2017	2018	2019	2020	2021
규모	30,975,025 달러 (389억 원)	40,961,223 달러 (514억 원)	123,999,573 달러 (1,557억 원)	372,203,300 달러 (4,675억 원)	16,898,362,987 달러 (212,243억 원)
전년비	-	+32%	+203%	+200%	+4,440%

출처 Nonfungible.com

변형하여 실험적으로 개발한 NFT 프로젝트 키우는 게임 '크립토키티'를 출시하며 NFT의 시작을 알렸다.

그렇지만 NFT의 광풍이 불며 투자가 본격화되기 시작하였을 때는 2021년이다. 3월 마이클 윙켈만(닉네임, Beeple)이 제작한 디지털 회화 〈매일: 첫 500일(Everydays: The First 5000 days)〉은 크리스티 경매에서 6,934만 달러(880억 원)에 낙찰되며 NFT에 대한 세간의 주목이 집중되었다. 이후 유가랩스 Yuga Labs의 BAYCBored Ape Yacht Club, 사이버콩즈CyberKongVS 등의 NFT 프로젝트가 시장을 이끌었으며, 국내에서는 메타콩즈Metakongz NFT 프로젝트가 인기를 끌었다. 이후 NFT는 P2EPlay To Earn 모델을 통해 게임 분야에서 주목받았다. P2E는 게임 플레이를 통해 수익을 창출하는 것으로 NFT 기술을 활용한다. 대표적인 예로는 엑시인피니티, 위믹스 코인을 들 수 있다. 2022년에는 M2EMove To Earn 모델을 통해 StepN, StepApp 등이 출시되며, NFT와 실생활이 더욱 접목되는 엑스투언X To Earn이 나오기 시작하였다.

하지만 2022년, NFT 광풍 이후 거품론이 부상하였다. NFT 데이터 분석 사이트인 넌펀저블Nonfungible 자료에 따르면, NFT 평균 판매가격은

2022년 1월, 880만 원에서 2022년 3월, 254만 원으로 하락했고, 가장 큰 NFT 마켓인 오픈씨OpenSea 매출은 2022년 1월, 6조 4,000억 원에서 2022년 2월, 3조 2,000억 원으로 반토막 나면서 거품론에 불을 지폈다. 이런 와중에 BAYC와 크립토펑크의 판매는 오히려 증가하여 거품론을 반박하고 있다.

NFT 거품론에 대해서 어느 쪽의 주장이 옳고 그르다를 판단하기는 쉽지 않다. 그렇지만 NFT는 아직 초기 단계이고, 중·장기적으로는 메타버스의 부상으로 디지털 세계와 현실 세계의 경계가 옅어질 것이다. 이런 상황에서 NFT는 양쪽 세계를 잇는 게이트웨이 역할을 하게 될 것으로 보인다. 미래가치에 대하여서는 각자 고민하고 판단해보길 바란다.

트렌드 다섯,
중앙화 거래소와 탈중앙화 거래소

암호화폐 거래소는 중앙화 거래소와 탈중앙화 거래소로 구분할 수 있다. 중앙화 거래소는 모든 거래가 거래소에 의해서 통제되며 거래 데이터도 서버에 기록된다. 빠른 정산 시간, 높은 거래량, 지속적인 유동성을 제공하고 이용이 쉽고 번거로움이 덜하지만 자금 손실 및 해킹 등의 위험성이 있다. 중앙화 거래소는 대표적으로 바이낸스, 코인베이스, FTX , 쿠코인, 업비트 등이 있다.

정부가 암호화폐 거래 실명제를 도입하면서 기존 은행의 거래소 가상계좌 발급이 중단되자 기존 은행과 실명계좌 계약을 맺은 5대 거래소(업비트 · 빗썸 · 코인원 · 코빗 · 고팍스)를 제외한 나머지 중소형 거래소로 나누어지게 되었다. 2017년 말 핀테크 회사인 두나무가 설립한 업비트는 4년 만에 누적 회원 수가 890만 명에 달하며, MZ 세대가 가장 많이 이용하고 있는 것으로 나타났다.

'국내 1호 가상자산 사업자'가 되면서 시장 점유율은 2021년 9월 기준, 88.25%로 2위 빗썸은 약 7.53%로 80% 이상의 차이가 난다. 2021년, 매출 3조 7,506억 원 영업이익 3조 2,714억 원이라는 엄청난 실적으로 상장에 대한 전망도 나왔지만 2022년, 투자 심리가 위축되면서 암호화폐 거래량이 감소하기 시작하여 두나무의 영업이익은 전년 동기 대비 40% 넘게 줄어들었다.

탈중앙화 거래소는 중앙화 거래소와 달리 자동화된 스마트 컨트랙트 기능을 통해 중개인이나 관리자 없이 개인간의 거래가 가능한 P2P 거래 방식이다. 사용자가 개인 키를 보유하고 있으며, 고객의 자금을 직접 보관하지 않기 때문에 잠재적인 해킹이나 도난 당할 위험이 적다. 하지만 중앙화 거래소보다 거래 과정이 복잡하여 초보 암호화폐 투자자가 사용하기 힘든 단점이 있다. 여기에는 유니스왑, 스시스왑, 밸런서 등이 있다.

암호화폐 대중 판매는 ICO, IEO, IDO 방식이 있다. ICO Initial Coin Offering는 2017년부터 거래소 상장 전부터 프로젝트의 자금 조달을 위한 수단으로 많이 쓰였다. 하지만 사기 프로젝트와 폰지 사기 증가로 인해 ICO 열풍은 시들해졌으며, 2018년에는 ICO의 대안인 IEO Initial Exchange Offering가 등장했다.

IEO는 바이낸스 런치패드와 같은 중앙화 거래소에서 토큰이 상장되기 전 상장가보다 싸게 구매할 수 있으며, 거래소가 해당 프로젝트와 팀을 검증한다. 투자자들은 사기를 당하지 않을 가능성이 높기 때문에 투자자와 암호화폐 커뮤니티에서 신뢰를 얻었다.

IDO(Initial Dex Offering)는 탈중앙화거래소(DEX)에서 발생하는 암호화폐 토큰 세일즈이다. 거래소에 상장되기 전에 토큰을 판매하는 ICO와 다르게 IDO에서는 토큰이 출시되는 즉시 DEX에 상장된다. IDO는 DAO MAKER, POLKASTATER 등의 IDO 플랫폼 런치패드를 통해 토큰을 판매한 후 DEX에 유동성 풀이 생성된다. 중개자 없이 유동성 풀을 통해 자금을 조달할 수 있다. 대부분의 DEX 런치패드는 커뮤니티 거버넌스에서 실행된다. 이처럼 암호화폐 거래소와 암호화폐 판매 방식도 변화하지만 거래소를 기준으로 암호화폐 산업이 끊임 없이 성장하며 제도권으로 나아가고 있음을 보여준다.

2022년 10월 현재, 정부와 전통 금융권에서도 거래소 설립을 검토 중이라는 소식이 점점 들려오고 있다. 금융위원회는 증권형 코인을 자본시장법에 따라 증권상품으로 취급하게 되면 증권사에서도 사고팔 수 있을 거란 전망이 나온다. 금융투자협회도 대형 증권사들과 대체거래소를 검토 중이다. 부산시는 블록체인 규제자유특구로서 바이낸스와 디지털자산거래소 설립을 위한 업무협약을 체결하고 부산광역시에 거래소 설립을 준비한다고 발표했다. 불법으로만 여겨지던 가상자산이 제도권으로 들어가면서 기존 금융권에서 취급하는 것 자체가 고무적인 현상이다.

PART 1

2023
암호화폐 트렌드,
채택 Adoption

CHAPTER 1

국가,
암호화폐 제도화 및
규제 현황

인플레이션 위기 돌파구,
비트코인 채택

2021년 6월 9일, 엘살바도르는 비트코인을 법정통화로 승인한 첫 번째 국가가 되었다. 나이브 부켈레^{Nayib Bukele} 대통령은 2021년 6월 5일, 마이애미에서 열린 '2021 비트코인 콘퍼런스'에서 비트코인을 법정통화로 승인하기 위한 법안을 의회에 제출하겠다고 하였다. 또한 의회에 제출한 법안이 84표 중 62표의 찬성으로 즉시 승인되며 최초로 비트코인을 법정통화로 승인하는 역사적인 순간을 맞이했다.

2022년 4월 7일, 온두라스 경제특구가 비트코인을 포함한 암호화폐를 법정통화로 채택하였다. 온두라스 로아탄섬에 위치한 '프로스페라 경제특구'는 성명을 내고, 관할구역 내에서 '비트코인과 기타 암호화폐가 법정통화로 쓰일 수 있다'고 밝혔다. 아직 중앙정부 차원에서 비트코인을 법정통화로 채택한 것은 아니지만, 비트코인을 법정통화로 채택한 두 번째 국가(지방자치단체)였다.

Nayib Bukele 🇸🇻 ✔
@nayibbukele

The #BitcoinLaw has been approved by
a supermajority in the Salvadoran
Congress.

62 out of 84 votes!

History! #Btc ₿ 🇸🇻

출처 Tweets with replies by Nayib Bukele (@nayibbukele) / Twitter

같은 달인 4월 21일, 중앙아프리카공화국은 비트코인을 법정통화로 채택하였다. 포스탱 아르샹제 투아데레Faustin Archange Touadera 대통령은 비트코인을 법정통화로 만드는 법안에 서명했고, 의회에서 만장일치로 통과했다.

비트코인을 법정통화로 채택한 국가들

국가	엘살바도르	온두라스 경제특구	중앙아프리카공화국
비트코인 법정통화 채택	2021년 6월 9일	2022년 4월 7일	2022년 4월 21일
인구	655만 명 (세계 111위)	1,022만 명 (세계 89위)	501만 명 (세계 124위)
GDP	246억 달러 (세계 96위)	238억 달러 (세계 97위)	23억 달러 (세계 152위)

출처 네이버, 코인마켓캡 (https://coinmarketcap.com/ko/legal-tender-countries/)

개발도상국들이 비트코인을 채택한 이유는 아래와 같다.

첫째, 송금 비용과 시간을 절약할 수 있다는 것이다. 엘살바도르는 국민의 70%가 기존 은행 시스템을 이용하지 않고 있다. 그리고 해외 이민자들이 엘살바도르로 보내는 송금액이 2020년 국내총생산GDP의 24%(연간 59억 달러, 7조 원)를 차지할 정도로 송금의존도가 높고, 수수료 비용만 GDP 대비 1.6% 규모이다. 부켈레 대통령은 기존 은행 시스템이 아닌 비트코인 시스템을 사용하면 훨씬 더 빠르고 저렴하게 송금할 수 있어, 효율성을 높일 수 있다고 판단하였기 때문이다.

둘째, 미국의 통화정책으로 인한 인플레이션에 대응하기 위해서이다. 엘살바도르는 자국 화폐인 콜론 가치가 너무 많이 떨어져 2000년부터 미국의 달러를 법정통화로 사용하고 있었다. 그런데 코로나19로 인한 미국의 양적완화 정책이 시행되었고, 엘살바도르는 달러를 적시에 공급받지 못하고 달러에 의존하던 시스템에 문제가 생겨 이에 대응하기 위해 비트코인을 법정 통화로 채택한 것이다.

개발도상국으로 갈수록 무한정 발행되는 달러 대비 자국 화폐가치는 낮아질 수밖에 없고, 인플레이션으로 인해 화폐의 가치도 떨어진다. 이를 개선하기 위해 상대적으로 인플레이션율이 낮은 비트코인을 채택하여 헷징하는 시도는 점차 많아질 것으로 보이며, 그 중심에는 부켈레 대통령이 있다. 2022년 5월, 그는 32개국 중앙은행 관계자와 12개국의 금융당국 관계자 총 44개국과 비트코인 채택 문제를 논의하는 자리를 마련하기도 했다.

글로벌 규제 현황과
한국의 현 주소

미국, 스위스, 싱가포르, 일본, 캐나다 등 각국은 디지털 자산에 선제적으로 대응하며 규제 프레임워크를 구축해왔으며, 디지털 자산의 발행, 거래

디지털 자산 관련 국가별 규제 비교 분석

		한국	미국	스위스	싱가폴	일본	캐나다
발행	ICO'	금지 선언적 금지	활발 75건 발행 $166.54M	활발 39건 발행	활발 98건발행 $308.8M	허용 소규모로 발행 中	허용 소규모로 발행 中
	STO'	금지 샌드박스 통한 규의 제한적 발행	활발 34건 발행 $559.4M	활발 14건 발행 $98.9M	허용 소규모로 발행 中	허용 소규모로 발행 中	허용 소규모로 발행 中
거래소	설립 요건	2020~ '20년 특금법 제정	2015~ '15년 뉴욕 Bitlicense 제정	2020~ '20년 'DLT'법 발표	2019~ '19년 지불서비스법 제정	2019~ '19년 자금결제법/ 금융상품거래법 제정	2020~ '20년 증권법 적용 지침 발표
	자금세탁방지 (Travel Rule)	시행 예정 '22년 3월부터 적용 예정	시행 '15년부터 적용	시행 '20년부터 적용	시행 '20년부터 적용	시행 예정 '22년 4월부터 적용 예정	시행 '21년 6월부터 적용
서비스	투자상품	미승인	승인 비트코인 선물 ETF 승인	승인 비트코인 ETP 승인	미승인	미승인	승인 비트코인 현물 ETF 승인
	NFT'	초기적 논의 일부 자본시장법 적용 논의 中	논의 中 일부 증권법 적용 논의 中	논의 中 일부 자본시장법 적용 논의 中	논의 中 일부 증권법 적용 논의 中	논의 中 인간협회에서 가이드라인 발표	논의 中 일부 증권법 적용 논의 中

출처 보스턴컨설팅그룹, 2022 자산 디지털 민주화의 시작

소, 서비스 및 과세 영역에서 활발한 논의를 거쳐 각자의 정책을 펼쳐왔다. 아직 법적으로 명확한 원칙을 수립하지는 못한 상황이지만, 한국보다 3~5년 정도 선제적으로 대응하고 있다.

앞 페이지의 그림에서 알 수 있듯이 디지털 자산 시장을 선도하는 국가들은 이미 ICO, STO, 자금 세탁 방지, ETF에 대하여 활발히 논의하고 있거나, 승인하고 있다. 그렇지만 한국은 아직 디지털 자산을 금지하거나, 규제를 위한 시작 단계에 머물러 있는 중이다.

특히 비트코인 현물 ETF 출시는 디지털 자산 시장에 큰 파급력을 가져올 것이며, 그 시기는 2023년이 될 것으로 예측한다. 세계 최대 디지털 자산 운용사 그레이스케일은 그들의 투자 상품인 비트코인 현물 신탁GBTC을 비트코인 현물 ETF로 전환하기 위해 미국 증권 당국과 접촉 중이다. 전환 시 비트코인에 대한 접근성이 확대되고 보호기능이 강화될 수 있다는 것을 알기 때문에 증권 당국도 이를 고려하고 있을 것이다. 그뿐만 아니라 기존에 승인된 비트코인 선물 ETF는 1940년, 투자회사법을 기본으로 하는데, 2022년 4월에 승인된 테우크리움 비트코인 선물 ETF는 1933년, 증권법을 근거로 하고 있으며, 이는 현물 기반 비트코인 ETF의 법률 근거로 사용될 수 있기 때문이다.

한국 정부는 대부분의 디지털 자산 시장이 불법이라는 입장 하에 관련 산업을 금지하는 단계였지만 2022년 5월, 루나/테라 사태로 인하여 규제의 정립이 필요하다는 인식이 확산하였다. 그렇지만 디지털 자산 산업의 발전 속도와 흐름을 감안한다면, 새로운 프레임 워크를 통한 규제 정책이 시급한 상황이다. 더불어 해당 규제 정책은 감독 당국의 관리에 초점을 맞추기보다는 시장 플레이어와 소비자를 위한 산업 발전에 초점을 맞춘 정책을 준비해야 할 시점이다.

앞서 언급했듯이, 한국은 디지털 자산 선진국 대비 3~5년 정도 시차를 두고 따라가고 있다. 아래 그림을 보면 좀 더 이해하기 쉽다. 거래소, 스테이블 코인, 상품, 수탁사업, 결제 사업 분야를 세분화해서 비교하면, 글로벌에서는 대부분 시장 조성이 완료되어 있다. 그렇지만 한국은 아직 미비한 부분이 많고, 그 격차는 최소 6개월~최대 6년 정도 되는 것으로 판단된다.

중국은 한 때 디지털 자산 선진국이었으나, 2017년부터 시작된 디지

글로벌 vs. 한국, 디지털 자산 시장 사업모델 격차

	거래소		발행 (스테이블 코인)		투자/파생상품		Custody		결제
	Regulated 거래소	전통 금융권 거래소	핀테크	전통 금융사	선물	ETF	핀테크	전통 금융사	오프라인 결제
글로벌	coinbase	DBS	tether	J.P.Morgan	CME Group	PURPOSE INVESTMENTS	BitGo	Fidelity	PayPal VISA
	'15년 1월	'20년 12월	'14년 10월	'20년 10월	'17년 12월	'21년 2월	'18년 9월	'18년 10월	'21년 3월
한국	coinone UPbit bithumb korbit	미출시	Terra	미출시	미출시	미출시	UPbit	KODA	Danal
	'21년 10월		'20년 9월				'19년 1월	'21년 5월	'21년 6월
격차	5년 이상	~1년 이상	~6년	~1년 이상	~3년 이상	~1년 이상	~0.5년	~3년	~0.5년

출처 보스턴컨설팅그룹, 2022 자산 디지털 민주화의 시작

털 자산 금지 정책으로 인하여 채굴과 거래가 금지되었고 그 위상을 잃었다. 그렇지만 2022년 5월부터 중국이 비트코인 채굴 점유율을 회복하며 전 세계 채굴 2위 국가로 재부상하였다. 정부에서 채굴을 전면 금지하였지만, 현지 업계는 '당국의 감시를 피해 활동을 재개했다'는 분석이 나온다. 비트코인은 작업증명Proof-Of-Work 자산으로 블록체인 네트워크가 합의에 이르는 방식을 연산Work 기반으로 정하며, 작업증명 네트워크의 가치는 해시레이트Hashrate의 크기와 상관 관계가 높다. 해시레이트는 디지털 자산 업계에서 채굴 능력 측정에 쓰이는 지표로 채굴작업이 이뤄지는 속도를 의미한다. 2022년 5월 17일 기준, 캠브릿지 대안금융센터CCAF가 공개한 데이터에 따르면 전 세계 비트코인 해시레이트는 미국 37.84%, 중

비트코인 채굴 지도

출처 CCAF 공식 사이트

국 21.11%, 카자흐스탄 13.22%, 캐나다 6.48%, 러시아 4.66%로 나타났다. 2021년 10월 기준, 중국은 해시레이트 비율이 0%까지 떨어졌으나 다시 회복을 많이 하였다. 뿐만 아니라 2022년 5월, 중국 상하이 고등법원은 비트코인을 중국 법의 보호를 받는 자산으로 인정된다고 선언하였다. 정책적으로 디지털 자산을 금지하고 있지만, 한편으로 증가하는 해시 레이트 비율과 상하이 고등법원의 판결을 보았을 때 디지털 자산을 은연중에 인정하고 있는 발판을 마련하고 있음을 알 수 있다.

최근 미국의 증권거래위원회SEC와 상품선물거래위원회CFTC의 행보를 보면 디지털 자산에 대한 생각을 가늠할 수 있다. 2022년 6월, SEC는 세계 5번째 규모의 토큰인 바이낸스 BNB의 증권 여부 조사를 시작하였다. 쟁점은 2017년, 바이낸스홀딩스가 진행한 BNB 토큰의 판매가 '미등록 증권 판매'에 해당하는지 여부이며, 절차를 밟지 않은 증권 발행으로 판명이 날 경우 법적 조치가 될 수 있다. SEC는 2020년, 리플을 대상으로 동일한 소송을 진행한 전력이 있으며, 해당 소송은 아직도 진행 중인 상황이므로 아직 불확실성이 있다. 또한 2022년 6월, 미국 상원은 디지털 자산의 규제기관을 SEC가 아닌 CFTC로 해야 한다는 금융혁신 법안을 발의하였다. 이는 게리 갠슬러Gary Gensler 미국 SEC 위원장의 주장과 충돌되는 내용이라 주목받고 있으며, 테라 사태로 인해 안정성 논란을 빚고 있는 스테이블코인에 관한 규정 관련 내용도 있다. 본 법안은 디지털 자산 업계의 의견이 많이 반영되어 시장에 친화적인 내용으로 평가받는데, 해당 법안이 통과되는지 관심이 필요하다.

한국은 다른 국가 대비 다소 제도화가 늦은 편이지만, 그만큼 신중하게 접근하고 있다는 방증일 수 있다. 한국이 중국과 같이 금지를 통한 억제 정책을 펼 것인지, 혹은 디지털 자산 시장의 미래와 성장성을 바라보고 시장을 활성화하는지에 따라 미래는 바뀔 것이다. 현재라도 시장 조성과 규제화에 대한 필요성을 인식하고 있기에 긍정적인 방향으로 나아갈 여력이 충분히 있다고 생각한다.

한국,
디지털 자산 시장의 성장기

국내 디지털 자산 시장의 역사는 2013년으로 거슬러 올라간다. 2013년부터 2018년까지 태생기로 주로 거래소가 설립되는 시기였다. 2013년, 한국 최초 디지털 자산 거래소인 코빗이 설립되었으며 2014년, 빗썸, 코인원, 2017년 업비트가 출시되었다. 당시에는 디지털 자산에 대한 부정적인 인식이 많았고, 제도적으로는 주로 금지하는 시기였다. 2018년 1월, 법무부는 디지털 자산 거래소 폐지를 검토하는 일명 '상기의 난'이라는 말이 나와 이는 역사에 남게 되었다.

2018년부터 2022년까지 도입기로 디지털 자산 관련 초기 회사가 나온 시기로 볼 수 있다. 제도화가 미비한 상태로, 정부 규제로 인한 이슈가 팽배한 시기였다. 그렇지만 2018년 초 디지털 자산 VC 선두주자 해시드, 디지털 자산 운용사 하이퍼리즘, 알파논스, 헤이비트 등 초기 회사가 진출하였고, 이후 국내 대기업인 네이버 라인의 링크 발행, 카카오의 클레이

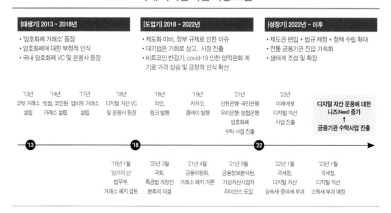

국내 디지털 자산 시장 흐름

[태생기] 2013 ~ 2018년	[도입기] 2018 ~ 2022년	[성장기] 2022년 ~ 이후
• '암호화폐 거래소' 등장 • 암호화폐에 대한 부정적 인식 • 국내 암호화폐 VC 및 운용사 등장	• 제도화 미비, 정부 규제로 인한 이슈 • 대기업은 기회로 삼고, 시장 진출 • 비트코인 반감기, covid-19 인한 양적완화 계기로 가격 상승 및 긍정적 인식 확산	• 제도권 편입 + 법규 제정 + 정책 수립 확대 • 전통 금융기관 진입 가속화 • 생태계 조성 및 확장

'13년 코빗 거래소 설립 | '14년 빗썸, 코인원 거래소 설립 | '17년 업비트 거래소 설립 | '18년 디지털 자산 VC 및 운용사 등장 | '18년 라인, 링크 발행 | '19년 카카오, 클레이 발행 | '21년 신한은행·국민은행 우리은행·농협은행 암호화폐 수탁 사업 진출 | '22년 미래에셋 디지털 자산 사업 진출

디지털 자산 운용에 대한 니즈(Need) 증가
↑
금융기관 수탁사업 진출

'18년 1월 '상기의 난' 법무부, 거래소 폐지 검토 | '20년 3월 국회, 특금법 개정안 본회의 의결 | '21년 4월 금융위원회, 거래소 폐지 거론 | '21년 9월 금융정보분석원, 가상자산사업자 라이선스 도입 | '22년 1월 국세청, 디지털 자산 상속세·증여세 부과 | '23년 1월 국세청, 디지털 자산 소득세 부과 예정

출처 크립세이지

발행이 추진되었다. 이후 2021년부터 국내 전통 금융기관인 신한, 국민, 우리, 농협 등 각종 은행과 미래에셋, 신한금융투자 등 증권사들도 이 시장에 참가하고 있다.

2022년부터는 제도권에 점차 편입되고, 법규 제정의 움직임이 보이며 생태계 조성 및 확장이 시작되고 있는 성장기에 들어섰다. 세계적인 채택이 진행되고 있으며, 한국은 자산으로 인정하며 업권법 제정과 과세에 대한 논의가 대두되기 시작했다. 그 중 업권법 제정과 관련하여 세 가지 대안이 떠오르고 있다.

첫째, 특금법 등 기존 법령 내 디지털 자산 조항을 추가하는 것이다. 이는 주식 시장과의 유사성을 통해 빠르게 적용할 수 있으며, 자본시장법 내 소비자 보호법 일부 개정 시, 당장 이용자들의 자산과 권리가 보호 가능하다는게 장점이다. 그렇지만 기존 법 내 편입으로 기준, 권한 범위, 적용 여부 등 불확실성이 높고, 디지털 자산 생태계의 근간인 블록체인 기술 이해도가 낮아 반영이 어렵다는 단점도 무시할 수 없다.

둘째, 자본시장법 내 편입하는 것이다. 일부 국가에서 해당 안을 중심으로 고려 중이므로 비교가 가능하며, 관련 법 개정 및 조항 신설로 그 과정이 상대적으로 용이하다는 장점이 있다. 하지만 디지털 자산에 관한 금융 활동 전체를 포괄하기 어렵고, 규제가 분산되어 있어 관련 규제기관의 불명확함으로 혼란을 초래할 수 있다는 게 단점이다.

셋째, 디지털 자산 업권법을 신규로 제정하는 것이다. 사업자와 소비자 보호 및 산업 성장 측면에 기여하거나 기존 법에서 고려되지 않은 리스크 대책을 마련할 수 있으며, 디지털 자산 관련업 및 행위를 세부적으로 고려하여 정의할 수 있다는 장점이 있다. 반면에 시각 차이가 크고 미래 불확실성이 높아 관련 법체계 마련이 절실하며, 관련 법 제정 전까지 규율과 투자자 보호가 필요한 점은 단점이라 하겠다.

디지털 자산 정책 규제 제도화 세 가지 대안

	대안 1 특급법 등 기존 법 내 가상자산 조항 추가	대안 2 자본시장법 내 편입	대안 3 가상자산 업권법 제정
장점	• 주식 시장과의 유사성으로 빠르게 적용 가능 • 자본시장법 내 소비자보호법 일부 개정시, 당장 이용자들의 자산과 권리 보호 가능	• 일부 국가에서 해당 案 중심으로 고려, 비교 가능 • 관련 법 개정 및 조항 신설로, 그 과정이 상대적으로 용이	• 사업자와 소비자 보호 및 산업 성장 측면에 기여 • 기존 법에서 고려되지 않은 리스크 대책 마련 가능 • 가상자산 관련업 및 행위를 세부적으로 고려 정의 용이
단점	• 기존 법 내 편입으로 기준, 권한 범위, 적용 여부 등 불확실성 높음 • 가상자산 생태계의 근간인 블록체인 기술 이해도 낮아 반영 어려움	• 가상자산에 관한 금융활동 전체를 포괄하기 어려움 • 규제가 분산되어 있고 관련 규제기관 불명확하여 혼란 초래	• 시각 차이가 크고, 미래 불확실성이 높아 관련 법체계 마련 필요 • 관련 법 제정 전까지 규율과 투자자 보호 필요

출처 보스턴컨설팅그룹, 〈2022 자산 디지털 민주화의 시작〉

어떠한 방향으로 법제화가 진행될지는 미지수이나 디지털 자산 업계, 정치인, 법조인, 금융업계, 소비자 등 각계각층의 생각과 의견을 종합적으로 고려하여 제도화하려는 움직임이 보인다.

2022년 3월 25일, 국내에서 시행된 특정 금융거래정보의 보고 및 이용 등에 관한 법률(특금법)의 '트래블룰'과 관련한 이슈가 많다. 자금 세탁 방지를 위한 글로벌 기준이지만 한국에서 최초로 시행한 것으로 100만 원 이상 가치의 디지털 자산 전송 시, 발신자와 수신자의 신원 및 정보를 모두 수집해야 한다는 것이다. 2022년 6월 8일, 특금 법으로 인해 글로벌 시가총액 순위 20위인 라이트코인LTC이 국내 5대 디지털 자산 거래소(업비트, 빗썸, 코인원, 코빗, 고팍스)에서 상장 폐지된다는 공지가 나왔다.

라이트코인은 2022년 5월, 밈블윔블MWEB 네트워크 업그레이드를 실시했고, 이 기술에 개인의 프라이버시를 보호하는 익명 전송 기술이 내재하여 있기 때문에 '다크 코인'을 금지하는 특금 법에 따라 거래소에서 상장 폐지 결정을 내린 것이라고 관계자들은 밝혔다. 익명성을 전송하는 기술이 있다는 이유만으로 국내에서 상장 폐지 결정이 된 것에 대해서는 논란이 되고 있다. 글로벌 암호화폐 거래소는 이러한 이유로 상장 폐지를 진행하지는 않기 때문이다. 소비자 보호를 위해 규제가 필요하지만, 실질적인 제도화를 어떻게 할지에 대해서는 정말 많은 고민과 시도가 필요하다.

한국은 어떤 측면에서 누구보다 빠르게 규제를 도입하기도 하며, 또 다른 측면에서는 심사숙고하며 보수적으로 제도화를 진행하기도 한다. 아직은 생태계 조성이 시작되는 시기이므로 가능성은 무궁무진하다.

국가별 디지털 자산 과세 현황

글로벌 디지털 자산 과세 현황은 아래와 같다. 국가별 디지털 자산의 성격을 자산이냐, 지불수단이냐 기준도 다르며, 다른 소득과의 합산 여부도

국가별 디지털 자산 세금부과 현황

국가	디지털 자산 성격	분류	다른 소득과 합산 여부	세율
미국	자산	통상소득 (1년 미만) 자본소득 (1년 이상)	종합과세 분류과세	10~37% (1년 미만) 15%, 20% (1년 이상)
일본	지불수단	잡소득	종합과세	15~55% (지방세 10% 포함)
영국	투자자산	자본소득	분류과세	10%, 20%
프랑스	자산(동산)	자본소득	분류과세	19%~
독일	사적 자산	기타소득 (1년 미만)	종합과세	0 ~ 45%
호주	자산	자본소득	종합과세	0 ~ 45%

출처 법무법인광장, 〈디지털 자산/NFT의 시대를 맞이한 기업들의 대응전략〉

천차만별이다. 일본은 디지털 자산을 지불수단으로 분류하고 있으며, 대부분의 국가는 자산으로 분류하고 있다. 한국도 2021년부터 '암호화폐(가상화폐)'라는 용어보다는 '디지털 자산'으로 사용 중이다. 이를 통해 화폐보다는 자산으로 성격을 분류하고 있음을 알 수 있다.

한국은 2022년 5월, 윤석열 대통령 출범 이후 디지털 자산 과세에 대한 논의가 활발히 진행 중이다. 디지털 자산에 대한 과세는 이미 1년 연기되었고, 아직 정책이 완전히 결정되지 않아 애매한 부분은 있지만 현행 기준으로는 아래와 같다. 2022년 소득을 기준으로 2023년에 과세가 진행되며 기본공제는 250만 원, 세율은 20%이다(국세20%+지방세 2%, 미국 주식 양도소득세와 동일).

한국 디지털 자산 세금부과(안)

국가	디지털 자산 성격	분류	다른 소득과 합산 여부	세율
한국	무형자산	기타소득	분리과세	20% (250만 원까지 비과세)

대선 이후, 투자자 보호 장치 법제화 이후 디지털 자산 과세를 추진하겠다는 공약이 펼쳐지며 과세 유예에 대한 논의도 진행 중이다. 이렇게 되면 빠르면 2023년 소득을 기준으로 2024년부터 과세가 진행되거나, 더욱 지연될 수 있다. 공약에 따르면 디지털 자산 관련 입법 이후 과세가 될 것으로 보이는데, 입법에 대한 구체적인 시행 계획이 없기 때문이다. 또

한 과세 기준도 아직 정해지지 않은 상태로, 꾸준히 변화 상황을 확인해

봐야 할 것으로 보인다.

CBDC, 추진 현황과 통화 패권 경쟁

디지털 자산에 대한 관심이 집중되면서 중앙은행에서 발행하는 디지털 화폐인 CBDC Central Bank Digital Currency에 대한 논의도 활발해지고 있다. 전 세계 중앙은행에서는 CBDC에 대한 연구와 테스트를 진행 중이다. 국제 결제은행BIS 조사 결과에 따르면, 81개국의 중앙은행 중 90%가 CBDC 도입을 고려하고 있으며, 50% 이상이 CBDC를 연구 및 개발하고 있다고 밝혔다.

각국이 CBDC를 도입하는 이유는 디지털화에 따른 경제적, 사회적 영향 때문이다. 전 세계적으로 현금 이용 비중이 지속해서 감소하고 있으며, 디지털 자산과 스테이블 코인 등 디파이De-Fi, 탈중앙화금융 시장이 확장 중이다. 이러한 시장의 변화로 인하여 개인 정보가 빅테크 기업에 집중되고, 금융 소외 계층이 생겨날 것으로 예상되어 정부가 관리하는 디지털 공공 화폐 도입의 필요성이 커졌기 때문이다.

CBDC트레커Tracker에 따르면 나이지리아, 바하마는 이미 CBDC를 정식 발행했고, 중국, 러시아, 캐나다, 한국 등의 일부 국가는 시범운영 단계에 있다. 호주, 일본, 유럽연합 등은 모의실험을 추진 중이며, 대부분의 국가는 연구 단계에 머물러 있다.

국가별 CBDC 추진 현황

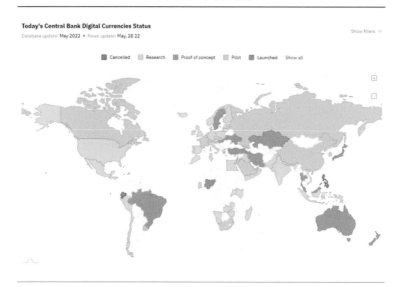

출처 CBDC Tracker (https://cbdctracker.org/)

[범례]
캔슬드(Cancelled) : CBDC를 취소하거나 폐기한 국가
리서치(Research) : 연구 단계 / CBDC 연구를 수행 중인 국가
푸르프 어브 컨셉트(Proof Of Concept) : 모의 실험 /CBDC 연구 단계 후, CBDC 개념을 정립한 국가
파일롯(Pilot) : 시범 운영 / 제한된 당사자 또는 광범위한 실제 환경에서 CBDC를 테스트 중인 국가
런치드(Launched) : 정식 발행 / 공식적으로 CBDC를 출시한 국가

CBDC의 선두 주자인 중국은 2014년부터 CBDC 연구를 시작했고, 현재 빠른 속도로 디지털 위안화e-CNY를 도입 중이다. 2022년 2월, 베이징 동계올림픽에서 외국인을 상대로 디지털 위안화 시범 사업을 추진하였고, 중국 정부는 이른 시일 내 디지털 위안화를 상용화할 계획이다. 모든 현금을 디지털 화폐로 전환하는 '무현금 사회'를 목표로 하고 있다.

중국 정부가 CBDC 추진에 발 벗고 나선 이유는 이를 통해 미국 달러 패권주의에서 벗어나 독자적인 국제결제망을 구축하기 위함도 있다. 국제은행간통신협회SWIFT에 따르면, 국제결제 통화에서 중국 위안화 비중은 2020년, 1.85% 대비 2022년 2.20%로 높아졌다. 그렇지만 미국 달러 비중인 41.07%에 대비하여 지극히 미비한 수준이다. 따라서 중국은 기존 시스템이 아닌 새로운 시스템CBDC을 선점하여 영향력을 확대하려는 움직임을 준비하고 있다고 볼 수 있다.

국제 결제 통화 비중, 2020년 3월 vs. 2022년 3월

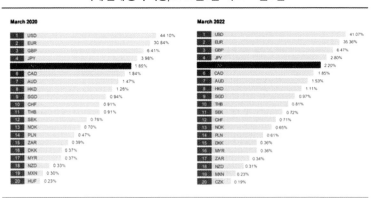

출처 SWIFT (http://www.updownnews.co.kr/news/articleView.html?idxno=301315)

미국은 2022년부터 CBDC 추진 가속화를 시작하고 있다. 1월 연방준비제도이사회는 〈화폐와 지급결제: 디지털 전환 시대의 미국 달러〉라는 보고서를 발간하며 CBDC 도입에 대한 공식적인 의견을 수렴하기 시작했다. 2022년 3월, 바이든 대통령의 행정명령을 통해 관련 부처가 CBDC와 디지털 자산에 대한 보고서를 발간하고 신속하게 규제 및 정책 방향을 모색하도록 지시하였다. 이는 중국이 시작한 CBDC의 국제표준 경쟁에 미국이 본격적으로 참여함을 뜻하며, 국가 안보와 지정학적인 경쟁에서 디지털 화폐의 중요성을 인식하고 있음을 이해할 수 있다.

CBDC는 각국 중앙은행에서 발행하는 것으로 법정 화폐로서 효력을 가질 수 있다. 반면에 스테이블 코인Stable Coin은 민간에서 발행한 것으로 법정 화폐와 일대일로 가치가 고정돼 변동성이 최소화되도록 설계된 디지털 화폐이다.

2022년 5월 기준, 각국 통화와 연동된 스테이블 코인은 80여 종이며, 미국 달러에 연동된 스테이블 코인은 30여 종이 있다. 2022년 5월 초, 미국 달러와 연동된 알고리즘 스테이블 코인인 테라UST 사태가 발생하여 디지털 자산 시장을 뒤흔든 역사적인 사건이 있었다. 순식간에 테라UST와 루나LUNA는 -100% 가격이 되었다. 루나는 최고 14만 7,719원까지 가격이 형성되었으나, 해당 사건 발생 후 0.02원까지 폭락하는 역사를 남겼다.

해당 사건 이후 한국뿐만 아니라 전 세계적으로 테라에 대한 이목이 쏠렸으며, 스테이블 코인에 대한 불신도 커져만 갔다. 2022년 5월, 다보스 포럼에서 IMF 총재는 "디지털 자산은 디지털 시대 다단계 사기이고, 화폐

대표적인 스테이블 코인 종류와 특징

국가	USDT (테더)	USDC (USD Coin)	BUSD (Binance USD)	DAI (Dai)	UST (TerraUSD)
타입	중앙화	중앙화	중앙화	탈중앙화	탈중앙화
시가총액	87조 원	71조 원	23조 원	9.7조 원	-
담보	현금성 자산	현금성 자산	현금성 자산	디지털 자산	알고리즘
주요 관계자	브록 피어스, 리브 콜린스, 크레이그 셀러스 (홍콩, 미국) 비트파이넥스 비트코인재단	제러미 알레어 (미국) 써클 코인베이스 블랙록 피델리티	창펑 자오 (중국, 캐나다) 바이낸스 팍소스	루네 크리스텐센 (덴마크) 메이커다오	권도형, 신현성 (한국) 테라 해시드 점프크립토
특징	발행 관리 주체가 스테이블 코인 발행액 만큼의 현금과 현금성 자산을 은행에 예치해 놓고 스테이블 코인의 가치를 보증하는 방식			USDC, 이더리움, 비트코인 등 디지털 자산을 담보로 한 스테이블 코인	가격이 추종 자산 대비 높거나 낮을 때 미리 정해진 알고리즘에 따라 공급을 조정하는 방식

출처 코인마켓캡, 개인 리서치 (https://coinmarketcap.com/)

로서 가치는 희박하다. 단 정부가 보증하는 CBDC면 가능할 수 있다. 디지털 자산은 실물 자산과 연동성이 떨어지며, 안정성이 떨어지기 때문이다"라고 하였다. 2022년 1월, IMF는 비트코인을 법정 화폐로 채택한 엘살바도르에 금융 안정성과 재정 건전성, 소비자 보호 등을 이유로 매우 위험하게 시도하고 있다는 지적을 하기도 했다. 다만 중앙은행 총재들은 디지털 자산이 소비자, 금융기관, 정부의 주류 통화가 되기까지는 많은 시간이 걸릴 수 있다고 전망했다.

비트코인과 디지털 자산은 기본적으로 '탈중앙화'에 철학을 두고 있으며, 미국 정부를 포함한 기득권 세력들과 반대되는 길을 걷고 있다고 볼 수 있다. 워런 버핏Warren Buffett 버크셔해서웨이 회장은 투자자들에게 "결코 미국에 반대로 투자하지 말라"는 충고를 하기도 하였다.

그렇다면 비트코인은 역사 속에서 사라질까? 중·장기적으로, CBDC와 스테이블 코인은 '디지털 화폐'로 작동할 것이며, 비트코인과 이더리움을 포함한 알트코인은 '디지털 자산'으로 남을 것으로 보인다. 디지털 자산 시장 규모는 1,600조 원(2022년 5월 말 기준)으로 해당 시장에서 벌어들일 수 있는 세금이 무궁무진하며, 디지털 자산 개념 확장에 따른 사회, 경제적 효과가 극대화될 것이기 때문이다. 해당 산업에서 생산 가치를 만들고, 고용을 창출하며, 생태계는 더욱 확장되어 변화를 가져올 것이다.

CHAPTER 2

VC,
디지털 자산
투자 현황과 실적

디지털 자산시장을 이끄는 VC

전 세계 디지털 자산 산업에 대한 벤처 투자금이 2022년 1분기 92억 달러(11조 원)로 사상 최고치를 기록하였고, 7분기 연속 증가세를 보였다. 1억 달러가 넘는 '메가 계약'은 28건이며 그 중 12건이 디파이, NFT, 탈중앙화 앱 등 웹3.0 스타트업과 관련된다.

디지털 자산 벤처캐피탈 투자 현황

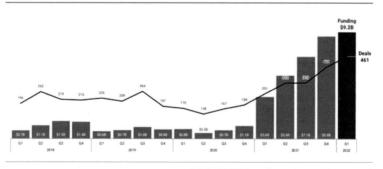

출처 CB 인사이트 (https://www.tokenpost.kr/article-94545)

디지털 자산 시장을 이끄는 VC들은 많이 있으나, 14개로 축약하면 아래와 같다. 주로 미국, 홍콩 등 해외에 기반을 둔 회사들이며, 국내는 해시드, 한강벤쳐스, 삼성넥스트(미국법인) 정도로 축약할 수 있다.

해당 VC들이 투자한 디지털 자산 프로젝트가 적게는 몇 배 많게는 수만 배에 이르는 경이로운 수익률을 기록하곤 한다. 그들의 포트폴리오를 추적하고 관찰하여 투자한다면, 우리는 투자 성공 확률을 높일 수 있다.

VC	Portfolio
애니모카 브랜즈	https://www.animocabrands.com/investment-portfolio
코인베이스 벤쳐스	https://www.coinbase.com/ventures
알라메다 리서치	https://www.alameda-research.com/ https://messari.io/screener/alameda-research-portfolio-AA952B81
안드르센 호로위츠	https://a16z.com/portfolio/#crypto
판테라 캐피탈	https://panteracapital.com/portfolio/
바이낸스 랩스	https://labs.binance.com/
멀티코인 캐피탈	https://multicoin.capital/ko/portfolio/
세콰이어 캐피탈	https://www.sequoiacap.com/our-companies/?_categories=crypto
패러다임	https://www.paradigm.xyz/portfolio
디지털 커런시 그룹	https://dcg.co/portfolio/
갤럭시 디지털	https://investor.galaxydigital.io/events-and-presentations/default.aspx
해시드	https://www.hashed.com/portfolio
한강벤쳐스	https://www.hgventures.io/portfolio
삼성넥스트	https://www.samsungnext.com/blockchain-portfolio

VC 등에 업힐
확률 전쟁

2012년, 케이큐브벤처스(현 카카오벤처스)가 두나무(업비트), 넵튠, 왓챠플레이 등 벤처기업에 투자한 115억 원 규모의 펀드는 10년 사이에 100배 이상의 수익을 거두었고, 2013년 두나무에 2억 원을 투자해 확보한 상환우선주 1,000주는 2021년 청산가치 2조 원을 넘어서며 수익률 1만 배를 기록했다.

개인이 기업에 초기 투자할 수 있는 기회는 적었다. 발행시장에 투자할 수 있는 기회가 적었고, 주로 발행 후 유통시장에서 개인이 거래하며 후발주자로 진입할 수밖에 없었기 때문이다. 이런 와중에, 디지털 자산 시장이 형성되며 개인이 초기 스타트업에 투자할 기회가 생겼고, 기업은 제품 출시 이전에 백서를 공개하고 토큰을 발행하며 자금을 조달하게 된 것이다.

초기 VC들은 스타트업을 볼 때, '팀, 시장, 문제, 솔루션'을 주로 평가하고, 이 중 '팀'을 가장 중요하게 본다. 그렇지만, 개인은 '팀'을 볼 수 없다. VC는 해당 프로젝트의 팀을 직접 만나고 이해하기 위해 검증하며 1년이 아닌 10년 후의 미래를 상상하며 스타트업에 투자를 결정한다. VC는 넥스트 구글Next Google, 아마존Amazon, 테슬라Tesla, 애플Apple을 찾기 위하여 자본을 제공함과 동시에 해당 기업이 더욱 성공할 수 있도록 밸류애드Value Add를 통해 적극적으로 지원한다.

VC가 투자한 스타트업이 성공하면 큰 수익을 얻기도 하지만, VC는 또 다른 좋은 스타트업에 투자할 기회도 얻게 된다. 스타트업도 본인들의 평판과 밸류애드를 고려하여 VC를 선택하는데, 좋은 포트폴리오를 가진 VC는 스타트업에게 선택될 가능성이 높기 때문이다. 이러한 선순환 구조가 생겨 좋은 포트폴리오를 가진 VC는 지속해서 좋은 스타트업에 투자할 확률이 높아지는 것이다.

좋은 VC가 지속해서 좋은 스타트업에 투자할 확률이 높다고 동의한다면, 각각의 개인이 할 수 있는 안전하고 성공할 가능성이 높은 프로젝트를 찾는 방법은 무엇일까? 바로 좋은 VC 포트폴리오를 참고하는 것이다.

VC의 밸류애드(Value-Add) 알아보기

1. 마케팅 효과와 평판 구축
- 초기 프로젝트들에게 좋은 VC는 평판이 될 수 있다.

2. 네트워킹
- 오딧, CEX, 커뮤니티, 밸리데이터, 타 프로젝트 등 업계를 연결해 줄 수 있다.

3. 경험 제공
- 마케팅 전략, 장기 목표 등 크립토 시장에 대한 숙련된 가이드 제공이 가능하다.
- 숙련된 VC는 창업자들의 중요한 선택을 도울 수 있고, 펀딩과 구인 도움도 줄 수 있다.

4. 자금 지원
- 유동성 제공, 장기 개발, 초기 단계 지원 등을 위한 자금 지원이 가능하다.

5. 근접 가이드(Hands-On Approach)
- 팀의 일부가 되어서 프로젝트 활동에 참여할 수 있다.
- 마케팅을 넘어 리서치, 상품 브레인스토밍, 토크노믹스 디자인도 참여할 수 있다.

웹3.0에 집중하는 VC

벤처캐피탈 투자금의 비중은 거래소와 수탁 부분에서 NFT, 디파이 같은 웹3.0 부분으로 상당수 이동하였다. 2022년 1분기 거래소와 수탁업체 투자금액은 8억 100만 달러 상당으로 전년 대비 67% 감소하였지만, NFT 스타트업 투자금액은 24억 달러로 블록체인 부문에서 가장 많은 자금을 조

벤처캐피탈 투자금 비중

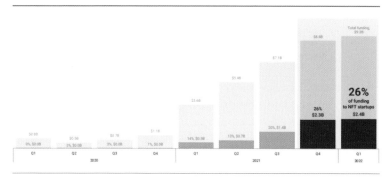

출처 https://www.tokenpost.kr/article-94545

달하였다. 디파이 투자금액은 21억 달러로 전년 동기 대비 5배 증가하며 분기 최고 기록을 경신하였다.

2022년 5월, 미국 실리콘밸리의 벤처투자사 안드리센호로위츠a16z는 암호화폐 시장에 관한 첫 보고서인 〈스테이트 오브 크립토〉를 발간했다. 보고서는 차세대 인터넷 웹 웹3.0, 블록체인 생태계 발전 상황에 대하여 중점적으로 다루며, 웹3.0은 아직 초기 단계지만 비이더리움 레이어Layer1과 이더리움 레이어Layer2의 지속적인 개선과 성장을 통해 웹3.0 인프라가 더욱 발전할 것이라고 예측했다. 또한 이더리움2.0 업그레이드 후 성능이 향상되고 환경이 개선될 것이며, 대형 게임 스튜디오 출신 개발자들이 웹3.0 게임을 더 많이 출시할 것임을 예상했다.

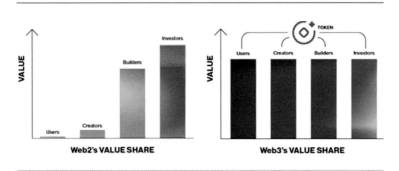

동시에 가치가 투자자에게 집중되는 웹2.0에 비하여 '토큰'을 통해 이용자, 창작자, 개발자, 투자자에게 공정하게 배분되는 웹3.0 상황을 제시

하며 현재 인터넷은 디지털 독재, 빅테크 독점의 결함이 있다고 지적하였고, '웹3.0은 기업이나 정부가 소유하는 미래가 아닌, 공동으로 소유하는 미래가 강화될 것'이라며 웹3.0의 지속적이고 장기적인 성장이 기대된다고 평가했다.

VC 포트폴리오를 따라 투자해보기

VC가 다양한 분야에 초기 투자하여 훌륭한 퍼포먼스를 내고 있지만, 우리는 이를 어떻게 고민하고 투자하여 수익을 거둘 수 있을까? 이를 위해 스스로 발품을 팔아보고, 경험해보아야 한다. 투자의 기본은 DYOR^{Do Your Own Research}이다. 그렇지만 VC 포트폴리오 관련 잘 정리된 사이트가 있어서 소개하겠다.

- 사이퍼헌터(https://www.cypherhunter.com/en/): VC 포트폴리오 조회

- 체인브로커(https://chainbroker.io/projects/): VC 투자 수익률 확인

- 도브메트릭스(https://www.dovemetrics.com/): VC 투자 규모와 프로젝트 확인

해당 사이트를 탐구하여 좋은 프로젝트를 찾았다면, 우리는 어떤 기준으로 투자를 집행해야 할까? 열 가지 기준으로 정리하면 다음과 같다.

1. 무작정 많은 VC가 보유하고 있다고 좋은 코인이 아니다.

기관의 호흡에 맞춰 투자해야 한다. 다양한 VC들이 엄청난 자본을 투입한 만큼, 이미 가격은 고점을 형성했을 가능성도 있다. 초기에 투자한 VC들은 수익 실현 준비를 하고 있는데, 살 준비를 하고 있으면 안 된다.

2. VC가 오래전부터 길게 투자한 코인은 생각보다 별로일 수 있다.

VC가 거대 자본을 투자하여 관리를 해주며 이전부터 긴 호흡으로 투자했지만, 아직 성장하지 못한 시가총액이 적은 코인들은 잠재력이 높은 유망주가 아니며, 실패한 투자일 가능성이 있다.

3. VC가 수많은 코인에 다른 비중으로 분산 투자한다면 신중해야 한다.

무작정 VC 포트폴리오를 따라 하기보다는 그들의 투자 비중도 확인하고 고려해야 한다. 포트폴리오에 있지만 매우 극소량만 가지고 있을 수 있기 때문이다.

4. VC가 투자했다고 무조건 대박이 나는 것은 아님을 인정해야 한다.

프로젝트를 끌어줄 투자자가 있다는 것은 실패 확률을 낮추는 것이지, 100% 성공을 보장하는 것은 아니다. VC는 자본을 제공함과 동시에 물심양면으로 이끌어주는 파트너에 가깝다.

5. 톱티어(Top-Tier) VC를 구분할 줄 알아야 한다.

VC는 파트너에 가깝기 때문에 좋은 VC를 찾아야 한다. VC는 단순한 물주가 아니다. 스타트업(또는 프로젝트)을 발굴하는 것에서 끝나지 않고, 끊임없이 소통하며 동반자적 관계를 구축하는 VC를 찾고 따라가야 한다(단타형 VC는 지양해야 한다).

6. VC는 디파이를 이자 획득으로 활용하지, 거버넌스 토큰에 투자하는 것은 아니다.

기관이 선호하는 '규모의 경제'가 통하는 분야가 '디파이'이며, 디파이 토큰 포트폴리오를 가진 VC가 많이 있다. 그들은 거버넌스 토큰에 투자하는 것이 아니라 자신들이 보유한 유동성 자산 예치를 통한 예금이자 획득을 목적으로 하는 경우가 많다.

7. VC가 아직 투자하지 않은 디지털 자산을 고려해야 하는가?

요즘 시장은 VC의 자금이 투자되지 않은 프로젝트를 찾기 힘들 정도이다. 그런데도 기관보다 개인이 선점할 수 있는 황금 프로젝트들도 있긴 하다. 그런 프로젝트에 VC보다 먼저 투자하고, 다음에 그들이 들어오는 이상적인 방향도 있지만, 현실적으로 매우 어렵다.

8. VC가 최근에 투자한 프로젝트에 주목해야 한다.

VC들이 '최근에 투자했어도, 가격 상승이 부진한 프로젝트 vs. VC들이 오래전 투자하고, 가격 상승이 부진한 프로젝트' 적어도 전자를 사는 것이 유리하다. 예전에 투자한 프로젝트는 이미 수익(손해) 실현을 했을 수도 있으며, 무의미한 비중으로 보유하고 있을 수 있기 때문이다.

9. 디지털 자산 투자는 개인이 거대 VC보다 불리하지 않다.

VC의 경우 운용자금 규모가 크기 때문에, 매수와 매도 모두 기간을 갖고 분할 접근하는 일이 많다. VC가 투자한 초기에는 락업 규정(매매제한이 풀리는 일정 관련 규정)이 있는 일이 상당수이므로 반강제적으로 장기 투자할 수밖에 없다. 그렇지만 개인은 장기 투자, 트레이딩 등 원하는 스타일대로 투자가 가능한 것이 엄청난 장점이다.

10. 사람을 보고 투자한다.

사람이 전부는 아니지만, 사람이 최우선이다. VC가 프로젝트에 투자할 때 가장 중요하게 보는 것이 바로 '팀'이다. 물론 프로젝트 백서를 읽고, 기술적으로 사업성과 로드맵 등을 검토하는 것도 의미 있다. 그렇지만 VC 초기 투자 방식의 대부분은 어떤 사람이 있고, 이전에 어떤 경력이 있으며, 어떤 프로젝트를 성공적으로 이끌었는지를 보고 평가한다. 결국 '프로젝트 자체의 비전' 보다는 그 프로젝트의 비전을 이끌 '사람'이 얼마나 믿을 만한지 보는 것이다.

CHAPTER 3

디지털 자산 시장을
선점한
글로벌 기업

글로벌 전통
금융기관의 진출

디지털 자산은 전통 금융에 미치는 영향이 크다. 따라서 글로벌 전통 금융기관도 기회를 놓치지 않기 위해 다양한 시도를 하고 있다. 디지털 자산 시장은 근본적으로 투명하고 포괄적인 금융 서비스 제공을 위해 존재한다. 실시간 결제, 개방형 네트워크, 스마트 계약, 탈중앙화를 개념으로 시장이 발전하고 있으나 명확한 규제의 부족, 큰 변동성, 보안과 사기에 대한 두려움으로 해당 산업의 발전이 지체되고 있긴 하다.

이와 관련하여 미국은 이미 다양한 기업들의 생태계 조성이 진행되었다. 인프라 구축, 투자자, 빅테크, ETF 분야에서 다음 페이지의 표와 같이 각종 플레이어가 진출하였다. 특히 디지털 자산 시장은 전통 금융기관에 수탁Custody, 중개Brokerage, 예금Deposits, 대출Lending, 자산운용Asset Management, 지급Payments, 증권발행Securities Issuance 등 다양한 기회를 제공한다. 현재 디지털 자산 시장 규모가 약 1,900조 원으로 파생되는 시장 규모는 더욱 커

글로벌 기업들의 디지털 자산 시장 진출 현황

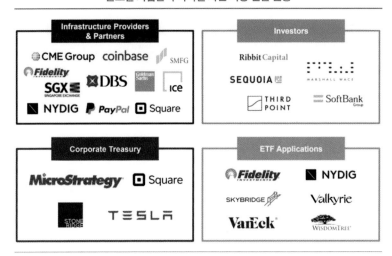

출처 Goldman Sachs, Overview of Digital Assets and Blockchain (28페이지)

글로벌 금융사의 가상자산 사업 진출 현황

사업유형	주요 금융사	주요 내용
수탁	US뱅크, 피델리티, 노무라	-기관투자자 대상, 가상자산 수탁 서비스
	도이치뱅크, 골드만삭스 등	-가상자산 수탁 서비스 출시 예정
자산관리	골드만삭스, 모건 스탠리	-자사 PB 서비스 이용하는 고액 자산가 대상 가상자산 펀드 투자 중개
투자상품	웰스파고, PJ모건 등	- 고액 자산가 대상 비트코인 패시브 펀드
	골드만삭스	- DeFi 및 블록체인 투자 ETF 신청 - 최초로 비상장 가상자산 옵션거래 개시
	피델리티	- 비트코인 투자 가능한 퇴직연금 운용 - 유럽에서 비트코인 ETF 출시
대출	골드만삭스, 실버게이트 등	- 가상자산을 담보로 현금 대출 제공
가상자산 기술 개발	JP모건	- 자체 스테이블코인 JPM 개발 - 블록체인 기반 메타버스 진출
플랫폼	골드만삭스, 바클레이즈	- 가상자산 거래 플랫폼에 투자

출처 https://news.einfomax.co.kr/news/articleView.html?idxno=4216389

2021년, 글로벌 기업들의 디지털 자산 시장 진출 현황

출처 〈Galaxy Digital, Overview Q1〉, 2022

질 것이다.

2022년 3월, 미국 시카고상품거래소CME는 비트코인 선물 및 이더리움 선물 기반 소액 옵션 상품을 출시하였다. CME 글로벌 대체 투자 상품 책임자는 '해당 상품 제공을 통해 기관 및 개인 투자자들에게 다양하고 민첩한 전략을 펼칠 수 있을 것'이라고 밝혔다.

2022년 4월, 골드만삭스는 비트코인 담보대출 서비스를 출시하였다. 비트코인을 담보로 대출기관에서 현금을 대출받을 수 있으며, 이러한 골드만삭스의 움직임은 월가의 디지털자산 수용을 가속하는 주요한 단계이다.

미국의 디지털 자산운용사 그레이스케일은 비트코인신탁GBTC을 비트코인 현물 상장지수펀드ETF로 전환하기 위하여 노력하고 있다. GBTC는 규제 등의 이유로 비트코인을 직접 구매하기 힘든 기관 투자자에게 돈을 받아 비트코인을 대신 구입해 증권 형태로 주식을 판매하는 구조이다. 비트코인신탁GBTC이 현물ETF로 전환되면, ETF 투자자들이 쉽게 투자할 수 있고, 비트코인 현물을 추종하게 되면서 할인율이 사라져 최대 80억 달러(10조 원)의 가치를 추가로 창출할 수 있으며, 비트코인 가격이 상승할 수 있는 계기가 될 것이다. 따라서 디지털 자산 투자자들은 비트코인 ETF의 승인을 기다리고 있다.

메타(전 페이스북)는 2021년 10월, 사명을 변경하고 메타버스 사업에 주력하는 중이다. 플랫폼 호라이즌 월드를 통해 돈을 벌 수 있는 기능을 시험하고 있으며, 자체 디지털 자산 거래소 출범을 시사하는 사용권 출원을 진행했다. 비록 글로벌 스테이블 코인 디엠(전 리브라) 출시는 실패했지만, 지속해서 디지털 자산 시장 진입 신호를 보내는 중이다.

마이크로소프트는 산업용 메타버스 확장에 집중하고 있다. 일반 사용자용 메타버스를 개발하는 메타와 다른 접근법인데, 적용 측면에서 마이크로소프트의 메타버스가 훨씬 빠르게 확장하고 있다는 분석도 나온다.

이렇듯 글로벌 기업들은 발 빠르게 디지털 자산 시장에 뛰어들고 있다. 현재 상태로도 충분히 기업을 운영할 수 있지만, 미래 시장을 리스크와 기회의 관점에서 고려했을 때 기회 요소가 더 크다고 판단했기 때문이다.

국내 전통
금융기관의 진출

보스턴컨설팅그룹 자료에 따르면 국내 디지털 자산 시장 규모는 '2021년 300조 원이며, 매년 CAGR 20%로 추정하여 '2026년은 1,000조 원 규모로 성장할 것으로 전망하고 있다. 금융위원회가 발표한 보고서에는 한국 인구의 10.8%가 디지털 자산에 투자 중인데, 대부분 20~40대로 구성되어 있다. 아직 성장 중인 시장이기 때문에 50, 60대의 투자자 비중이 낮은 편이고, 추후 중·장년층 투자자의 진입이 예상되어 성장 가속도가 클 것으로 예상한다.

루나와 테라의 폭락 사태 이후 정부가 스테이블 코인과 디파이(탈중앙화 금융)에 관한 규제 방안 마련에 나서고 있다. 미국 등 주요국에서 디지털 자산 관련 규제 움직임이 나오는 가운데, 국내도 글로벌 규제 흐름에 맞춰 디지털 자산 거래를 규율하겠다는 움직임이다.

2022년 5월, 금융위원회는 "제도의 실효성이 담보될 수 있도록 국제결

국내 디지털 자산 시장 현황

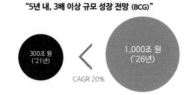

"5년 내, 3배 이상 규모 성장 전망 (BCG)"

300조 원
('21년)

1,000조 원
('26년)

CAGR 20%

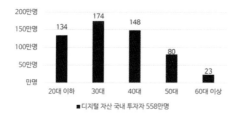

"대한민국 인구의 10.8% 디지털 자산 투자 중"

■ 디지털 자산 국내 투자자 558만명

출처 크립세이지 (보스턴컨설팅그룹, 금융위원회)

제은행BIS, 금융안정위원회FSB와 같은 국제금융기구 및 미국 행정명령 등 각국의 규제 체계 동향을 충분히 고려하여 글로벌 규제 정합성을 확보할 필요가 있다"고 발표하였다.

글로벌 전통 금융시장은 디지털 자산에 대하여 다양한 상품을 내놓고 있지만, 국내는 현행법상 제한으로 아직 간접 진출에 그치고 있다. 대표적인 것은 디지털 자산 수탁사업으로 은행권은 다른 기업과 합작법인을 설립하고 지분투자를 하는 형태로 진출하는 중이다. 대표적으로 국민은행, 신한은행, 농협은행, 우리은행이 해당 사업에 뛰어들었다. 추후, 디지털 자산 관련 법령 제정으로 사업모델의 양성화가 이루어질 경우 국내 금융사의 사업 확대도 쉬워질 것으로 보인다.

국내 대표 은행별 디지털 자산 수탁사업 현황

구분	KB국민은행	신한은행	농협은행	우리은행
지분 투자 수탁사업자 (Custody)	한국디지털에셋 (KODA)	한국디지털자산수탁 (KDAC)	카르도 (CARDO)	디커스터디 (DiCustody)

출처 언론보도

사전에 이에 대응하기 위하여 SK증권 블록체인 혁신금융팀을 신설하였고, 미래에셋은 그룹 주도 디지털 자산 수탁사업을 추진 중이다. 삼성증권은 증권형 토큰 진출 방안을 모색 중이며, 신한금융투자 또한 블록체인 전담 부서를 신설하여 운영 중이다. 구체적으로는 다음 페이지의 표와 같이 블록체인 산업에 진출하고 있다.

증권사들이 새로운 시장 발굴에 속도를 내고 있는 이유는 금리 인상과 양적 긴축으로 인하여 글로벌 증시 불안정이 지속되어 증권사의 영업 환경이 녹록치 않으며, 개인의 주식 거래 매매가 둔화하며 수수료 수입이 줄어든 영향이 크기 때문이다. 디지털 자산의 경우 시장 성장성이 높으며 기존 증권사들의 사업모델과 연속성을 가지고 있어 매력적인 선택지이기도 하다.

국내 금융권 가상자산 사업 현황

기업명	사업 현황
KB국민은행	블록체인 기업 해치랩스, 블록체인 투자사 해시드와 '한국디지털에셋(KODA)' 설립 디지털 자산 금융모델 개발 착수 메타버스 게임 '로블록스' 가상 지점 시범 운영
신한은행	디지털 자산 금융서비스 기업 비트고(BitGo)와 업무협약 체결 한국디지털자산수탁(KDAC) 전략적 지분 투자 KT와 전략적 파트너십 협약 (블록체인 기반 플랫폼 구축)
하나은행	한국은행 CBDC 발행 대비 시범 시스템 구축
우리은행	한국은행 CBDC, NFT 유통, 블록체인 플랫폼 구축 블록체인 기술 기업 코인플러그와 수탁업체 DiCustody 설립 NFT 기반 STO 사업 검토
NH농협은행	법무법인 태평양, 블록체인 기업 헥슬란트(Hexlant)와 컨소시엄 구성 및 수탁 서비스 준비 수탁 전문 기업 카르도(Cardo)에 전략적 지분 투자
BNK부산은행	소니뮤직퍼블리싱과 메타버스, 블록체인 전략적 제휴
한화손해보험	업계 최초 가상자산 거래소 해킹 피해 보장 사이버 보험 출시 캐롯손해보험 통해 블록체인 모바일 신원증명(DID) 연합 참여
한국투자증권	블록체인 기반 가격 예측 플랫폼 레인보우닷 지분 투자 핀테크 기업 인덱스마인 지분 투자 핀테크 기업 루센트블록 MOU 체결 및 전략적 투자
미래에셋증권	가상자산 전문법인 설립 준비 및 관련 인력 채용 중
하나금융투자	핀테크 기업 루센트블록 MOU 체결 및 전략적 투자
삼성증권	STO 사업 진출 위한 인력 채용 중 글로벌 컨설팅 기업에서 STO 관련 컨설팅 학습

한화투자증권	가상자산 거래소 업비트 및 가상자산 공시 데이터 플랫폼 쟁글 서비스 투자, 싱가포르 디지털 자산 발행 기업 원익스체인지 운영사 캡브릿지그룹 투자, 가상자산 거래소 업비트 운영사인 두나무 지분 6.14% 인수
SK증권	피어텍과 수탁 서비스 협약 체결 해치랩스와 공동 연구개발을 위한 업무 협약 스타트업 펀블과 MOU 체결
신한금융투자	블록체인 전담 부서 신설하여 운영 중 블록체인 기업 델리오 MOU 체결
코리아에셋 투자증권	피어텍, 핀테크 투자플랫폼 기업 SBCN과 신규 비즈니스 모델 연구

출처 메리츠증권 리서치센터, 코스콤, 언론보도

디지털 자산은 전통 금융에 미치는 영향이 크다. 따라서 글로벌 전통 금융기관도 기회를 놓치지 않기 위해 다양한 시도를 하고 있다. 디지털 자산 시장은 근본적으로 투명하고 포괄적인 금융 서비스 제공을 위해 존재한다. 실시간 결제, 개방형 네트워크, 스마트 계약, 탈중앙화를 개념으로 시장이 발전하고 있으나, 명확한 규제의 부족, 큰 변동성, 보안과 사기에 대한 두려움으로 해당 산업의 발전이 지체되고 있긴 하다.

PART 2

2023
웹3.0 ^{WEB 3.0} 트렌드

CHAPTER 1

웹브라우저의
역사

빅테크의 전유물이 된 인터넷

현재까지 인터넷은 크게 두 번 변화했다. 인터넷이 태동하는 시기에 정보의 교류방식은 단방향이었다. 들어오는 정보를 '소비'하기만 했고, 인터넷은 신문기사 등을 읽는 정도만 하는 공간이었다. 시선을 달리해서 의사소통의 관점으로 바라본다면 단방향 통신 시대의 시점은 1990년대이다. 당시에는 삐삐가 있었다. 하지만 삐삐로는 답장이 불가능했다. 삐삐가 울리면 공중전화기로 가야 했다. 점차 인터넷이 발달하면서 양방향으로 문자를 주고받기 시작한 시점이 2000년대다. 그리고 휴대폰에 애플리케이션이 생겨나고 카카오톡과 같은 대중적인 메시지 플랫폼을 이용하면서 정보를 '생산'할 수 있게 되었다. 다시 설명하면, 정보의 소비만 가능했던 형태의 인터넷을 웹1.0, 정보의 생산이 더해지면서 원활한 의사소통이 가능해진 형태의 인터넷을 웹2.0 시대로 정의한다.

현재 우리는 웹2.0 시대에 살고 있다. 유튜브, 넷플릭스, 메타, 인스타그램 등 우리 삶 속에 깊숙이 들어온 IT 서비스는 웹2.0 시대의 산물이다. 사용자는 플랫폼을 통해서 다른 사람과 정보를 주고 받는다. 유튜버가 콘텐츠를 생산하고 이를 유튜브에 올리면 다른 사용자가 이 영상을 본다. 이 과정에서 유튜버는 콘텐츠에 광고를 붙여서 돈을 번다. 이러한 수익 구조를 편리하게 만들어준 유튜브는 수익의 일부를 떼어가지만 그 비율이 생각보다 높다. 게다가 해당 콘텐츠와 관련된 모든 데이터는 유튜브가 소유한다. 더 큰 문제는 유튜브, 메타가 임의로 정책을 바꾸면 광고 수익도 변하게 된다.

웹2.0에서 플랫폼 기업들은 콘텐츠 생산자에게 터무니 없는 수수료를 떼어가고 있다. 애플 앱스토어에서 애플리케이션을 판매할 때마다 최대 30%의 수수료를 부과한다. 유튜브에서는 45%, 심지어 메타, 트위터, 인스

웹3.0 플랫폼은 콘텐츠 부과 수수료를 획기적으로 낮추고 있다

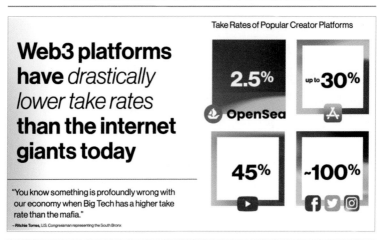

출처 a16z

타그램은 100%나 다름없을 정도로 콘텐츠에 대한 보상이 정당하지 않다.

웹3.0의 플랫폼은 다르다. 메타와 인스타그램은 콘텐츠 생산자의 결과물을 독점하지만, NFT 거래소인 오픈씨OpenSea의 수수료는 2.5%에 불과하다.

2021년, 오픈씨에서 이더리움 기반의 NFT 발행과 거래에서 지급된 수수료는 약 4.5조 원으로 메타가 같은 기간 콘텐츠 제작에 나누어준 수수료인 약 1.2조 원의 4배에 달한다. 메타가 콘텐츠 제작자에 배분한 금액은 메타 매출의 1%가 채 되지 않는다.

스포티파이와 유튜브가 콘텐츠 제작자에 배분한 금액은 9조 원, 18조 원이나 된다. 금액 자체로만 보면 크다고 느껴질 수 있다. 하지만 각 플랫폼에서 활동하는 콘텐츠 제작자의 숫자를 감안하면 이 수치는 달리 보인

NFT는 콘텐츠 제작자가 팬들과 교류하면서 얻는 수익 모델을 직접적으로 제공한다

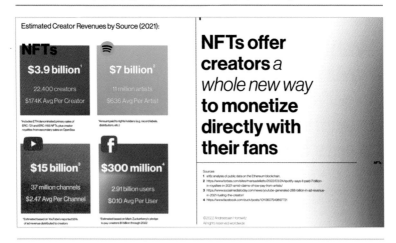

다. 웹3.0 플랫폼은 콘텐츠 제작자당 2억 원을 준 반면, 스포티파이는 아티스트당 8,000원, 유튜브는 채널당 3,000원, 메타는 사용자당 200원을 준 것으로 계산된다.

어떻게 보면 사용자는 데이터를 플랫폼 기업에 공짜로 제공하고 있다. 사용자는 자신의 데이터에 관한 소유권이 없기 때문에 정당한 보상을 받지 못하고 있고, 웹2.0에서 만들어지는 무수한 데이터를 거대 플랫폼이 소유하고 있다는 점이 문제시된다. 중앙 서버를 통해 우리의 개인 데이터를 거머쥐고 활용하면서 막대한 부를 창출하고 있다. 또한 플랫폼 기업의 중앙서버 보안이 뚫리면 개인정보가 유출되는 등 막대한 사회적 비용을 초래한다. 해당 플랫폼이 사라지면 데이터가 전부 사라진다는 점도 큰 문제가 된다.

웹2.0 vs. 웹3.0

웹3.0 시대에는 중앙 서버라는 개념이 사라진다. 중앙 서버 위에 군림하는 거대 권력이 전체의 이익을 독식하는 현 체제에 반란이 일어난 것이다. 누구나 정보의 소유권을 통해 새로운 서비스와 경제 체제를 구축하도록 웹2.0이 가진 구조적인 문제를 근본적으로 바꾸려는 시도가 일어나고 있다. 웹3.0은 데이터가 중앙 저장소가 아니라 탈중앙화 자율조직DAO을 통해 개인의 네트워크에 분산되어 저장되고, 개인 데이터에 대한 소유권은 개인에게 돌아간다. 사용자가 자신의 데이터와 디지털 자산의 소유권을 가져가면서 스스로 콘텐츠 제작자이자 배포자가 되고 나아가 플랫폼이 될 수 있는 생태계가 만들어지고 있다.

지금까지는 '사회적 합의'로 달러를 최고로 쳐주고 있지만 특히 2020년과 2021년, 달러도 인플레이션을 겪으면서 시간이 지날수록 가치가 하락하고 있다. 하지만 비트코인이나 발행량이 정해진 암호화폐의 경우 인플

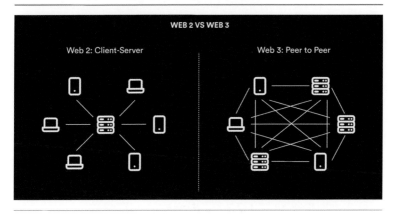

레이션에 따른 가치하락을 피할 수 있다. 오히려 소각과 분실로 수량이 줄어든다. 이에 더해서 위조와 변조도 불가능하다. 이러한 장점을 가진 암호화폐를 기반으로 한 NFT를 거래하기 시작하면 사회적 합의가 생기게 된다.

《비트코인, 지혜의 족보》를 쓴 오태민 저자는 NFT의 쓸모에 대해 일화를 통해 이야기한다. 채율이라는 로블록스를 즐기는 7살짜리 친구의 부모 이야기이다. 채율이는 미국 뉴욕 맨해튼에서 한의원을 하시는 이 박사님의 딸이다. 이 박사님은 얼마 전 오랜만에 귀국해서 자신이 어린시절 놀던 거리에서 향수를 느꼈고, 그 거리의 상점에서 아이들을 위해서 인형과 장난감을 잔뜩 구입했다. 그리고 바로 그날 국제전화로 아내의 혹독한 비판에 직면해야 했다. 아빠가 한국에서 사다 준 인형을 친구들에게 보여

주려면 친구들을 일일이 집에 초대해야 하므로 손에 만져지는 인형은 가치가 없다는 것이다. 비행기 탈 때 그리고 집에 둘 때 공간만 차지하고 미국 공항세관에 걸려 안 해도 되는 서류를 작성할지도 모른다. 하지만 로블록스에서 아이템을 살 수 있는 확장팩을 사주면 훨씬 저렴한 돈으로도 채율이는 기뻐할 거라는 것이었다. 거기에 둔 아이템은 로블록스의 세계에 접속한 이들에게 자랑할 수 있으니까 말이다. 게다가 내구성이 최고라서 재판매 시에도 중고처럼 헐값이 아니라 제값을 받을 수 있다. 이 말을 들은 이 박사님은 큰 깨달음을 얻고 다음날 다시 그 상점을 방문해서 인형과 장난감을 환불했다고 한다. 이처럼 우리 세대는 '손에 묵직하게 잡히는 인형이 실제로 가치가 있지 디지털 인형은 아무것도 아니다'라고 생각하는 경향이 있지만 로블록스 세대에게는 정반대일 수도 있다.

지금의 어린아이들은 이미 웹3.0의 시대를 사는 것인지도 모른다. 웹1.0이 단순한 기록과 등록이었다면, 웹2.0에서 사용자들은 SNS를 통해 뭔가를 만들어내고 공유하기 시작했다. 이 모든 것은 중앙화된 통제 시스템에서만 가능했고, 사용자에게는 소유권과 적절한 보상이 주어지지 않았다. 하지만 NFT가 나오면서 웹3.0의 시대가 본격적으로 시작되었다고 해도 과언이 아니다. NFT가 메타버스 공간에서의 소유권으로서 한정된 기표를 불러오고 지배(판매와 같은 상거래를 포함하는 절대적인 소유 개념)할 수 있게 해주기 때문이다.

최근 비탈릭 부테린이 거래가 불가능한 대체불가토큰 개념의 소울바운드 토큰Soulbound Token, SBT을 제시했다. 웹3.0의 생태계 기여자보다 돈이 많은 사람들에게 NFT가 집중될 수 있다는 점이 문제라는 생각에 한 번 받으면 재전송이 불가능한 NFT인 SBT를 만들었다. 지갑에 귀속돼 다른 지갑으로 이전할 수 없고, 거래도 할 수 없다. NFT에 '영혼soul'을 부여해 정체성을 갖도록 하겠다는 것이다. SBT는 탈중앙화금융De-Fi, 디파이, 탈중앙화자율조직DAO, 다오 등 웹3.0 생태계뿐 아니라 학위, 인증서, 주민등록증 등 실생활에서도 널리 사용할 수 있을 것으로 전망된다. 교육기관이 졸업자에게 학위를 SBT로 발행하면 손쉽게 인증이 가능하다. 필요할 때마다 졸업증명서를 떼야 하는 번거로움을 줄일 수 있다. 주민등록증 등 현실 세계에서의 신원 확인도 국가 기관이 나서 SBT로 발행하면 인증이 간편해진다.

웹3.0에
블록체인이 필요할까?

웹3.0은 분산원장 기술로 실현될 수 있다. 웹2.0에서는 플랫폼이 데이터를 중앙 서버에 저장했다면, 웹3.0에서는 블록체인을 통해 데이터가 분산 및 저장된다. 블록체인은 '데이터를 기록한 장부'를 네트워크에 참여한 사람들에게 나눠준다.

비트코인은 화폐 목적으로 탄생한 최초의 암호화폐로 화폐 본연의 기능에는 충실했으나 합의 비용, 블록 크기, 확장성 등의 측면에서 한계가 있었다. 2013년, 비탈릭 부테린이 스마트 계약Smart Contract 기능을 도입한 이더리움을 발표하면서 다양한 비즈니스에 본격적으로 블록체인 기술을 활용할 수 있게 되었다. 이더리움을 기반으로 하거나 파생된 암호화폐를 통해 탈중앙 애플리케이션DApp이 생겨나면서 데이터에 가치를 매기고 이를 교환하는 거래가 성사된다.

DAppDecentralized Application은 블록체인 시스템에서 P2P 형태로 작동하는

탈중앙화 분산 애플리케이션이다. 2015년부터 공개된 DApp은 4,000여 개에 달한다. 이 중 3,300개가 이더리움 기반이다. 이더리움의 탈중앙화 구현 수준이 여타 플랫폼보다 높고 무엇보다도 이 시장을 선점하였기 때문이다.

디앱(DApp) vs. 전통적 앱

항목	디앱(DApp)	전통적인 앱
가동성	일부 블록이 다운되어도 다른 블록들이 동일한 정보를 보유하고 있기 때문에 영향을 받지 않음	앱을 동작시키는 서버나 컴퓨터가 다운되면 정지
사용자 비용	기능을 사용하기 위해서는 보통 토큰/코인이 필요	앱을 사용하는 것 자체는 일반적으로 무료
유저친화성	지갑, 토큰, 거대 등 현재까지는 학습하는 데 시간 필요	일반적으로 튜토리얼 없이 사용 가능할 정도로 편리
거래 속도	사용하는 블록체인마다 차이가 있지만 보통 느림	인터넷이나 하드웨어 속도에 따라 차이가 있지만 빠름
구동 방식	스마트 컨트랙트를 사용하여 명령을 수행하고 정보를 가져오게 됨	서버와 앱에 포함된 프로그래밍에 따라 서버와 앱 사이 정보 전송

출처 코트라

DApp 증가 추이

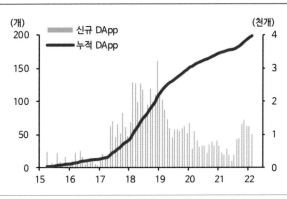

출처 State of the DApp

DApp 내 데이터가 이더리움 블록체인상에 기록되고 불러오기가 이루어진다. 중앙 서버와 관리자가 없이 이러한 거래가 이루어지는 것을 '스마트 계약'이라 한다. 이해를 돕기 위해 스마트 계약의 작동 원리를 간략하게 설명하자면, 어떤 재화를 판매하고자 하는 사람 A가 그 판매의 조건을 블록체인 네트워크상에 등록하면, 그 블록체인 네트워크상에 등록된 모든 노드(블록체인 네트워크에 참여한 개인 컴퓨터라고 생각하면 편하다)가 자신의 데이터베이스를 동기화하여 해당 등록을 공유하고, 구입하고자 하는 사람 B가 상품 구매를 블록체인 네트워크상에 등록하면 동일한 절차가 발생하는 식이다. 이러한 노드는 지갑의 역할을 한다. 여기에 각자 개인이 토큰을 보관하고 관리한다.

자본주의의 수많은 발전요인 가운데 '보상Incentive'은 무시할 수 없는 요

개인이 노드, 지갑 나아가 플랫폼이 된다

출처 Consensys(https://consensys.net/blog/blockchain-explained/what-is-web3-here-are-some-ways-to-explain-it-to-a-friend/)

인이다. 자본주의 시스템에서는 모든 경제주체가 능력을 최대한 발휘하게끔 경쟁과 보상구조가 작동한다. 웹3.0은 개인의 보상과 협력 모델을 동시에 이끌어낸 새로운 자본주의의 출발점이다. 블록체인에 컴퓨팅 파워를 제공하면서 개인이 얻는 보상은 블록체인 구조를 지탱하면서, 동시에 참여자들의 자발적 협력을 이끌어내는 장치가 되었다.

블록체인 네트워크 상에서 개인이 보상을 추구할수록 노드가 많아지고 구조가 안정화되면서 신뢰도가 상승한다. 기술 진보를 통해 개인의 이익 추구가 공생하는 거버넌스를 형성한다. 사회의 다양한 영역에서 합의된 프로토콜을 통해 기존의 문제를 해결하는 프로젝트가 나타나고 있는데, DAO, DApp, DeFi, NFT, P2E 등이 모두 여기에 속한다.

P2E 게임도 넓게 보면 DApp의 일종으로 블록체인 상 소유권을 증명하

웹3.0의 시스템

는 NFT로 게임 내 주요 아이템이 설계된다. DeFi^{Decentralized Finance}는 탈중앙화 금융의 약자로 기존 금융서비스인 은행계좌나 신용카드 없이도 보험, 대출 등의 서비스를 이용할 수 있다. 정리하면 웹3.0의 근간을 이루는 인프라 기술은 '블록체인'이며, '암호화폐'는 다양한 애플리케이션을 운영하게끔 보상하는 역할을 한다. 암호화폐를 채굴할수록 전체 블록체인 시스템은 더욱 견고하게 유지된다.

그렇지만 트위터 창립자인 잭 도시^{Jack Dorsey}는 자신의 트위터 계정에서 '웹3.0은 실체가 없는 마케팅 용어'라고 지적했다. 웹3.0 서비스를 시작한 기업에 돈을 투자하는 투자자들만 돈을 번다는 비판의 목소리를 높인 것이다.

이는 100% 옳지 않다. 웹2.0 시대에서 성장 가능성이 있는 스타트업에

웹3.0에 대한 잭 도시의 비판

 jack ⚡ ✅
@jack

You don't own "web3."

The VCs and their LPs do. It will never escape their incentives. It's ultimately a centralized entity with a different label.

Know what you're getting into…

12:51 PM · Dec 21, 2021 · Twitter for iPhone

출처 트위터

투자한 초기 투자자는 주로 벤처캐피털VC이었다. 이들이 초기 투자를 해서 기업 가치를 올리고 주식시장에 상장하면서 지분을 판매함으로써 돈을 벌었다. 하지만 개인투자자들이 그렇게 하기는 쉽지 않다. 정보가 불투명하기 때문이다. 토큰도 상장 전에 초기 투자자들이 투자하고 가치를 올리지만 토큰은 거래소에 상장되는 과정이 상대적으로 빠르고, 개인 투자자도 VC처럼 충분히 토큰에 대한 정보를 투명하게 얻을 수 있다. 이처럼 기업 성공에 따른 수익을 벤처캐피털이 독점하는 현상은 나아질 것이다.

이제 시작이다. 국내외 대기업은 블록체인 사업을 어떻게 구상할지 큰 그림을 그리는 단계에 있을 뿐이다. 글로벌 기업들은 대거 웹3.0 투자에 나섰다. 구글은 최근 블록체인 전문기업 대퍼랩스와 손을 잡았다. 웹3.0 시대를 대비하기 위한 전략적인 선택이라는 게 업계의 시각이다. 회사명을 메타로 바꾼 페이스북도 일찌감치 웹3.0에 눈독을 들여온 회사다. 사명을 바꾼 이유도 여기에 있다. 소셜미디어 회사에서 메타버스 기업으로 변화해 웹3.0 시대를 선점한다는 전략이다. 디지털 결제 기업 스퀘어도 비슷한 이유로 블록Block으로 이름을 바꿨다. 여러 대기업이 이미 이러한 변화를 감지하고 웹2.0 시대의 중앙화 플랫폼에서 확장해 웹3.0 시대에 대응하려 하고 있다.

카카오에서는 최근 남궁훈 카카오게임즈 대표가 카카오 미래이니셔티브센터장으로 이동했다. 이를 두고 업계에서는 카카오가 웹3.0에 무게를 둘 것이란 전망이 나온다. 미래이니셔티브센터는 카카오 공동체의 미래 10년을 준비하는 조직으로, 남궁 센터장은 웹3.0을 통해 소위 말하는 '미

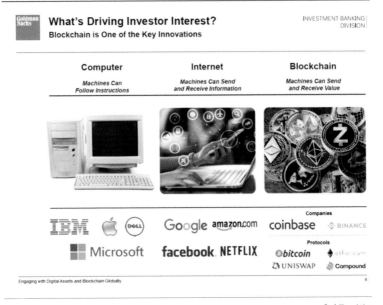

출처 골드만삭스

래 먹거리' 발굴에 주력할 것으로 보인다. 당장 카카오의 기술과 엔터테

인먼트 요소를 결합한 메타버스 플랫폼을 구상할 것으로 예상된다.

웹3.0은 단순히 블록체인과 암호화폐를 활용해 부를 분배하고 자산을

증식하는 시대가 아니다. 블록체인은 증강현실과 가상현실, 인공지능 등

다양한 기술로 디지털 콘텐츠와 자산을 만들어 낼 것이다. 사회, 정치, 경

제, 문화 등 여러 방면에서 혁신을 일으킬 것으로 전망한다. 예를 들어 탈

중앙화 자율조직인 DAO는 기업의 기존 조직구성 방식과 거버넌스에 변

화를 불러올 것이고, NFT는 예술의 분야에서 새로운 시대를 열 수 있다.

부동산, 게임을 하거나P2E 음악을 듣거나L2E 걷는M2E 등 행동이 곧 돈이 되는 'X2EX to Earn'도 웹3.0 시대에 새로 등장한 모델이다.

이 모든 모델이 스마트 계약을 통해, 즉 코드가 프로토콜이 되면서 발전하는 것이다. 프로토콜이란 사전적 의미로는 인터넷에서 활용되는 통신 규약을 뜻하지만, 프로토콜 경제에서는 플랫폼 경제의 시장 참여자들이 자유롭게 만들고 지키는 규약이라는 의미로 사용된다. 프로토콜 경제는 시장 참여자들이 자유롭게 일정한 규칙(프로토콜)을 만들어 참여하는 개방형 경제를 의미한다. 웹3.0은 이러한 프로토콜 경제, DAO, 메타버스, NFT 등을 포괄하는 개념이다.

웹 브라우저의 진화

웹1.0은 IT 버블 기간을 포함한다. 웹3.0 암호화폐의 과열과 유사한 IT 버블이 웹1.0 시대를 거쳤다. WWW월드 와이드 웹가 태동한 1994년부터 2004년까지 이 기간을 웹1.0으로 분류한다. 전화 모뎀을 활용한 50K 대역의 통신 인프라에서 무수한 벤처기업이 탄생하고 사라졌다. 넷스케이프와 마이크로소프트가 대표적이다.

웹 브라우저의 시작은 '브라우저 전쟁Browser Wars'으로 불리는 넷스케이프와 익스플로어의 대결이었다. 웹 브라우저 점유율을 놓고 경쟁하면서 수많은 서비스가 만들어졌다. 승자는 마이크로소프트였지만 마이크로소프트가 운영체제OS에 웹 브라우저를 끼워팔기 논란이 있었고, 넷스케이프가 개발했던 넷스케이프 내비게이터Netscape Navigator는 인터넷 혁명의 불씨를 지폈다는 평가를 받았다.

당시에는 한 방향 서비스의 뉴스 읽기만 가능했다고 볼 수 있지만, 종이

웹1.0의 시대를 연 넷스케이프와 익스플로어

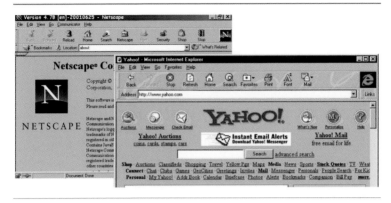

출처 구글

신문이 온라인화되고 데이터가 축적되는 기술이 생겨난 자체가 혁신이었다. 마이크로소프트, 넷스케이프, 야후처럼 포털 중심의 기업들이 웹1.0 시대의 대표기업들로 자리매김하였다. 국내에서도 비슷한 흐름이 연출되었고 포털과 검색엔진을 가진 벤처기업들이 성장하였다. 그 밖에 인터넷의 서버를 뒷받침하는 하드웨어 기업들과 게임 주들이 동반 성장하였다. 국내 게임 주로 유명한 엔씨소프트가 바로 이때인 1997년, 설립되었다.

브라우저와 포털 중심에서 플랫폼 왕국이 나타난 시기가 웹2.0이다. 2000년대 중반 페이스북, 트위터와 같은 소셜 네트워크 서비스SNS가 생기자마자 무서운 속도로 성장하였고, 국내에서는 싸이월드, 다음카페, 네이버 블로그 등이 등장했다. 읽기에서 쓰기 기능이 추가되면서 양방향 온라인 서비스가 콘텐츠 제작자와 사용자의 커뮤니케이션을 가능하게 했다. 더불어 모바일 환경이 상호작용을 증폭시켰고, 인터넷 통신 서비스가 일반화되면서 인터넷/게임 섹터는 더욱더 가파른 성장세를 유지하였다.

당시 페이스북보다는 싸이월드가 메타버스의 원조였고, 흥행까지 하였다. 비영어권의 불리함으로 인해 국내에 한정된 서비스로 머무른 것이 아쉽지만, 한국에 최적화된 서비스를 운영했던 네이버와 카카오에 일찍이 투자했던 투자자들은 큰 수익을 거둘 수 있었다.

현재 사람들이 많이 쓰는 웹 브라우저는 구글의 크롬이다. 사람들은 크롬과 같은 편리한 브라우저를 공짜로 사용한다고 생각하지만, 사실은 광고를 보는 것으로 이용료를 지불하고 있다. 구글은 매출의 80%를 타깃팅 광고로 얻는다.

광고로 돈을 버는 구글에 대항해서 나온 웹3.0 서비스가 있다. 브레이브Brave라는 웹 브라우저가 그렇다. 브레이브는 크롬이나 인터넷 익스플로러 등과 연동되지만 광고를 차단해서 브라우저의 속도를 높였다. 그리

웹2.0을 이끈 플랫폼 주가 추이

(2012.05.18=100)

네이버
카카오
구글
메타(페이스북)

출처 블룸버그

106

고 암호화폐 베이직어텐션토큰BAT이라는 해결책을 내놓았다. 구글처럼 개인정보를 수집하지도 않고, 이용자가 광고를 볼 때에는 BAT로 보상해 준다. 암호화폐 보상 외에도 '브레이브 월렛'이라는 지갑 서비스와 영상통 화 서비스를 제공하는 등 지속해서 업데이트가 이루어지고 있다.

구글 크롬의 시장 점유율은 2019년 이후 꾸준히 70%대를 유지하고 있 지만 브레이브는 이제 막 걸음마 단계이다. 하지만 2019년 6월, 520만 명 이었던 브레이브의 월간 활성 이용자 수MAU는 2021년 10월, 4,200만 명으 로 8배 늘어 높은 성장성을 보여준다. 광고에서도 구글이나 메타가 대체 될 수 있다. 광고 비용은 사용자가 어디서 시간을 많이 할애하는지, 혹은

웹3.0 브라우저 브레이브

출처 브레이브

사용자가 어디에 광고비를 많이 주고 싶어 하는 지를 기준으로 배분될 수 있다.

브레이브가 주목받는 이유는 이용자들이 수익을 낼 수 있기 때문이기도 하지만 개인정보를 수집하지 않는다는 점도 있다. 지난 2018년, 구글이 데이터를 유출한 사건은 크롬에 대한 신뢰를 떨어뜨렸다. 그 주체가 웹 브라우저라면 사용자는 정보 유출을 막기가 어렵다. 이에 따라 개인 데이터 보호와 주권에 대한 인식이 강화됐다.

웹3.0에서 개인정보 보호는 중요한 테마가 될 것이다. 웹3.0에서는 개인 맞춤화, 지능화가 특징이기 때문에 데이터의 중요성은 더 커지지만, 탈중앙화된 블록체인 시스템을 통해 데이터가 암호화된다. 이제 데이터

웹3.0의 기반이 될 프로토콜

를 어떻게 저장하고 웹 호스팅은 어떻게 해야 하는지, 데이터를 처리하는 과정, 대역폭, ID, 클라우드 공급자까지 세분된 암호화폐 프로젝트가 생기고 있다. 옆 페이지의 〈메사리 리포트〉에서 나온 그림의 웹3.0 프로토콜도 투자에 참고하기를 바란다.

CHAPTER 2

인터넷의 소유권을 돌려받다

이더리움2.0,
월드 컴퓨터를 구축하다

스마트 계약이 탑재된 이더리움의 등장 이후 현재까지 4,000개의 디앱이 출시되었고, 그중 74%가 이더리움 기반으로 생태계가 조성되어 있다. NFT 또한 거의 대다수 이더리움 기반으로 고유성과 소유를 증명할 수 있는 기술이 사용된다. 일반적인 디지털 자산은 복제가 가능할 수 있지만, NFT 토큰은 복제가 불가능하다는 것을 활용한 것이다. NFT 블록체인 네트워크가 확장될수록 이더리움이 부각될 것이라는 의견이 많다. 화폐 기능에 국한된 비트코인과 다르게 이더리움은 분산 애플리케이션을 구현할 수 있기 때문이다. 비트코인이 디지털 금 또는 전자계산기라면, 이더리움은 원유 또는 최신형 스마트폰인 셈이다.

　블록체인 업계에서 오랫동안 풀기 어려운 문제는 '블록체인 트릴레마'이다. 확장성Scalability, 탈중앙화Decentralization, 보안성Security 이 세 가지를 동시에 충족하는 블록체인을 만들기가 어렵다. 확장성이란 사용자 수의 증가에 유연하게 대응할 수 있는 정도를 뜻하며, 통상 초당 거래 수TPS를 지칭한다. 탈중앙화란 블록체인을 검증하고 운영하는 컴퓨팅 자원이 얼마나 분산화되어 있는지를 의미하며 통상 노드 수를 지칭한다. 보안성이란 블록체인의 데이터에 권한 없는 자가 접근해 사용성을 저해하는 것을 뜻한다. 이 트릴레마를 푸는 블록체인은 가장 큰 사용성을 지닌다.

블록체인 트릴레마(Blockchain Trilemma)

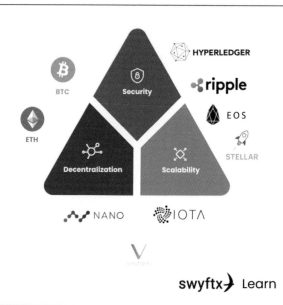

출처 Swyftx(https://learn.swyftx.com/blockchain/blockchain-trilemma/)

가상자산 투자자들의 최대 관심사 중 하나는 이더리움 머지Merge다. 머지란 이더리움의 합의 알고리즘을 작업증명방식PoW에서 지분증명방식PoS으로 전환하는 과정이다. 합의 알고리즘은 블록체인의 맞고 틀림을 검증하는 방식을 뜻한다. 작업증명은 그 검증 권한을 가장 많은 작업을 한 사람에게 주는 것이고, 지분증명은 검증 권한을 가장 많은 지분을 가진 사람에게 주는 것이다. 이 업데이트에 관심이 쏠리는 이유는 채굴 방식이 바뀌면 이더리움의 공급량이 줄어 가격상승에 호재가 될 수 있다는 기대감 때문이다.

작업증명은 많은 작업을 필요로 하기 때문에 전력 소모량이 클 수 있다는 것이 문제이다. 퍼즐을 푸는 과정으로 거래 처리 시간이 오래 걸린다고 보면 된다. 그에 비해 지분증명은 작업이 필요 없기 때문에 전력 소모량이 적고, 증명 시간이 빠른 것이 장점이다. 그 결과 거래의 처리 속도가 올라간다.

현재 지분증명 전환을 위해 이더리움은 스테이킹Staking을 절찬리에 진행 중이다. 이더리움을 미리 스테이킹 하는 이유는 지분증명으로 방식이 바뀌었을 때 검증자들이 거래 검증을 위해 사용할 이더리움 지분이 필요하기 때문이다.

스테이킹이란 은행 예금 예치와 같다. PoW와 PoS의 합병이 이루어지는 순간 이더리움을 예치한 보유자들이 거래를 검증하기 때문에 현재 이더리움의 스테이킹 보상률은 약 4.8% 수준이다. 이 보상을 채권의 이자로 해석할 수 있다. 비트코인은 현찰처럼 보유하고 있을 때 시세차익 외에는 대가를 받을 수 없는 현금과 같다.

지분증명으로 바뀌면 이더리움은 거래 처리 속도가 올라가면서 확장성이 생기고, 이더리움을 소유하면 누구나 지분증명에 참여할 수 있기 때문에 탈중앙화라는 장점도 갖게 된다. 지분증명에 참여한 검증인이 많아질수록 이더리움의 공급량이 감소할 것이고, 공격 가능한 영역이 줄어들어서 보안성 역시 올라가기 때문에 앞서 언급한 블록체인 트릴레마를 해결할 가능성이 높아지는 것이다.

블록 생성 방식에서는 '샤딩'이라는 기술이 도입된다. 샤딩은 Layer1 레이어1 블록체인을 여러 개로 쪼개는 것을 의미하며, 노드들은 쪼개진 샤드의 트랜잭션을 검증하고 저장하면서 전체적인 네트워크의 부담을 줄이고, 효율성을 증가시킨다. 기존 이더리움은 노드 수가 증가할수록 검증 속도가 느려지지만, 샤드 체인은 노드 수가 증가하면 네트워크 처리 용량이 증가하게 된다. 지분증명 방식과 샤딩이 성공적으로 도입될 경우 이더리움 2.0의 성능은 비약적인 상승이 예상된다. 완전한 이더리움2.0으로의 전환은 5년 이상 소요되나 개발 로드맵에 맞춰 안정적인 이더리움2.0으로의 전환이 이루어질 것으로 예상된다.

이더리움2.0이 대중화된다면 이더리움의 한계로 여겨졌던 탈중앙화, 확장성, 보안성 등이 극복되며 지배 플랫폼으로 자리 잡을 가능성이 높다. 기존 이더리움의 문제점을 해결하기 위해 솔라나, 아발란체 등 다른 레이어로 옮겨간 프로젝트들이 다시금 이더리움으로 복귀할 수 있으며, 이더리움 2.0 내에서도 수많은 확장성 솔루션이 추가되면서 더욱 기술 수준이 올라갈 것이다. 현재의 이더리움만으로도 디파이, P2E 게임, 예술 NFT 등 전례 없던 디지털 시장이 형성되었다. 향후 거래 처리 속도가 향상되고, 탈중앙화와 투명성이 더욱 강화된다면 사회 각 영역으로 서로 다른 결합이 나

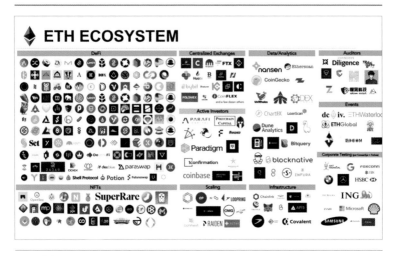

출처 Seeking Alpha(https://seekingalpha.com/article/4472892-ethereum-outlook-2022-bullish-upside-ecosystem-momentum)

타나며 새로운 비즈니스 모델들이 속출할 것이다.

이러한 관점에서 이더리움 업그레이드는 여러 애플리케이션이 구동할 수 있는 제반 환경을 만들어준다. 전 세계에 뿌려져 있는 노드들을 연결해 주는 '월드 컴퓨터' 역할을 하는 것이다.

이더리움의 속도와 확장성을 보완하기 위해 Layer레이어 구조의 솔루션도 등장했다. 블록체인에서 Layer1이란 가장 근간이 되는 블록체인 설계 방식으로 비트코인, 이더리움, 솔라나, 폴카닷 등 우리에게 익숙한 대부분의 블록체인이 레이어1의 범주에 속한다. 최근 DeFi와 NFT가 성장하면서 Layer1 블록체인 네트워크의 수수료가 비싸지고 거래 속도가 느려지는 문제점이 발생했다.

Layer2는 Layer1에서 동작하는 블록체인으로, 기존 블록체인에 비해서 처리 속도를 높이고 수수료를 절감한다. 실제 거래는 Layer2에서 이루어지고 나머지를 Layer1에 기록해 효율성을 제고하는 방식이다. 대표적인 Layer2의 사례로는 비트코인 네트워크를 기반으로 하는 라이트닝 네트워크Lightning Network와 이더리움 기반의 라이덴 네트워크Raiden Network를 들 수 있다. Layer3는 Layer2의 기능을 응용한 애플리케이션이다. 이러한 블록체인의 Layer 구조는 웹3.0이 블록체인에서 구동되는 다양한 서비스가 빠르게 활성화될 수 있도록 도와주는 핵심 도구이므로 블록체인 투자에 있어서 필수적으로 알아야 하는 지식이다.

블록체인 레이어 구조

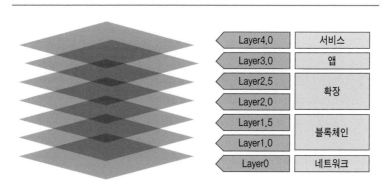

출처 코박

알트코인들의 반란

스마트 계약이 구현된 이더리움은 웹3.0 테마의 주인공이다. 이더리움의

성공 요인은 누구보다 시작이 빨랐다는 것과 활성화된 커뮤니티에 기인한

4,000명에 달하는 이더리움 개발자

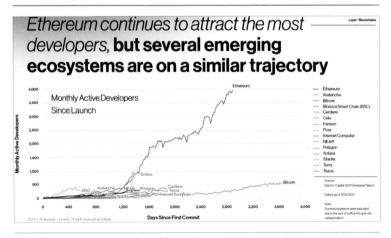

출처 a16z

다. 개발자들의 기여도로만 따지면, 매월 4천 명의 개발자들이 활동하는 이더리움 네트워크는 단연코 가장 큰 영향력을 자랑한다. 그 뒤로는 솔라나(1천 명), 비트코인(500명)과 같은 프로젝트들이 따라오고 있다.

하지만 이더리움은 성능적 한계를 갖고 있다. DApp의 증가가 가스비(이더리움 플랫폼에서 데이터를 옮길 때 채굴자들에게 채굴 보상 외에 추가로 지급하는 연산 작업에 대한 보상) 부담을 늘리고 있기 때문이다. 이 같은 한계를 보완하는 다양한 프로젝트들이 등장했다. 솔라나, 폴리곤, BNB 체인, 아발란체, 팬텀과 같은 프로젝트 개발자들은 이더리움의 아성을 위협하고 있다.

올해 초 기준, 시가총액 상위 100위 코인 내에서 비트코인과 이더리움의 비중은 44.4%와 19.9%로 둘만 합해도 64.3%에 달한다. 그나마 비트코인의 비중은 이전에 비해서 많이 낮아진 편이다. 최근 이더리움을 대체하려고 하는 Layer1 코인들의 확산으로 비트코인 이외의 암호화폐에 대한 관심

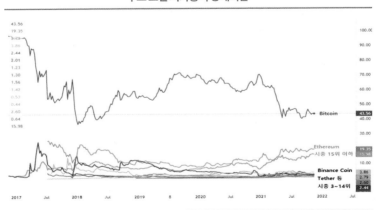

주요 코인 시가총액 상대비율

출처 트레이딩뷰

이 크게 늘었기 때문이다. 이더리움과 시총 15위 이하 코인들의 합 비중은 증가하고 있고, 특히 2021년 이후 가파르게 상승 중이다.

이더리움을 대체하는 DApp 플랫폼에서 사용되는 Layer1 코인들은 DApp 서비스가 증가할 때 실질적인 가치가 상승한다. 이들 코인은 미국에서 저명한 초기 단계 투자자들이 다수 투자한 경우가 많다. 다만 투자된 프로젝트 중에 실제 가동되는 DApp의 수가 미미한 상황이 많고, 일부 수급과 유행에 따라 급등락이 심하기 때문에 투자에 유의해야 한다. 이더리움에 대항하는 Layer1 코인으로는 솔라나SOL, 에이다ADA / Cardano, 폴카닷DOT 등이 있다.

이더리움을 보완하거나 대체할 수도 있는 플랫폼이 여기 있다. 솔라나Solana는 이더리움의 가장 커다란 문제점이었던 처리 속도와 비용에서 강

이더리움을 보완하거나 대체할 수도 있는 플랫폼

	Ethereum	Binance	ADA	Solana	Avalanche	Polygon	Polkadot
아키텍처	단일 체인 (동기화)	단일 체인 (동기화)	단일 체인	단일 체인 (동기화)	멀티 체인 (서브넷)	단일 체인 (동기화)	멀티 체인 (파라체인!)
보안	글로벌	공유	특정 블록체인	글로벌	공유 (검증자가 서브넷 선택)	공유	공유 (파라체인 연결 시)
검증자/채굴자 수	301,250	21	2,076	1,044	1,037	100	297
거래비용 구조	변동	변동	변동	변동	분류별 고정	변동	파라체인 슬롯의 시장가격
거버넌스	오프체인	온체인	온체인	온체인	온체인	온체인	온체인
초당 거래수(TPS)	15	10	250	50,000	4,500	7,000	1,000~3,000
거래당 평균 비용	$ 12	$ 0.15	–	$ 0.00025	$0.005~$0.05	$ 0.1	$ 0.4
예치금액(십억달러)	115.2	13.22	0.213	6.58	10.52	4.03	0.00387
생태계 이용 수	5,000	857+	200+	338	321+	648+	495+
시가총액(십억달러)	353.2	65.4	30.0	33.2	19.4	10.5	18.0
네트워크 활성시기	07/15	08/20	07/20	03/20	09/20	2020	08/20

출처 Coin89, Defi Llama, CoinmarketCap
주: 자료는 2021년 9월 14일자 기준 / TVL 및 시가총액은 2022년 4월 25일자 기준

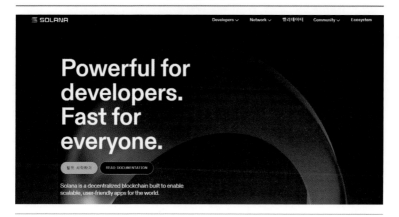

점을 갖고 있다. 빠른 처리 속도와 매우 저렴한 수수료를 장점으로 내세워 NFT와 DeFi 분야에서 이더리움을 대체하는 플랫폼으로서 성장 중이다. 대표적인 결제 서비스인 비자Visa가 초당 2.4만 건을 처리하는 것을 감안하면, 초당 5만 건의 처리 속도를 목표로 하는 솔라나는 비자가 차지하고 있는 시장을 모두 포함하여 타 시장까지 잠식할 수 있는 잠재성을 갖추고 있다. 참고로 솔라나 홈페이지에 들어가면 실시간으로 트랜잭션 정보를 보여준다.

솔라나는 생태계를 확장하기 위해 매 시즌 개발자들의 모임인 해커톤을 진행하여 프로젝트 경쟁을 붙여서 우승팀들을 발표한다. 좋은 프로젝트를 고르기 위해 해커톤 우승 개발팀을 확인하는 것도 하나의 투자 방법이다.

블록체인의 인터넷, 크로스체인

장기적으로 가상화폐 시장이 직면한 여러 문제들, 즉 이더리움의 확장성이나 여러 Layer1 코인들을 연결하는 크로스체인Cross Chain과 같은 대안을 제시하는 암호화폐들도 주목할 필요가 있다.

크로스체인은 독립적인 블록체인 생태계 간 상호운용성을 증진해주는 기술을 일컫는 개념이다. 크로스체인을 활용하면 서로 다른 블록체인 네트워크 간에 자산을 교환하는 것이 훨씬 수월해진다. 예를 들면, 비트코인과 이더리움은 상호 운용이 불가능한 독립적인 블록체인 네트워크이므로 비트코인을 이더리움으로 교환하기 위해서는 법정화폐로 한 번 바꾼 뒤 다시 이더리움으로 교환하는 과정을 거쳐야 한다. 크로스체인은 두 블록체인을 연결하는 다리Bridge 역할을 해주어 이 과정에서 드는 시간과 비용을 절감시킨다.

크로스체인의 특징은 다음과 같다. 서로 다른 암호화폐의 교환이 이루어질 경우에 복잡한 단계나 절차 없이 연결이 가능하다. 그리고 암호화폐 간의 거래가 발생할 때, 토큰 간의 교환은 없고 데이터만 전송한다. 마지막으로 블록체인의 확장성을 높여서 다른 블록체인을 연결해준다.

크로스체인 코인의 종류는 다음과 같다. 바이낸스 스마트체인 브릿지, 솔라나 웜홀 브릿지, 아발란체 브릿지, 비트코인캐시 스마트 브릿지 등이다. 이외에도 사실 셀 수 없이 많다.

브릿지는 세 가지 종류가 있다는 것을 알아야 한다. 첫 번째로 2개의 블록체인만 연결해주는 크로스체인 브릿지가 있다. 두 번째, 다수의 블록체인을 서로 연결해주는 멀티체인 브릿지가 있고, 마지막으로 Layer1과 Layer2를 연결해주는 브릿지가 있다. 이러한 크로스체인 관련 코인들은 마치 다른 코인의 생태계를 위협하는 것처럼 보일 수 있지만, 오히려 시장의 유동성을 높이고 블록체인 기술 발전을 유도한다. 즉, 시장 전체의 파이를 키우는 것이다.

크로스체인 브릿지 생태계

출처 HC Capital(https://twitter.com/hc_capital/status/1447186905985007620)

CHAPTER 3

웹3.0
투자 전략

웹3.0 투자
유니버스

변화는 익숙한 곳에서 낯선 곳으로 이동한다. 결국 웹3.0은 '웹2.0에서 이어진 것이다'는 뜻이다. 웹3.0 기술은 웹2.0에서 테스트 되고 탄생하는 과정에서 웹2.0의 인프라가 웹3.0의 초기를 책임질 것이다. 통신망, 하드웨어, 데이터센터, 클라우드, AR/VR, 콘텐츠와 같은 모든 밸류체인이 곧 투자 대상이 되지만 옥석 가리기는 필요하다. 그러므로 기존에 사업을 잘하고 있으면서도 변화에 예민하고 웹3.0에 대한 이해를 갖춘 기업에 투자해야 한다.

웹3.0이라는 개념이 포괄적인 만큼 이를 세분화해서 그 투자 대상을 살펴보아야 한다. 직관적으로 토큰에 투자할 수도 있고, 기존에 상장된 주식 기업에도 투자할 수 있다. 옆 페이지의 그림은 이제까지 웹3.0에 대해 알아본 내용을 투자로 연결될 수 있는 표이다. 먼저 암호화폐 생태계에 투자하는 방법부터 살펴보자. 브레이브에서 본 것과 같이 지갑이나 브라우저에 투자하는 방식은 블록체인 입문 층에 적절하다. 이점은 이 책의 앞부분에서 다루었으므로 이를 참고하기 바란다. 실제로 블록체인이 중요해지는 것은 게임/콘텐츠, NFT와 같은 분야이다. 메타버스의 본질은 게임이다. 가상공간에서 경제활동을 통해 얻는 보상이 코인이 되는 것이 가장 직관적인 형태가 될 수 있다.

웹3.0 투자 대상

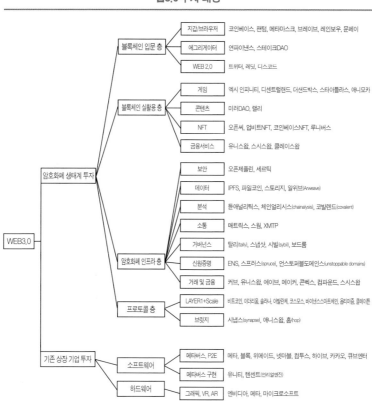

출처 신한금융투자

보안/인증 그리고 결제 생태계는 토큰 투자의 핵심이다. 웹3.0에서 기존 통화와 암호화폐의 결제 시스템을 확립하는 블록체인이 생태계의 주도권을 거머쥘 수 있기 때문이다. 보안 및 인증 관련한 설명은 너무 중요하기 때문에 별도의 파트에서 다루었으므로 여기서는 간단하게만 설명하겠다.

어떻게 보면 '보안' 문제는 웹3.0에서 가장 중요할 수 있다. 개인 데이터 및 정보가 블록체인에 영구적으로 보존할 수 있어야 커뮤니티가 활성화되기 때문이다. 웹1.0과 웹2.0 역시 보안 문제는 플랫폼의 생존과 직결됐다. 웹3.0에서도 보안의 중요성은 이루 말할 수 없다. 특히 현실자산의 가치가 연계된 디지털 자산의 보안 문제는 경제/사회적인 문제로 이어질 수밖에 없다. 인증도 웹3.0에서 탈중앙화 된 신원정보^{DID}를 증명하기 위한 필수 요건이다. 블록체인상 인증기관^{Issuer}과 서비스 제공자^{Verifier}, 그리고 사용자^{Holder}를 엮어주는 블록체인을 보유하고, 서명^{Credentials}을 편리하게 발급해줄 수 있는 기술을 가진 인증 기술이 필요하다.

이제 상장 주식들을 살펴보자. 웹1.0 시대에서 웹2.0 시대로 나아가면서 하드웨어, 게임 주들이 강세를 보였듯이 웹3.0에서도 이 같은 흐름이 나올 것으로 전망한다. 여기에 엔터 업계를 추가하는 것이 웹3.0 투자 대상의 특징이다.

엔터테인먼트 산업에서도 메타버스가 많이 활용되고 있다. 코로나19 팬데믹으로 공연이 줄줄이 취소되면서 타격을 많이 받을 것으로 예상되었지만, 그들은 위기를 오히려 기회로 활용하여 예상보다 뛰어난 실적을 거두었다.

바로 메타버스를 활용한 것이다. 기존 아티스트의 공연, 광고 수입에만 의존했던 수익 구조를 메타버스를 활용하여 콘텐츠 유통의 새로운 변화를 시도했고, 글로벌 팬들의 소비 패턴도 함께 변화되었기 때문이다. 하이브의 방탄소년단BTS, YG엔터테인먼트의 블랙핑크가 대표적인 예이다.

위버스 플랫폼

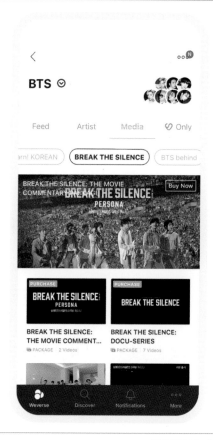

출처 위버스 https://about.weverse.io/ko.html

하이브는 3차원 가상세계인 메타버스 플랫폼인 '위버스'를 통해 팬덤을 구축했고, 팬들은 위버스 플랫폼을 통해 아티스트와 소통하고 콘텐츠를 소비한다. 하이브의 위버스 누적 앱 다운로드는 2,500만 건을 넘어섰고 2020년, 하이브 매출의 40% 이상이 위버스를 통해 결제된 상품, 콘텐츠에서 나온 것은 가히 놀라운 일이다.

한국의 콘텐츠가 전 세계적으로 소비되는 형태는 블록체인 생태계를 활성화하는 데 마중물 역할을 할 것이다. 메타버스를 꽉꽉 채울 콘텐츠가 봇물 터지듯 쏟아지기 때문이다. 웹툰, 웹소설, 게임, 음악 등 콘텐츠 저작권IP의 경쟁력이 NFT와 메타버스를 발전시키기 위한 도구가 된다. 블록체인 기술과 IT 그리고 하드웨어 제조 기술에 더해서 콘텐츠 경쟁력을 갖춘 한국산 웹3.0에 대한 기대감이 크다.

중·장기적으로는 AR/VR 업체 업체들도 눈여겨볼 필요가 있다. AR/VR은 웹3.0을 시각적으로 구현하는 도구가 될 것이다. 이미 메타(오큘러스), 구글(글라스), 마이크로소프트(홀로렌즈) 등은 AR 또는 VR 디바이스를 도입했다. 2021년 9월 기준, 메타는 자사 오큘러스 퀘스트2의 판매량을 공식적으로 발표하고 있지는 않다. 하지만 분기 리포트로 역산해보면 매분기 100~200만 대 판매로 추정되고 있다. 아이폰이 2007년 출시 첫해, 6개월간 140만 대를 판매했다. 오큘러스 퀘스트2가 이 정도 판매고를 손쉽게 뛰어넘은 것이다. 해당 디바이스 시장은 향후 5년간 연평균 성장률 30%대의 고성장이 전망된다. 2023년부터는 성장의 기울기가 더욱 가팔라질 수 있는 가능성도 존재한다. 애플의 AR기기 출시 효과도 기대해볼 만하다.

관련 디바이스에 연관된 AR 특화 부품들(3D 카메라, AR 디스플레이)의 수요 증가도 뒤따라올 것이다.

웹3.0 지금 우리는
어디에 와 있을까

과거의 발전 양상을 통해 현재 어느 정도에 있는지 짐작할 수 있다. 웹3.0 생태계의 정확한 사용자 수를 파악하기는 어렵지만 대표적인 이더리움 지갑 수로 추산해볼 수 있다. 이더리움 네트워크상의 활동 정도를 보면, 현재 700만에서 5천만 명의 사용자가 있다. 이를 인터넷 시대에 빗대어 보면 지금은 1995년도와 같다. 인터넷 인구는 그로부터 10년 뒤인 2005년에 10억 명이 되었다. 전체 인터넷 사용인구 비중은 2005년 16% 수준에서 현재 63%까지 이르렀으며, 딱 그 시기에 웹2.0을 휩쓴 페이스북과 유튜브와 같은 플레이어들이 등장했다. 현재 웹3.0의 위치는 초기 인터넷과 유사한 수준이다. 지금의 추세가 유지된다면 2031년에는 크립토 인구가 10억 명에 달할 것으로 예상한다.

보통 웹 1.0 시대를 1990년부터 2000년대 중반까지, 웹2.0 시대를 2000년대 중반부터 2020년대 초반으로 구분한다. 웹1.0과 웹2.0 시대는 각각 15년

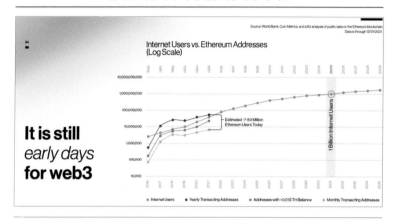

출처 a16z

간 수많은 기업과 서비스들이 출시되며 역동적으로 성장했다. 웹1.0 이후 5년 이상 전환기를 거쳐 현재의 중앙 플랫폼 중심의 산업구조가 갖춰졌고, 웹1.0의 기업들도 여전히 공존하고 있다. 웹3.0의 시대도 무수히 많은 신규 서비스들이 출시되며 주도권 경쟁을 벌일 것이며, 수년의 전환기를 거쳐 주류로 자리 잡을 것으로 예상한다. 구체적으로 웹3.0의 시작을 언제로 정의할지는 모르겠다. 그렇지만 새 물결이 흐르는 방향에 얼마나 관심을 갖고 참여하는지가 중요하다.

웹3.0이 어떻게 달라질지도 모르겠다. 다만 인터넷이 다양한 산업에 적용되며 일상이 되었듯이, 웹3.0의 기반인 블록체인은 금융, 공공 영역, 엔터테인먼트, 게임, 예술 등 다양한 영역에서 서로 다른 결합과 변화를 촉진하며 넥스트 인터넷이 되지 않을까 예상한다.

PART 3

2023
디파이 & 다오 DeFi & DAO
트렌드

CHAPTER 1

스테이블코인은
왜 중요한가?

스테이블코인이
탄생한 이유

비트코인이 세상에 등장하고 13여 년의 세월이 흐르는 동안 암호화폐 시장은 수많은 사건 사고를 경험했다. 그중에는 시장의 기반을 뒤흔들 만큼 큰 파장을 불러일으킨 상황도 있었다. 대표적으로 마운트곡스Mt.Gox, 비트파이넥스Bitfinex, 더다오TheDAO, 그리고 테라-루나 사태를 들 수 있다.

이런 사건 사고가 사회적 이슈가 될 때마다 사람들은 암호화폐 산업의 몰락을 언급했고, 암호화폐는 역시나 폰지 사기였다는 인식이 팽배해지기도 했다. 하지만 이는 상당히 과장된 해석이다. 세상을 바꾼 새로운 산업들은 비슷한 문제를 겪으며 성장해왔기 때문이다. 수많은 실험과 도전속에서 쓰라린 실패와 오류를 경험하고, 이를 극복하는 과정에서 한 단계 성장을 이루어 냈다.

돌이켜보면, 과연 전통 금융은 아무런 사건 사고 없이 발전만 거듭했을까? 전혀 그렇지 않다. '폰지 사기'라는 개념 역시 전통 금융에서 유래

된 것이다. 바로 1920년, 찰스 폰지Charles Ponzi가 벌인 사기 행각에서 비롯되었다. 폰지 사기는 신규 투자자의 돈으로 기존 투자자에게 이자나 배당금을 지급하는 방식을 의미한다. 그런데 이런 방식의 사기를 찰스 폰지가 처음 고안한 것도 아니다. 다만 찰스 폰지가 가장 크게 사기를 쳐 유명해진 것뿐이다.

1970년대 미국에서는 역사적인 버나드 메이도프Bernard Madoff 사건이 있었다. 이 사건은 당시 72조 5,000억 원이라는 천문학적인 피해를 남겼다.

한국 역시 이런 상황에서 자유롭지 못하다. 라임사태, 옵티머스 사태 등 대규모 사모펀드 사기 사건은 기존 금융 시스템에 불신을 가지게 했다. 신라젠, 삼성증권, 부산저축은행 사건은 또 어떤가.

전통 금융 시스템의 부조리함에 정점을 찍은 건 2008년의 리먼 브러더스 사태와 이로 인해 촉발된 글로벌 금융위기가 아닐까 한다. 이는 세계 경제를 혼돈으로 몰아넣었다. 그리고 기존 금융 시스템의 근본적인 변화를 모색하는 과정에서 비트코인과 암호화폐가 등장했다.

물론 이런 해명에도 2022년 5월에 일어난 테라-루나 사태가 심각한 문제인 것만은 분명하다. 이 사건은 디파이와 스테이블코인, 이를 넘어 암호화폐 산업 전반에 대한 근원적 우려를 자아냈다. 약 사흘 만에 자본의 99%가량이 사라지는 전무후무한 기록도 남겼다. 수많은 피해자가 발생한 것은 무척 안타까운 일이지만, 이 사태를 통해서 우리는 교훈을 얻어야만 한다.

비트코인을 비롯한 암호화폐는 여러 측면에서 돈과 비슷한 점이 많다.

그런데 달러와 같은 기존 법정화폐와 결정적인 차이가 있다. 바로 '변동성'이다. 암호화폐는 변동성으로 인해 가치를 안정적으로 보전하기가 어렵다.

초기 암호화폐 시장은 비트코인을 기준으로 다른 암호화폐의 가격을 산정했다. 비트코인이 암호화폐 시장의 기축통화라고 불리는 이유도 여기에 있다. 현재도 수많은 거래소에 BTC마켓이 존재한다. 하지만 비트코인 역시 상당한 변동성을 지니고 있어서 거래에 적합하지 않다는 평가를 받고 있다. 그래서 등장한 것이 '스테이블코인Stablecoin'이다. 스테이블코인은 이름 그대로 가격이 잘 변하지 않는 안정적인 코인이고, 시장에서 일종의 혈류 역할을 한다.

스테이블코인의 고민은 '무엇을 기준으로 화폐 단위를 정할까?'였다. 해답은 생각보다 간단했다. 이미 사용하고 있는 법정화폐에서 답을 찾은 것이다. 특히 전 세계인들이 사용하는 기축통화이자, 오랫동안 안정적인 가치를 인정받은 달러의 가격을 추종하면 문제를 가장 잘 해결할 수 있을 거라고 판단했다. 그래서 대부분의 스테이블 코인은 달러에 페깅Pegging하고, '1스테이블코인 = 1달러'를 유지한다. 참고로 페깅은 다른 자산의 가격을 따라가도록 고정하는 것을 의미한다.

원화나 엔화, 위안화 등을 추종하는 스테이블코인도 있고, 금이나 애플 주식 같은 다른 자산을 추종하는 스테이블코인도 있다. 하지만 시장에서 가장 많이 사용되는 건 단연 달러 기반이다.

암호화폐 시가총액 TOP10

#	Name	Price	1h %	24h %	7d %	Market Cap	Volume(24h)	Circulating Supply	Last 7 Days
☆ 1	Bitcoin BTC Buy	$19,694.43	▲0.05%	▼2.70%	▲1.85%	$377,181,462,601	$36,306,432,556 18,843,487 BTC	19,151,681 BTC	
☆ 2	Ethereum ETH Buy	$1,457.11	▲0.92%	▼11.41%	▼11.12%	$179,913,746,481	$26,831,704,465 18,251,774 ETH	122,383,023 ETH	
☆ 3	Tether USDT Buy	$1	▼0.00%	▲0.02%	▼0.01%	$67,882,499,722	$60,454,745,877 60,455,581,697 USDT	67,883,438,459 USDT	
☆ 4	USD Coin USDC Buy	$1.00	▼0.00%	▲0.01%	▼0.00%	$50,366,945,634	$7,727,891,990 7,726,581,293 USDC	50,357,684,017 USDC	
☆ 5	BNB BNB	$269.13	▼0.26%	▼3.93%	▼4.30%	$43,645,921,023	$1,078,480,527 3,986,008 BNB	161,337,261 BNB	
☆ 6	Binance USD BUSD	$1.00	▼0.01%	▲0.06%	▼0.00%	$20,524,972,273	$10,192,736,014 10,188,902,652 BUSD	20,517,253,085 BUSD	
☆ 7	XRP XRP Buy	$0.3262	▲0.09%	▼4.65%	▼4.21%	$16,252,895,609	$1,516,781,179 4,640,951,238 XRP	49,826,021,773 XRP	
☆ 8	Cardano ADA Buy	$0.4629	▼0.27%	▼3.61%	▼4.55%	$15,915,104,682	$681,424,365 1,463,545,267 ADA	34,182,044,153 ADA	
☆ 9	Solana SOL Buy	$32.73	▼0.66%	▼3.97%	▼4.01%	$11,681,193,794	$1,136,669,843 34,444,944 SOL	353,979,714 SOL	
☆ 10	Dogecoin DOGE Buy	$0.05877	▼0.29%	▼3.96%	▼3.71%	$7,797,334,290	$326,386,903 5,553,436,369 DOGE	132,670,764,300 DOGE	

출처 코인마켓캡(https://coinmarketcap.com/ko/) 2022년 9월 기준

2022년 5월, 기준으로 스테이블코인의 시가총액은 $160B(한화 약 186조 원) 규모에 달한다. 암호화폐 시가총액 상위 10개 중 3개가 스테이블코인 이다. 스테이블코인에 대한 수요가 얼마나 큰지 짐작할 수 있다.

한국에서는 원화 거래가 일반적이지만, 미국 시장에서는 80~90% 이상 의 투자자가 스테이블코인을 통해서 거래한다. 거대 금융기관이 암호화 폐 시장에 진입하면서 스테이블코인의 자본 규모는 급속도로 성장했다. 블록체인 관련 산업이 꾸준히 성장하는 것 역시 스테이블코인의 수요에 영향을 주고 있다.

USDT vs. USDC, 왕좌는 누가 차지할까?

스테이블코인은 페깅 방식에 따라서 크게 세 가지인 법정화폐 담보형, 암호화폐 담보형, 알고리즘 기반형으로 분류할 수 있다.

> **법정화폐 담보형** : USDT, USDC, BUSD, USDP 등
>
> **암호화폐 담보형** : DAI, MIM 등
>
> **알고리즘 기반형** : UST, USN, FRAX, cUSD, USDD 등

스테이블코인의 핵심 가치는 '안정성'과 '지속가능성'이다. 이를 이루기 위해서는 무엇보다 담보 자산의 안정성이 중요하다.

법정화폐 담보 방식은 발행사가 보유하고 있는 달러만큼만 스테이블 코인을 발행하는 것이다. 예를 들어 발행자에게 100달러가 있으면 원론적으로 100개의 스테이블코인만 발행해야 한다. 따라서 이 방식은 담보

Reserves Breakdown

6.38%	5.27%	4.61%	83.74%
Other Investments (Including Digital Tokens)	Secured Loans (None To Affiliated Entities)	Corporate Bonds, Funds & Precious Metals	Cash & Cash Equivalents & Other Short-Term Deposits & Commercial Paper

Cash & Cash Equivalents & Other Short-Term Deposits & Commercial Paper	52.41% Treasury Bills	0% Reverse Repo Notes	6.36% Cash & Bank Deposits	36.68% Commercial Paper and Certificates of Deposit	4.55% Money Market Funds

자산의 신뢰도가 가장 높아서 암호화폐 담보나 알고리즘 기반의 스테이블코인보다 건고하다. 그래서 가장 많이 활용되고 있다.

그런데 최근 법정화폐 담보형 스테이블코인의 현금성 자산 보유 비율에 대한 의구심이 커지고 있는 게 사실이다. 특히 시장의 우려가 가장 큰 건 테더USDT이다. USDT는 테더리미티드사에서 발행하고, 홍콩의 비트파이넥스 거래소에서 수요와 공급을 조절하고 있다.

테더사는 지급 준비금 중 80% 이상을 현금 혹은 현금으로 단기 전환이 가능한 자산으로 구성했다고 밝히고 있다. 현금의 비중은 5~6% 내외이지만, 1년 단기 미국채와 A~AA 등급 기업어음이 80% 넘게 차지한다. 보유 비율만 놓고 보자면 유동성 측면에서 리스크가 크다고 보기는 어렵다.

하지만 시장에서는 회계 감사 자체의 신뢰도를 문제 삼고 있다. 테더사의 분기별 감사 보고서를 작성하는 MHA카이만MHA Cayman은 담당 직원을 3명밖에 두지 않은 소규모 회사인데다, 조세 회피처인 카이만 제도Cayman Islands에 있다는 이유에서다.

실제로 테더는 부정확한 예치금 정보 제공과 기관 명령 위반 혐의로 미국 상품선물거래위원회Commodity Futures Trading Commissioncftc, CFTC에서 과징금을 받은 바 있고, 이는 법적 공방으로도 이어져 신뢰가 하락한 상태이다.

더욱이 USDT는 중국 자본의 유입이 많은 것으로 알려져 있다. 중국 부동산 그룹 헝다Evergrande 사태가 터졌을 당시 테더가 헝다의 기업 어음을 보유하고 있을 것이라는 의심의 목소리가 있었다. 테더는 사실이 아니라고 공식 입장을 밝혔지만, 투자자들의 불안감은 해소되지 않았다. 테라루나 사태 직후 테더는 페깅이 소폭 깨지기도 했다. 금융위기가 오거나 글로벌 경기가 급속히 경색될 경우 테더의 자산 현금화에 어려움이 있을 수 있다는 분석이 나온다. 장기적으로 테더를 모니터링 해야 하는 이유가 여기에 있다.

테더의 대안으로 거론되는 것은 같은 법정화폐 담보 방식이자 이더리움 기반의 유에스디 코인USDC이다. USDC는 USDT 보다 지속가능성과 안정성이 높다는 평가를 받는다.

USDC는 '서클Circle'과 '코인베이스Coinbase'가 합작한 '센트레Centre' 컨소시엄에서 발행하고 있다. 서클은 골드만삭스, 피델리티, 블랙록 등으로부터 투자받은 미국의 핀테크 기업이고, 코인베이스는 북미 최대의 암호화폐 거래소이다. 그만큼 미국 자본이 대거 유입되어 있고, 비자, 마스터카드 같은 글로벌 카드사와도 협업을 이어가는 중이다. USDC는 태생적으로 금융 기관과 정부의 감시로부터 자유롭기 어려운 구조를 지니고 있다.

센트레는 법정화폐 보유량에 대한 월간 공개 증명을 게시한다. 2021년

USDC 지급 준비금 현황

	Total ($bn)	Allocation (%)
Cash & Cash Equivalents [1]	33.0	100%
Corporate Bonds [2]	-	0%
Yankee CDs [3]	-	0%
Commercial Paper [4]	-	0%
Total	$33.0bn	100%

출처 2021년 10월 〈센트레 보고서〉

10월 보고서에 따르면, 준비금의 100%가 현금 자산 내지 미국 재무부채권 등 3개월 미만 단기 국채로 되어 있다고 한다. 이는 언제든지 현금화가 가능하다는 의미다. 준비금은 미국에서 가장 오래된 은행인 BNY멜론 은행을 비롯해, 대형 금융기관을 수탁기관(커스터디)으로 정해서 보관하고 있다.

서클은 커스터디 및 블록체인 앱 개발 전문 업체를 인수하는 등 인프라스트럭처를 꾸준히 확장하고 있다. 또한 폴리곤Polygon 기반 USDC를 결제 및 자금 플랫폼에서 바로 쓸 수 있도록 했다. 글로벌 송금업체인 머니그램MoneyGram은 USDC를 쉽게 송금하고, 법정화폐로 전환할 수 있는 서비스를 준비 중이다. USDC가 USDT의 시가총액을 조만간 넘어서리라는 것이 시장의 지배적인 예측이다.

완벽히 탈중앙화 된
스테이블코인을 꿈꾸다

법정화폐 담보형은 가장 안정적이지만, 중앙화 방식으로 운영된다는 단점이 있다. 블록체인과 암호화폐의 핵심 가치인 탈중앙화에 부합되지 않는 것이다. 이를 해결하기 위해서 등장한 것이 바로 암호화폐 담보형과 알고리즘 기반형 스테이블코인이다.

암호화폐 담보형 스테이블코인

현재 가장 성공적인 암호화폐 담보형 모델로 평가받는 것은 다이DAI이다. 다이는 메이커다오MakerDAO가 발행하는 스테이블코인으로 이더리움을 기반으로 한다. 이더리움을 담보로 맡기면 60%의 비중으로 다이를 발행해준다. 이렇게 생성된 다이는 필요하면 현금으로 교환이 가능하다. 금융기관의 도움 없이 운영되기 때문에 탈중앙화되어 있다.

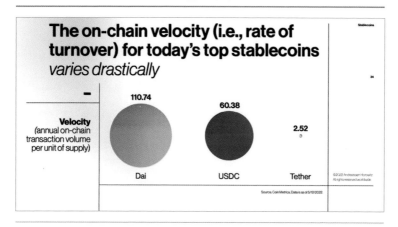

실리콘밸리의 유명 벤처캐피탈인 앤드리슨 호로위츠Andreessen Horowitz, 이하 a16z가 공개한 보고서를 보면, 상위 3개 스테이블코인의 온체인 속도 비교에서 USDT가 현저하게 뒤쳐져 있다는 걸 알 수 있다. 이는 오프체인 에서 USDT가 가장 빠른 것과 대조적이다. USDT는 USDC의 단위당 60개 에 크게 못 미칠 뿐 아니라 다이의 110개와 비교하면 50분의 1 가량에 불 과하다.

온체인 속도는 거래소가 아닌 실제 블록체인 내부의 평균 거래 속도를 의미한다. 따라서 이 지표가 의미하는 바는 두 가지이다. 첫 번째는 스테 이블코인 생태계가 지속 가능한 대규모의 탈중앙화에 도달하려면 시간 이 더 필요하다는 것이다. 시가총액을 비교해보면 온체인 속도가 가장 느 린 USDT는 670억 달러인데 반해 USDC는 500억 달러, 다이는 68억 달러가 조금 넘는 수준이다(2022년 9월 기준). 두 번째 의미는 그럼에도 시장에서 다이의 성장 잠재력과 영향력은 크다는 것이다.

하지만 암호화폐 담보 방식도 단점은 존재한다. 가격 변동성에 대처하기 위해서 과도한 담보를 요구한다는 점이다. 1달러의 스테이블코인을 발행하기 위해 1.6달러 이상의 자산이 예치되어 있어야 하므로, 실제 활용되는 금액에 비해서 잠기게 되는 자본 규모가 커서 자본의 효율성이 떨어진다.

문제는 또 있다. 담보물인 암호화폐의 변동성이 매우 크다는 것이다. 메이커다오는 이더리움의 가격이 발행된 다이의 액면가보다 일정 수준 낮아지면 자동으로 청산하는 구조를 가지고 있다. 따라서 청산의 위험이 상시적으로 존재한다.

알고리즘 스테이블코인의 역습

법정화폐 담보형과 암호화폐 담보형의 단점을 보완하고자 만들어진 것이 테라가 발행한 알고리즘 스테이블코인 UST이다. UST는 저조한 자본 효율성을 해소하고, 완벽히 탈중앙화된 스테이블코인을 만들자는 취지에서 시작된 프로젝트이다.

UST는 담보자산 없이 루나LUNA와의 이중 토큰 시스템을 통해서 발행한다. UST의 가격이 1달러를 기준으로 변동할 때 루나와의 차익 거래 과정을 통해 1달러 페깅을 유지하는 방식이다. 이때 코인을 발행함으로써 얻는 차익, 즉 시뇨리지Seigniorage를 해당 스테이블 코인의 가격 안정성에 활용한다. 둘을 서로 교환해주는 방식으로 수요와 공급을 조절한다고 보면 이해가 쉽다.

담보자산에 대한 부담이 없다 보니 시장이 호황일 때는 빠르게 성장할 수 있었다. 하지만 토큰 가격의 우상향을 전제로 설계된 이코노미는 반대의 상황에서 안정성이 급격히 무너진다. 담보가 없는 루나의 발행량이 급속도로 증가하면서 순식간에 신뢰를 잃었고, 가치는 0으로 수렴했다.

UST 외에 알고리즘 기반 스테이블코인으로는 USN, FRAX, cUSD 등이 있다. 이들은 '부분 알고리즘 스테이블코인'을 표방하며 담보를 강화하는 메커니즘을 채택한다.

① USN : 니어 프로토콜의 디센트럴 뱅크Decentral Bank에서 발행하는 스테이블코인이다. UST와 같이 알고리즘 기반의 시뇨리지 방식을 이용한다. 그런데 USN의 경우 UST와 달리 안정성을 높이기 위해서 USDT 준비금을 100% 담보로 해 발행한다는 차이가 있다. 이른바 이중 담보 구조이다. 기본적으로는 니어NEAR를 민팅해서 USN을 발행하지만, USDT 담보를 통해 어떠한 상황에서도 시중에 유통되는 USN을 모두 환급할 수 있다. 니어의 가치가 0으로 수렴하더라도 스테이블코인의 가치는 유지될 수 있다.

② FRAX : 일부는 알고리즘을 통해, 일부는 담보물을 통해서 가치의 안정성을 유지하는 스테이블코인이다. USDC를 담보로 맡기고, FRAX 담보 비율에 따라 FXS 토큰을 제공하면 달러 연동 스테이블코인 FRAX를 발행할 수 있다. 예를 들어 담보 비율이

50%라고 가정하면, 0.5달러 USDC와 0.5달러 상당의 FXS를 제공해 FRAX 1개를 생성하는 것이다.

③ cUSD : 실생활에 사용할 수 있는 암호화폐를 지향하고, 모바일 친화적인 플랫폼으로 유명한 셀로CELO에서 발행하는 스테이블코인이다. 달러 가격을 추종하는 cUSD 외에도 유로화를 추종하는 cEUR, 브라질 헤알화 가격을 추종하는 eREAL이 있다. cUSD는 셀로와 더불어 다이DAI, 비트코인BTC, 이더리움ETH, 탄소배출권 등 여러 암호화폐를 정해진 비율대로 보관한 리저브Reserve를 통해 가격을 안정시키는 알고리즘으로 작동한다.

참고로 트론 다오에서 발행하는 USDD의 경우 UST와 가장 알고리즘이 유사하다는 평가를 받고 있다. 단일 풀의 APY를 UST의 앵커 프로토콜보다 높은 연 30%로 설정하면서 기대와 동시에 우려를 자아냈다. 우려는 현실이 되었고, 페깅이 소폭 깨지는 현상이 발생했다.

스테이블코인이
해결해야 할 과제

가격 안정성, 탈중앙화, 자본 효율성 세 가지를 모두 충족하는 스테이블코인은 아직 존재하지 않는다. 이를 두고 '스테이블코인 트릴레마'라고 한다. 법정화폐 담보형은 안정성과 자본 효율성을 만족시키지만, 중앙화의 위험이 있다. 암호화폐 담보형은 탈중앙화와 안정성을 갖추었지만, 자본 효율성에서 약점이 있다. 그렇다면 알고리즘 암호화폐는 어떨까? 탈중앙화와 자본 효율성을 충족시키지만 안정성이 약하다.

시장에서는 이 세 가지를 최대치로 동시에 만족시킬 수 있는 메커니즘을 실험하고 있다. 혼합형 스테이블코인 혹은 부분 알고리즘 스테이블코인이 대표적인 시도라 하겠다. 각 스테이블코인의 장점만을 모은 새로운 스테이블코인이 등장하면 암호화폐 시장은 또 한 단계 성장하는 계기가 될 것이다.

스테이블코인과 관련하여 염두에 두어야 하는 문제는 또 있다. 챕터1에서 언급한 바 있는 규제 및 CBDC^{Central Bank Digital Currency}와의 공존 이슈이다. 스테이블코인을 규제해야 한다는 목소리는 꾸준히 이어져 왔다. 미국 정부는 공식적으로 스테이블코인에 우호적인 목소리를 내진 않았다. 게리 겐슬러^{Gary Gensler} 미 증권거래위원회^{Securities and Exchange Commission, SEC} 의장은 스테이블코인을 '크립토 시장의 포커칩'이라고 비판한 바 있다. 테라·루나 사태가 터진 직후에는 재닛 옐런^{Janet Louise Yellen} 미 재무장관이 기다렸다는 듯 "스테이블에 대한 적절한 규제가 필요하다"라고 발표했다.

여기에 CBDC 이슈가 더해지며 스테이블코인의 전면적인 위기론을 거론하는 사람들도 있다. 하지만 지금까지 미국 정부가 보여준 모습을 종합해보면, CBDC 발행에도 그다지 적극적이진 않다. 이유는 미국 월가의 은행들이 CBDC에 대해서 부정적이기 때문이다. 은행들은 CBDC의 출시가 은행 자금의 70% 이상을 차지하는 예금을 연방준비제도(이하 연준)로 이동시킬 수 있다는 위험성을 꾸준히 제기해왔다. 이는 장기적으로 은행의 기능을 크게 위축시킬 수밖에 없다.

이에 제롬 파월^{Jerome Powell} 연준 의장은 '스테이블코인과 CBDC가 공존할 수 있을 것'이라는 입장을 직접 밝히기도 했다. 2021년, 랜달 퀼스^{Randal K. Quarles} 연준 부의장은 달러 대비 위험성이 높다는 점을 지적하며 CBDC 개발 작업 중단을 주장한 적도 있다.

결론적으로 미국 정부는 기존 금융 체계에 민간 주도의 스테이블코인을 편입시키고 싶은 듯하다. 이런 분위기를 고려할 때 향후 가장 큰 성장이 기대되는 스테이블코인은 USDC이다. 최근 USDC의 발행사인 서클에 블랙록, 피델리티를 비롯한 금융 기관들이 대규모 투자를 집행했다는 소식은 민간 기관의 스테이블코인 발행 가능성에 더욱 힘을 실어주고 있다.

이러한 과정이 이루어지려면 법적인 규제가 선행되어야 한다. 선진국을 중심으로 규제 움직임이 본격화되고 있는데, 가장 발 빠르게 움직인 나라는 미국, 일본, 영국 등이다. 이 중에서도 법적인 프레임워크를 최초로 도입한 나라는 일본이다. 일본은 법정화폐와 가격이 연동된 암호화폐만 스테이블코인으로 인정한다는 법안을 가결했다.

미국은 뉴욕 주가 최초로 스테이블 코인 관련 지침을 발표했다. 지침은 스테이블 코인 발행자에게 코인 발행량만큼 준비금을 비축하도록 규정하고 있다. 스테이블 코인 발행 업체는 지급준비금을 완전히 갖추어 이를 투자자들에게 언제든 교환할 수 있어야 하고, 매월 회계 감사를 받아야 한다.

테라-루나 사태가 일어났을 당시 여러 음모설이 제기되기도 했다. '카르다노'의 설립자인 찰스 호스킨슨Charles Hoskinson은 배후로 블랙록Blackrock과 시타델Citadel을 지목했다. 두 회사가 대량의 비트코인을 암호화폐 거래소 '제미니Gemini'로부터 빌려 공매도 공격을 진행했다는 것이다. 물론 3개 회사 모두 해당 의혹을 부인했다. 하지만 일련의 과정이 스테이블코인 시장에서 미국의 입지를 탄탄하게 만들었다는 점은 부인하기 어렵다. 스테이블코인의 향방은 시간을 두고 지켜보아야 하는 문제이다.

CHAPTER 2

디파이,
금융을 혁신하다

전통 금융의 한계와
디파이의 성장

금융은 돈이 필요한 사람과 돈이 많은 사람을 연결해 돈이 시장에서 계속 흐르도록 하는 역할을 한다. 그런데 전통 금융은 점차 한계에 도달하고 있다. a16z는 이를 대부분의 전통적인 경제가 인터넷을 염두에 두고 설계되지 않았기 때문이라고 주장한다. 그로 인해 나타나는 부작용은 다음과 같다.

① **액세스 부족** : 전 세계적으로 약 17억 명의 성인이 은행을 이용하지 않고 있음

② **비효율** : 높은 신용 카드 거래 및 송금 수수료와 높은 이자율로 인해 저소득층의 경제 참여가 어려움

③ **불투명** : 은행은 재무 건성성을 이해하기 어려운 구조에서 운영되고, 고객은 은행의 자본이 어디에 활용되는지 투명하게 확인할 수 없음

전통금융의 진입장벽은 높다. 고객들은 은행이 제시하는 조건에 일방적으로 따라야 하고, 은행이 내 돈을 어떻게 관리하고 있는지 확인할 방법이 묘연하다. 이는 결과적으로 중개인인 은행의 수익만을 늘려주는 역할을 했었다.

탈중앙화 금융Decentralized Finance이라고 불리는 디파이DeFi의 주된 목적은 우리 같은 개인이 금융의 주체가 되고, 거래 내역을 투명하게 알 수 있도록 하는 데 있다. 따라서 디파이와 전통 금융의 중요한 차이는 '중개자'의 여부에 있다고 해도 과언이 아니다.

전통 금융에서는 은행, 증권사, 보험사 등의 중개자가 둘 사이를 연결해주어야 거래가 성립되었다. 반면 디파이는 금융기관의 개입 없이 블록체인 기반의 스마트 컨트랙트를 매개로 거래가 구현된다. 송금 기록이나 계약 정보를 퍼블릭 블록체인에 기록하기 때문에 언제든 거래 내역을 투명하게 확인할 수 있다.

그런데 완전한 탈중앙화가 구현되고, 많은 사람들이 이를 이용하기까지는 시간이 더 필요하다. 그래서 전통금융과 디파이 사이에 '시파이CeFi,

구분	전통 금융	시파이	디파이
거래자산	법정화폐	암호화폐	암호화폐
스마트 컨트랙트	X	O	O
중앙화 여부	중앙화	중앙화	탈중앙화
월렛	X	커스터디얼	논 커스터디얼

Centralized Finance'라는 개념이 존재한다. 시파이는 중앙화 금융으로 바이낸스, 업비트 등 중앙화 거래소에서 제공하는 금융 서비스를 일컫는다.

디파이와 시파이의 차이는 탈중앙화 여부와 더불어 월렛에 있다. 시파이의 커스터디얼 월렛은 프라이빗 키의 통제권이 수탁자에게 있다. 주로 커스터디 기업이나 거래소 월렛이 이에 해당한다. 커스터디얼 월렛은 해킹에 노출될 우려가 있다. 반면 논 커스터디얼 월렛은 프라이빗 키 통제권과 소유자가 동일하다. 메타마스크 같은 소프트웨어 월렛과 렛저Ledger, 디센트D'CENT 같은 USB 형태의 하드웨어 월렛이 있다.

디파이의 규모는 TVLTotal Value Locked을 통해서 산출한다. TVL은 디파이 프로토콜에 예치된 자본금의 총금액으로 대출 및 거래 플랫폼상에 제시된 전체 자금의 합을 의미한다. TVL을 통해서 디파이의 가치는 물론이고, 디파이가 구동되는 레이어1의 가치까지도 함께 평가하는 경우가 많다.

디파이 프로토콜 TVL 순위

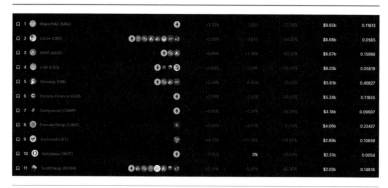

출처 디파이라마(defilama) / 2022년 5월 30일 기준

하지만 테라-루나 사태를 통해 TVL이 높다고 무조건 안정적인 것은 아니라는 사실이 증명되었다. UST는 TVL 순위에서 10위 권 내에 있었지만, 현재는 존재하지 않는다. 테라의 문제는 TVL이 앵커 프로토콜에 지나치게 편중되었다는 점이다.

디파이,
은행을 대체하다

디파이는 전통 금융의 비즈니스 모델을 기반으로 새로운 서비스를 탄생시키고 있다. 그런데 전통 금융보다 혁신적이고 자본 효율성도 높다. 전통 금융은 자금을 예치해둔 대가로 이자를 받을 수 있지만, 예치된 자금의 활용도는 극히 제한적이다. 더욱이 실질 금리가 꾸준히 '0'에 수렴하고 있어 투자의 측면에서 가치가 없어지는 중이다.

전통 금융의 자본 비효율성을 해결한 것이 바로 '컴파운드Compound' 프로젝트이다. 컴파운드는 예치된 암호화폐에 관한 증표 토큰을 발행하여 예치 자산을 유동화하고, 다양한 용도로 사용할 수 있도록 했다.

예치하면 토큰명 앞에 'c'가 붙는 동일한 수량의 토큰을 지급받고, 사용자는 언제든 이 c-토큰을 반환해 예치된 담보금과 함께 누적된 이자까지 반환받을 수 있다. 게다가 예치 이자와 더불어 유동성 공급자와 대출자 모두에게 COMP 토큰을 제공해 추가적인 수익을 얻을 수 있도록 했다. 이 것이 바로 '이자 농사Yield Farming' 모델의 시작이다. 이자 농사는 투자자가 디파이 플랫폼에 암호화폐를 맡기면 해당 담보물과 가치가 연동된 새로운 암호화폐가 발행되는 것을 의미한다.

컴파운드의 성공으로 2020년 하반기부터 디파이는 폭발적으로 성장했다. 컴파운드의 성공은 전통 금융시장만 고집하던 투자자들을 디파이로 끌어들이는 계기가 되었다. 그뿐만 아니라 거래소를 통해 매매 거래만 하는 투자자들까지 불러들이는데 성공했다. 매매는 시세차익만 얻을 수 있지만, 디파이 프로토콜에 옮겨 놓으면 이자와 더불어 거버넌스 토큰까지 받을 수 있기 때문이다. 이후 콤프COMP 토큰은 글로벌 거래소에 상장돼 가파른 가치 상승을 이뤄냈다.

이후 컴파운드와 동일한 비즈니스 모델을 내세운 프로젝트들이 연이어 나타났다. 이는 예치 및 대출Lending & Borrowing 모델 혹은 탈중앙화 은행이라고도 한다. 탈중앙화 은행의 가장 대표적인 프로토콜은 메이커다오MKR와 에이브AAVE이다. 이 둘은 디파이 전체 TVL 순위에서 1, 2위를 다툴 만큼 성공적인 프로젝트로 성장했다.

① 메이커다오(MKR) : 이더리움을 담보로 스테이블코인인 다이DAI를 발행하는 프로젝트이다. 메이커다오는 특정한 주체 없이 개인이 암호화폐를 CDPCollateralized Debt Position에 담보로 예치하면 스테이블코인을 발행할 수 있는 구조이다. 다이는 시장에서 현금으로 교환할 수 있다. 만약 예치된 담보를 돌려받고 싶으면 소량의 안정화 수수료 Stability Fee를 지불하고 다이를 반환하면 되고 그 다이는 소각된다. 안정적인 구조를 바

탕으로 오랫동안 디파이 시장에서 TVL 1위를 고수하고 있다. 더불어 부동산과 같은 현실세계 자산Real World Asset, RWA을 담보로 스테이블코인 다이를 발행하는 기능을 추가하며 디파이의 새로운 트렌드를 열어 나가고 있다.

메이커다오 설립자들은 무려 이더리움이 존재하기 전인 2014년부터 비트셰어 커뮤니티에서 활동했고, 2015년 3월, 다이의 초기 프로토타입을 발표했다. 2017년 12월, 공식 백서를 출시했다. 따라서 역사가 가장 긴 디파이 프로젝트 중 하나로 볼 수 있다.

② 에이브(AAVE) : 핀란드 출신 개발자 스태니 쿨레초프Stani Kulechov에 의해 '이더랜드ETHland'라는 이름으로 2017년 시작되었다. 2020년, 에이브AAVE로 리브랜딩 후 창의적이고 활용성 높은 예금 및 대출 서비스와 안정적인 프로토콜 설계 등을 통해 급성장했다.

단기적으로는 고정금리 대출로 작동하지만, 시장 상황의 극심한 변동에 대응해 장기적으로 재균형이 이루어지는 안정적 금리 모델을 도입했다. 플래시 대출도 주요 기능 중 하나이다. 플래시 대출을 사용하면 담보가 없어도 쉽고 빠르게 대출할 수 있다.

영국 금융행위감독청으로부터 전자화폐기관 라이선스Electronic Money Institution License를 받아서 법정화폐의 수신이 가능하다. 이 라이선스는 디파이 프로젝트로서는 최초로 획득한 것이다. 이를 계기로 전통 금융과 연동된 디파이 서비스 분야에서 개척자의 입지를 단단히 굳히고 있다.

③ 리도 파이낸스(LIDO) : 이더리움 기반의 스테이킹 예치 플랫폼으로, 이더리움2.0 스테이킹을 지원한다. 스테이킹을 하면 '암호화폐를 거래할 수 없게 되는 문제를 해결

했다'는 평가를 받으며 크게 성장했다. 스테이킹 된 이더리움을 담보로 stETH라는 증서를 발행해 기존 이더리움과 동일하게 사용할 수 있도록 했다.

디파이는 결합성과 상호운용성을 통해 여러 프로토콜이 긴밀한 관계를 맺고 있어서 '머니 레고Money Lego'라고 불린다. 따라서 다양한 플레이어들이 유기적으로 엮여 있는데, 그중에는 셀시우스 네트워크Celsius Network나 블록파이BlockFi, 보이저 디지털Voyager Digital 같은 중앙 집중식 대출 플랫폼도 있다. 메이커다오, 에이브, 리도 등은 탈중앙화 프로토콜이지만, 전체 대출의 상당 부분을 시파이 대출 플랫폼에 의존한다.

셀시우스, 블록파이 등의 주요 기능은 이더리움을 기반으로 한 파생상품 거래이다. 파생상품 거래의 주요 목적은 레버리지의 활용이다. 따라서 담보 가치가 특정 가격 이하로 하락할 때 강제 청산의 위험이 존재한다. 또한 약세장에서는 레버리지를 사용하는 고객이 줄어 대출자가 급감하게 된다.

리도 파이낸스-셀시우스 관계도

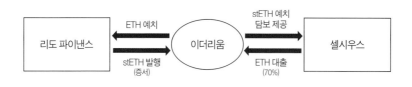

셀시우스는 리도 파이낸스에서 발급받은 stETH를 담보로 ETH를 대출해준다. 거래가 지속해서 성립하려면 stETH와 ETH의 1:1 페깅이 유지되어야 한다. 하지만 증서의 개념인 stETH가 시장에서 신뢰를 잃으며 둘의 페깅은 깨졌고, 셀시우스의 대규모 뱅크런 가능성이 제기되었다. 셀시우스는 파산 절차를 밟고 있다. 블록파이 역시 심각한 경영난을 겪고 있는 것으로 드러났다. 예치 이자율을 높이며 고객 잡기에 나섰지만, 회생은 쉽지 않다는 것이 시장의 전망이다. 이 둘과 성격은 다르지만 테라루

암호화폐 관련 트위터 계정 예시

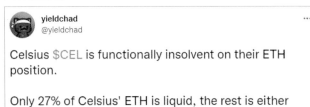

출처 스몰캡사이언티스트(@SmallCap Science) / 일드차드(@yieldchad)

나 사태로 막대한 손실을 입은 헤지펀드 쓰리 애로우스 캐피털Three Arrows Capital, 3AC 역시 미국 법원에 파산보호 신청을 했다. 이 외에도 여러 가상 자산 관련 기업들이 채무불이행, 구조조정, 영업중단 등 경영난을 겪고 있다. 크립토 윈터Crypto Winter의 직격탄을 맞은 것이다.

디파이의 투자 환경은 복잡하다. 개인투자자가 이 모든 상황을 예측하고 대비한다는 건 사실상 불가능에 가깝다. 따라서 중요한 건 투자 원칙이다. 높은 수익률에 현혹되지 않고, 플랫폼의 토큰 이코노미를 면밀히 따져보아야 한다. 또한 매매와 관련한 원칙을 스스로 세워 보아야 한다. 예치했다고 투자가 끝나는 것도 아니다. 지속적인 모니터링은 더욱 중요하다. 셀시우스의 위기와 관련한 정보들은 트위터를 통해서 빠르게 알려졌다.

투자한 플랫폼 및 프로젝트와 관련한 다양한 커뮤니티에 참여하고 발품을 팔아야 한다. 무엇보다도 시장을 주의 깊게 관찰하는 습관이 필요하다.

그렇다고 이 상황을 비관적으로만 볼 필요는 없다. 시장의 구조가 더욱 건전하게 바뀌는 과정이기 때문이다. 이는 블록체인과 암호화폐 산업의 장기적인 성장을 위해서 반드시 거쳐야 할 과정이기도 하다.

탈중앙화 거래소와 유동성

디파이의 또 다른 대표적 서비스로는 탈중앙화 거래소Decentralized Exchange, DEX가 있다. 탈중앙화 거래소는 중개자 없이 블록체인상의 스마트 컨트랙트 기반으로 운영되는 거래소이다. 업비트, 빗썸 같은 중앙화 거래소와는 거래 방식에서 차이가 있다.

중앙화 거래소에서 거래할 경우 코인은 실제로 이동하지 않는다. 자산은 거래소 지갑에 그대로 있고, 매매가 이루어졌다는 거래 기록만 서버에 저장된다. 즉, 장부상의 이름만 바뀌는 개념이다. 반면 탈중앙화 거래소는 사용자의 월렛으로 로그인하고, P2P 방식을 사용해 스왑Swap 거래를 하기 때문에 실제로 코인 교환이 일어난다.

탈중앙화 거래소를 이해하려면 유동성 풀Liquidity Pool, LP의 개념을 알아야 한다. 유동성 풀은 말 그대로 유동성으로 가득 차 있는 풀이다. 중앙화 거래소나 주식 거래소는 금융기관이나 전문업자 등으로 구성된 마켓메이커를 별도로 두고 오더북 방식으로 운영된다. 반면 탈중앙화 거래소는 주로 자동화 마켓메이커AMM, Automated Marker Maker 기반으로 운영되는 경우가 많다. AMM을 통해 누구든 유동성 풀에 유동성을 제공할 수 있다.

유동성 제공자Liquidity Provider는 2개의 다른 코인을 매칭해 유동성을 제공한다. 그러면 사용자들은 스왑 거래를 통해서 원하는 토큰을 교환한다. 탈중앙화거래소는 일종의 환전소로 이해하면 된다. 이때 탈중앙화 거래소는 유동성 제공자에게 보상으로 LP토큰과 거래 수수료 일부를 함께 제공한다. 유동성 제공자는 LP토큰을 스테이킹하여 해당 거래소의 고유 토큰 등 수익을 만들 수 있다.

그런데 유동성 제공에 있어서 중요한 게 있다. 바로 토큰을 1:1 비율로 넣어야 한다는 것이다. 여기서 비율은 동일한 '가치'를 의미한다. 유동성

유동성 풀의 원리

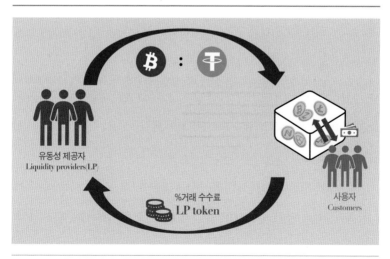

유동성 제공자
Liquidity providers(LP)

%거래 수수료
LP token

사용자
Customers

풀에 비트코인BTC과 테더USDT를 함께 넣는다고 가정해보겠다. 만약 비트코인 100만 원 어치를 제공하면, 테더도 100만 원 어치를 함께 제공해야 한다.

유동성 풀은 각 코인의 가치비율을 계속 1:1로 유지한다. 만약 시장에 문제가 발생해서 사용자들이 테더를 풀에 넣고, 비트코인을 들고 가면 테더 물량은 늘어나고, 비트코인 물량은 줄어들게 된다. 그러면 항상 가치가 1:1로 동일하게 유지된다는 법칙에 의해서 새로운 가격이 형성된다. 즉, 테더의 가격은 하락하고, 비트코인의 가격은 상승하게 된다.

이 과정에서 비영구적 손실Impermanent Loss이 발생할 수 있다. 비영구적 손실은 예치한 암호화폐의 가치가 하락할 시 유동성 풀 내에 한 쌍으로 묶인 두 화폐의 가격 변동에 따라 발생할 수 있는 손해 금액을 의미한다. 유동성 풀에서 예치한 자산을 빼기 전까지는 잠재적 손실이지만, 실제로 자산을 빼게 되면 확정 손실이 된다. 탈중앙화 거래소에서는 슬리피지Slippage 문제도 고려해야 한다. 슬리피지는 유동성이 작아서 내가 원하는 가격에 특정 재화를 사지 못하는 것을 의미한다. 유동성이 작으면 같은 코인도 더 비싸게 살 수밖에 없게 된다. 대표적인 탈중앙화 거래소로는 유니스왑, 팬케이크스왑, 스시스왑 등이 있다.

① 유니스왑(UNI) : 명실상부 탈중앙화거래소의 대표주자로 이더리움 기반 토큰의 스왑 거래를 용이하게 하도록 설계되었다. 타 거래소에서 유동성이 거의 없는 소형 토큰도 거래할 수 있고, 이더리움 기반이면 어떤 토큰이든 상장이 가능하다. 거버넌스

토큰 유니UNI는 프로토콜 발전을 위한 투표권으로 사용된다. 이더리움 레이어1에서부터 시작해 레이어2(옵티미즘, 아비트럼 등)로 확장했다. V3 업그레이드로 사용자 환경이 크게 개선되었고, 유동성 공급도 더욱 향상되었다. 그뿐만 아니라 거래량과 변동성에 따라 0.05%, 0.30%, 1.00%의 세 가지 요율 중 하나를 선택할 수 있는 유연한 수수료 정책도 도입했다. 유니스왑 랩스Uniswap Labs는 벤처캐피탈 부문을 신설하고 웹3.0 프로젝트에 직접 투자하고 있다.

② **스시스왑(SUSHI)** : 래리 세르막Larry Cermak이 고안한 아이디어를 기반으로 2020년 8월 27일, 셰프 노미Chef Nomi가 시작한 프로젝트이다. 유니스왑과 거의 동일하지만, 스시Sushi라는 토큰을 발행해 유동성 공급자Liquidity Provider에게 나눠주는 서비스에서 차이가 있다. 유니스왑이 유동성 제공자에게 0.3%의 거래 수수료를 제공하는데 반해, 스시스왑은 0.25%를 제공한다. 대신 나머지 0.05%를 스시 토큰의 스테이커들에게 배분한다. 이는 플랫폼이 활성화할수록 거래 수수료가 높아지는 구조여서 사용자에게 좋은 투자처로 주목 받는 계기가 되었다.

스시스왑은 유니스왑의 유동성을 대량으로 흡수하면서 유명해졌다. 유니스왑 유동성 제공자들이 LP 토큰을 스시스왑에 스테이킹하면 스시토큰을 제공한 것이다. 결국 유니스왑 유동성의 80%가 스시스왑에 스테이킹 되는 결과가 나왔다. 그런데 설립자인 셰프 노미Chef Nomi가 개발자 물량을 다 팔아 이더리움으로 바꾸며 스시 가격이 폭락했다. 이에 커뮤니티에서 비난이 쏟아졌고, 결국 셰프 노미는 스시를 대량으로 보유하고 있던 참여자 중 한 명인 샘 뱅크먼 프라이드Sam Bankman-Fried, SBF에게 운영권을 넘겼다. 인수 이후 스시스왑은 가장 많은 네트워크망을 지원하는 탈중앙화 거래소이자 거래량 5위권 내에 드는 거래소로 자리를 굳히고 있다.

샘 뱅크먼 프라이드Sam Bankman-Fried는 FTX 거래소, 알라메다 리서치Alameda Research, 솔라나 기반 탈중앙화 거래소 세럼SERUM의 설립자로 암호화폐 시장에서 가장 영향력이 큰 인물 중 하나이다. 가상자산 업계의 '백기사' 노릇을 하며 경영난을 겪고 있는 가상자산 기업들에 대한 경제적 지원에 적극 나서고 있다.

③ **팬케이크스왑(CAKE)** : 이더리움 네트워크상에서 작동하는 유니스왑, 스시스왑과 달리 바이낸스 스마트 체인BSC에서 작동한다. 토큰 표준은 BEP-20이다. 이더리움 확장성 문제의 가장 큰 혜택을 받은 프로젝트로 빠른 속도와 저렴한 거래 수수료가 장점이다. 거기다 BEP-20 이외의 토큰을 포장하여 바이낸스 스마트 체인과 연동할 수 있는 브릿지를 제공하면서 시장 영향력을 빠르게 확장했다. 커브 파이낸스, 유니스왑과 더불어 가장 많은 TVL을 확보한 DEX이다. IFOInitial Farm Offering도 투자자들의 주목을 받았다. IFO는 ICO, IEO와 비슷한 개념으로 바이낸스 스마트 체인에서 출시되는 새로운 토큰을 구입하는 것이다.

커브 전쟁과
디파이의 확장

커브 파이낸스는 유니스왑과 마찬가지로 이더리움 기반의 탈중앙화 거래소이다. 오더북이 아닌 '유동성 풀을 활용해 거래 기능을 구현한다'는 점에서도 동일하다. 다만 '동일한 가치 자산 간의 교환으로만 거래를 제한한다'는 점에서 큰 차이가 있다. 커브 파이낸스는 비영구적 손실을 최소화하기 위해 스테이블코인 거래에 전문으로 특화되었다. 비영구적 손실은 가격 변화가 커질수록 같이 커지는데, 스테이블코인은 애초부터 1달러라는 가치를 유지하기 위해서 만들어진 코인이기 때문에 가격 변화가 매우 작다.

물론 커브 파이낸스의 급격한 성장이 비영구적 손실의 위험성이 적기 때문만은 아니다. 상대적으로 적은 위험에도 불구하고, 사용자에게 훌륭한 수익을 제공했기 때문이다.

커브 파이낸스에 유동성을 공급하는 사용자는 인센티브로 CRV 토큰을 지급받는다. CRV를 스테이킹하는 이용자는 그 증표로 다시 veCRV 토큰을 지급받는데, veCRV를 보유하고 있으면 다음과 같은 보상을 받을 수 있다.

① 거버넌스 토큰 : 프로토콜의 운영 방향성에 대한 투표에 참여

② 거래 수수료 이익 공유

③ 락업 기간과 보유량에 따라 부스팅(Boosting) 된 보상 제공

①, ②번은 다른 프로토콜과 유사한 보상이다. 따라서 투자자의 입장에서 중요한 이유는 ③번으로, 단순한 락업 이자에 더해서 몇 배 더 높은 이자를 받을 수 있는 효과를 제공한다. 이에 수많은 사용자들이 CRV를 락업했고, 커브 파이낸스의 TVL은 단기간에 급상승했다. 커브 파이낸스는 효율적인 유사 합성자산 간의 거래를 제공함으로써 이자농사 수익률의 극대화를 가능하게 하는 윤활유 역할을 하고 있다.

컨벡스 파이낸스가 주목 받은 이유

컨벡스 파이낸스Convex Finance는 커브 파이낸스보다 더욱 풍부한 보상을 통해 빠르게 성장했다. 컨벡스에 자신이 보유한 CRV 토큰을 맡기고 cvxCRV 토큰을 받을 수 있는데, 이는 veCRV 토큰의 부스팅 보상에 더해 컨벡스의 거버넌스 토큰인 CVX 토큰과 컨벡스 파이낸스의 수수료 일부까지 받을 수 있도록 했다. 즉, 커브 파이낸스의 보상을 받으면서, 추가적

인 보상까지 얻을 수 있는 것이다. 더욱 중요한 건 veCRV는 거래가 불가능하지만, cvxCRV는 스시스왑을 통해 다른 토큰으로 교환이 가능하게 했다는 점이다. 유동화를 통해 자본의 효율성이 더 높아졌다.

컨벡스 파이낸스가 이런 혜택을 제공한 이유는 CRV 토큰을 확보하기 위해서였다. 이유가 무엇일까? CRV를 통해 얻을 수 있는 veCRV가 커브 파이낸스의 거버넌스 의결권에 사용되기 때문이다. 커브 파이낸스의 주요 결정에 영향을 미칠 수 있게 된 것이다. 무엇보다 중요했던 건 유동성 공급자별 보상 가중치의 결정이다.

2021년, 여러 디파이 프로토콜 간에 더 많은 CRV를 확보하려는 이른바 '커브 전쟁'이 일어났다. 특히 연 파이낸스와 컨벡스 파이낸스의 경쟁이 치열했는데, 컨벡스 파이낸스가 뛰어난 보상체계를 앞세워 단일 프로토콜로는 가장 많은 42%가량의 CRV 토큰 물량을 확보했다.

컨벡스 파이낸스는 커브 파이낸스의 성장에 가장 큰 수혜를 입었고, 동시에 커브 생태계의 활성화에 기여했다. 향후 디파이 시장이 성장하고, 커브 파이낸스의 이용자들이 늘어날수록 커브 파이낸스를 기반으로 한 컨벡스 네트워크의 가치와 CVX 토큰의 가치도 함께 성장할 가능성이 높다.

애그리게이터의 등장

애그리게이터(Aggregator) : 사용자가 찾고 있는 정보를 여러 곳에서 수집하고 최적화하여 제공하는 서비스나 플랫폼을 일컫는 명칭이다. 쉽게 말해서 가장 최적화된 이율을 제공해주는 서비스를 자동으로 찾아주는 것이다.

연파이낸스(YFI) : 2020년, 안드레 크로네Andre Cronje에 의해 아이언iEarn이라는 이름으로 시작되었다. 가장 이율이 높은 디파이 프로토콜을 자동으로 식별해 맡겨진 자산을 예치시키고, 최적화된 '이자 농사' 전략을 제공한다.

페어런치Fair Launch를 통해서 커뮤니티의 전폭적인 지지를 받았다. 일반적으로 블록체인 프로젝트는 초기 단계에 기여한 개발자나 초기 투자자에게 사전 채굴한 자산을 할당하여 보상하는 구조를 가지고 있다. 하지만 연 파이낸스는 안드레 크로네가 한 푼도 보상으로 받지 않고 모든 토큰을 유통했다. 기관투자자와 개인투자자들이 같은 조건으로 거래하지 못하는 불공정한 관행을 바꾸겠다는 취지였다. 커브 파이낸스 확보 경쟁에도 뛰어들었고, veCRV 토큰을 확보하기 위해 yveCRV를 발행했다.

1인치(1inch) : '1inch'는 1인치 네트워크의 거버넌스 토큰이다. 유동성 공급자와 수수료 수익을 공유하고, 거버넌스 토큰을 보상으로 지급한다. 유니스왑, 커브 파이낸스, 스시스왑 등 약 30여 개 이상의 탈중앙화 프로토콜에서 거래되는 자산의 가격, 유동성, 슬리피지 정보를 조회해 사용자의 요구에 가장 적합한 거래 방식을 제안한다. 이를 자체 개발한 패스파인더 API라는 기술을 통해 구현했다.

디파이의 영역을 확장하는 시도들

디와이디엑스(dydx) : 지금껏 탈중앙화거래소에서 적용하지 못했던 파생상품 거래를 지원하며 많은 기대를 모았다. 선물거래, 레버리지, 대차, 유동성 등을 종합적으로 제공한다. 중앙화 거래소에서 사용하는 오더북 기반 거래 방식을 오프체인으로 구현했고, 이를 온체인 거래로 반영할 수 있다. 스타크웨어Starkware 사의 스타크이엑스 엔진을 도입해 레이어2 버전도 론칭했다. 현물 거래에는 탈중앙화 거래소가 중앙화 거래소 거래량의 7%를 정도를 차지한다. 그런데 파생상품 거래에서는 불과 0.4%에 불과하다. 따라서 큰 성장 잠재력을 지니고 있다.

a16z, 폴리체인, 드래곤플라이, 해시드 등 유망 벤처 캐피털의 투자를 받았고, 바이낸스와 FTX에 상장하자마자 엄청난 상승세를 보여주기도 했다. 거버넌스 토큰의 이름도 동일하게 'dydx'이다.

오스모시스(Osmosis) : 서로 다른 블록체인 간의 원활한 자산 이동을 지원하는 블록체인을 크로스체인Cross Chain이라고 한다. 오스모시스는 대표적인 크로스체인인 코스모스ATOM 생태계에 특화된 디파이 서비스이고, 코스모스 플랫폼에서 처음 출시된 탈중앙화 거래소이다. 오스모시스는 IBCInter-Blockchain Communication로 연결된 다양한 네트워크들의 자산을 거래할 수 있는 프로토콜이다. 참고로 IBC는 코스모스의 소프트웨어 개발키트인 SDK 및 텐더민트 코어를 사용하는 앱체인Appchain간 메시지 통신 표준이다. 향후 체인 간의 활발한 거래에 대한 수요가 높아질수록, 코스모스 네트워크와 오스모시스의 역할도 커질 것으로 기대된다.

dydx와 오스모시스는 디파이의 영역을 확장한다는 측면에서 의미가 있다. 중앙화 금융에서 탈중앙화 금융으로, 현물에서 선물로, 단일 블록체인에서 크로스체인으로 디파이는 범위를 넓혀가는 중이다.

디파이2.0,
유동성의 패러다임을 바꾸다

디파이 프로토콜의 가장 큰 고민은 '유동성을 어떻게 안정적으로 공급할 수 있는가?'이다. 대부분의 디파이 프로토콜은 서비스 제공에 필요한 유동성을 확보하기 위해서 거버넌스 토큰 등을 인센티브로 제공해왔다. 하지만 이런 식의 리워드(보상)는 오래 지속할 수 없다는 단점이 있다. 서비스 초기에는 유동성이 확보되지만, 리워드가 적어지거나 더 좋은 리워드를 제공하는 경쟁 프로토콜이 생겨나면 유동성이 즉시 사라진다. 그러면 토큰의 가격은 하락하고, 이는 프로토콜의 가치 하락으로 이어진다. 이렇게 보상을 따라서 이동하는 유동성을 '용병 유동성'이라고 부른다.

유동성이 이탈하는 이유는 대부분의 유동성 공급자가 높은 보상을 받기 위해서 여러 프로젝트를 옮겨 다니기 때문이다. 투자자들은 단기적인 이익에만 관심을 가질 뿐, 프로젝트의 장기적인 성공에는 관심이 없다. 물론 투자자들의 이런 행위가 나쁘다는 건 아니다. 더욱이 초기 유동성 공급자들은 탈중앙화 거래소의 성장에 큰 기여를 한 것이 사실이다. 서비스가 처음 출범한 시기에는 유동성이 특히나 중요하다. 유동성이 커야 사람들이 큰 슬리피지Slippage 없이 거래를 할 수 있다.

올림푸스 다오Olympus DAO는 용병 유동성 문제를 근원적으로 해결하기 위해서 등장한 프로젝트이다. 올림푸스 다오가 고안한 방법은 유동성을 프로토콜이 직접 확보하는 것이다. 이를 프로토콜 소유의 유동성POL, Protocol Owned Liquidity이라고 한다. 올림푸스 다오는 기존 디파이에서는 없었던 채권Bond 시스템을 도입했다.

옴OHM은 올림푸스 다오의 거버넌스 토큰이다. 유동성 공급자들은 옴 토큰과 다이 등, 스테이블코인 페어를 스시스왑 같은 탈중앙화 거래소의 유동성 풀에 예치하고서 받은 LP토큰을 올림푸스에 양도할 수 있다. 그 대가로 현재 시장가격보다 저렴한 가격에 옴 토큰을 발행받을 수 있는 채권을 받게 된다. 이를 본딩Bonding이라고 한다.

프로토콜은 LP토큰 매입으로 탈중앙화 거래소에서의 유동성을 소유했기 때문에 안정적인 유동성을 확보할 수 있다. 본딩을 신청한 사용자는 5일 후 스테이킹 된 옴 토큰을 지급받는다. 옴의 매도 압력을 줄이기 위해 고안된 5일을 '베스팅 기간'이라고 부른다.

그럼 여기서 이런 의문이 들 수도 있다. '유동성 공급자는 왜 옴을 받고 자신의 LP 토큰을 프로토콜에 판매하는 것일까?' 바로 높은 APY 때문이다. 옴 토큰을 스테이킹 하고 지급받는 sOHM 토큰은 8시간에 한 번씩 복리 이자를 받아 개수가 늘어난다. 올림푸스 다오의 APY는 그야말로 천문학적이었고, 최초 20만%로 시작했다. 이를 통해 발행된 물량 대부분을 스테이킹으로 흡수할 수 있었다.

높은 이자율을 통한 스테이킹 흡수는 '폰지형 모델'이라는 비판과 직면하게 된다. 초기 투자자의 이익을 후발 투자자가 낸 자금으로 보상하는 구조가 될 수 있다는 것이다. 올림푸스 다오의 실험이 성공인지는 좀 더 지켜봐야 하지만, 옴의 가격이 단기적으로 큰 하락을 경험한 건 사실이다.

하지만 장기적으로 높은 유동성을 유지하고, 새로운 서비스를 연계할 수 있다면 향후 평가는 달라질 수 있다. 지속성은 조금 더 지켜보아야 할 문제이다. 올림푸스 다오는 DAI, FRAX 같은 스테이블코인 뿐 아니라 아발란체, 팬텀 등을 거버넌스 토큰인 gOHM과 페어로 스테이킹할 수 있고, 다른 디파이 프로토콜들과도 편리하게 유동성을 소유할 수 있다.

올림푸스 다오를 기반한 수많은 디파이 프로젝트들이 나타나고 있다. 이러한 트렌드는 유동성을 직접 소유하지 않았던 1세대 디파이와 구분하여 디파이2.0라고 부른다. 올림푸스 다오 외에 대표적인 디파이2.0 프

올림푸스 다오	원더랜드

출처 : 올림푸스 다오 홈페이지　　　　출처 : 원더랜드 홈페이지

로젝트로는 원더랜드Wonderland, TIME, 클리마 다오Klima DAO, KLIMA, 알케믹스Alchemix, ALCX 등이 있다. 클레이튼 기반으로는 크로노스 다오Kronos DAO, KRNO, 네버랜드 파이낸스Neverland, HOOK 등이 있다.

디파이의 미래

암호화폐 시장의 트렌드는 빠르게 변하고 있는데, 그 중에서도 디파이가 가장 역동적이라고 하겠다. 머니 레고Money Lego를 기반으로 새로운 프로젝트들이 끊임없이 등장한다. 상당수의 프로젝트가 유의미한 성과를 거두지 못한 채 사라지지만, 뛰어난 토크노믹스Tokenomics를 통해 투자자들의 이목을 집중시키는 프로젝트들도 있다. 앞으로도 새로운 메커니즘을 향한 의미 있는 실험은 계속 될 것이다. 예를 들어 DID 신원인증 기반의 디파이 플랫폼의 출시도 하나의 이정표가 될 수 있다.

이자농사 모델이 고안된 후 이 서비스를 탑재한 디파이 프로젝트들이 우후죽순 생겼다. 다양한 성공 사례가 쌓이면서 일종의 '필승 공식'도 생겼다. 프로젝트 초기에 유동성 공급을 늘리기 위해 몇 만 %가 넘는 높은 APY를 보상으로 제공해 유동성 제공자들의 참여를 유도하고, 거래가 가능한 페어를 빠르게 추가해 TVL을 늘리는 방식이다. 하지만 앞에서도 언급했듯 중요한 것은 지속가능성이다. 테라-루나 사태를 통해서 우리는 지속성이 얼마나 중요한지 다시금 확인했다.

거래량 1위 탈중앙화 거래소인 유니스왑이 유동성 제공자에게 인센티브 토큰을 더는 제공하지 않아도 계속 성장할 수 있는 원동력은 무엇일까? 거래 수수료 수입만으로도 유동성 제공자에게 충분한 경제적 이익을 제공하기 때문이다. 이는 예치 및 대출 플랫폼에 적용하더라도 동일하다. 대출 이자 수익만으로 유동성 공급이 가능해야 지속 가능성이 있다.

따라서 투자자는 프로토콜이 선순환할 수 있는 구조인지를 잘 파악해야 한다. 이를 위해서는 디파이 생태계 전반을 살펴볼 필요도 있다. 그런데 디파이 생태계는 사실 프로토콜 하나로 이루어진 것이 아니다. 그보다 훨씬 광범위한 생태계로 이루어져 있다. 캔버스 벤처스Canvas Ventures는 〈THE WEB3 WORLD(더 웹3.0 월드)〉라는 보고서를 통해 디파이 생태계를 5단계로 정의했다.

① Transaction Layer(트랜잭션 레이어) : 프로토콜과 거버넌스 규정 (예: 이더리움, 솔라나, 아발란체 등)

② Units of Value Layer(유닛츠 오브 밸류 레이어) : 디파이 트랜잭션의 기초 레이어 (예: ETH, SOL 등의 토큰 등)

③ Oracles Layer(오라클스 레이어) : 블록체인 외부와 내부를 소통시키는 레이어 (예: 체인링크Chanlink 등)

④ Defi Primitive/Application & Tooling Layer(디파이 프리미티브 / 애플리케이션 앤 툴링

레이어) : 디앱과 같은 프로그램 레이어 (예: 탈중앙화 거래소, 예치 및 대출 플랫폼, 디파이 앱 등)

⑤ Wallets, De-Fi-Native Frontend & User Apps(월렛, 디파이 네이티브 프론티드 & 유저 앱스) : 사용자가 직접적으로 사용하는 서드파티 프로그램 (예 : 메타마스크 등)

디파이 시장에 대한 불신은 여전히 높고, 해킹, 러그풀, 플래시론 등으로 인한 투자자 피해 가능성도 상존하고 있다. 디파이의 모든 프로세스는 코드로 진행된다. 개발자의 소스 코드 실수 등 로직 오류를 이용한 해킹 공격은 언제든 가능하다. 플래시론 공격은 블록 1개가 만들어지는 짧은 시간 동안 초단기 대출을 하여 가격 조작을 통한 차익을 실현하는 공격이다. 러그풀은 프로젝트의 운영진이나 개발자가 운영을 중단하고 자금을 가지고 잠적하는 것을 뜻한다. 따라서 투자자의 입장에서는 높은 APY도 중요하지만, 안정성에 더욱 중점을 두어야 한다.

테라-루나 프로젝트의 몰락과 더불어 셀시어스, 블록파이, 보이저 디지털 등 중앙 집중식 대출 플랫폼의 파산 위기로 디파이의 미래에 관한 비관적인 목소리가 많은 게 사실이다. 거듭 강조했지만, 이는 디파이 생태계를 더욱 발전하게 하는 자정 작용으로 보아야 옳다. 그 이유는 디파이의 가장 중요한 특성인 투명성에 있다.

디파이 시스템은 누구든 거래 현황을 완벽히 확인할 수 있다. 이는 대출 및 금융 거래의 전반적인 과정에서 중요한 작용을 하게 된다. 중앙 집중식 구조에서는 점검이 어려웠던 담보에 관한 안정성을 높일 수 있고,

청산 지점과 속도 등에도 영향을 미친다.

중앙 집중식 플랫폼이 위기를 겪는 동안에도 메이커다오MakerDAO, 에이브 AAVE 등 탈중앙화 대출 프로토콜은 상대적으로 큰 어려움을 겪지 않았다. 암호화폐 시장의 전반적인 침체에 영향을 받았을 뿐 지금도 잘 운용되고 있다. 이는 투명성의 중요성을 증명하는 것이다. 셀시어스 같은 중앙 집중식 플랫폼은 상대적으로 투명성이 떨어진다. 자금이 어떻게 활용되고 있는지 일반 사용자가 파악하는데 한계가 있기 때문에 탈중앙화가 더욱 공고할수록 디파이 시스템의 안정성은 높아질 수밖에 없다.

디파이는 규모의 경제가 통하는 대표적인 분야이다. 따라서 기관투자자들이 선호하는 분야이기도 하다. 앞서 USDC와 관련해 미국 정부와 금융기관들이 어떤 입장을 보이고 있는지 알아보았다. 현재 기관들은 달러 기반의 스테이블코인인 USDC를 꾸준히 매집하면서 시장 진출의 시점을 고민하고 있다. 디파이 투자가 활성화될 가능성이 높다. 개인투자자는 기관투자자보다 한 발 앞서서 준비를 하고 있어야 한다. 전 세계 약 17억 명이 전통 금융 서비스의 혜택을 받지 못하고 있다고 했다. 반면 모바일과 인터넷 사용자 수는 이를 상회하고 꾸준히 성장하고 있다. 따라서 디파이의 잠재적 사용자는 더욱 늘어날 수밖에 없다. 카르다노의 설립자인 찰스 호스킨슨Charles Hoskinson이 아프리카를 디파이의 미래로 본 이유도 여기에 있다. 디파이는 기존 금융의 장벽을 허물고, 접근 용이성 및 투명한 거래 시스템을 통해 미래 금융 시스템의 지위를 공고히 할 것이다.

CHAPTER 3

다오,
새로운 조직의 출현

다오란 무엇인가?

최근 많은 관심이 집중되고 있는 다오DAO: Dencetralized Autonomous Organization 는 탈중앙화 자율 조직을 의미한다. 탈중앙화란 권한이 집중되어 있지 않고, 각각의 구성원들이 블록체인의 스마트 컨트랙트를 통해 운영에 관한 의사결정을 내린다는 뜻이다. 따라서 다오에는 조직의 운영을 책임지는 대표, 경영진, 이사회 등의 개념이 존재하지 않는다.

'자율'이란 미리 약속되고, 공개된 프로토콜(규칙)에 따라 프로그램이 투명하게 작동한다는 의미이다. 구성원들은 블록체인의 코드로 정해놓은 규칙을 중심으로 활동하고, 조직의 규칙은 누군가 일방적으로 변경할 수 없다.

다오의 운영 방향이나 정책, 수익구조 배분 등 주요 결정은 각 구성원이 원하는 안을 제시하고, 거버넌스 토큰을 통한 투표로 결정한다. 구성원은 대개 토큰을 보유한 만큼 투표권을 행사하게 된다. 토큰은 구성원들이 다오에 참여하도록 하기 위한 유인책 역할도 한다. 다오에 도움이 되거나 성장할 수 있는 활동을 했을 때 보상으로 지급한다.

다오는 반드시 기존의 회사처럼 물리적인 공간에 함께 있지 않아도 된다. 다함께 출근해서 같은 공간에서 활동하는 다오도 있지만, 전 세계에 구성원이 분포되어서 저마다의 방식으로 기여하는 경우도 있다. 또한 다오는 저마다 다른 목적을 지닌다. 이윤 추구를 위한 다오도 있지만, 다른 특정한 가치나 목적을 이루려는 다오도 존재한다. 딥다오의 통계에 따르면 2022년 5월 29일 기준으로 4,834개의 다오 조직이 존재하고, 91억 달러 (약 11조 원) 정도의 규모를 형성하고 있다.

넓은 의미로는 협동조합 형태의 모든 자율적인 조직이 다오에 포함될 수도 있다. 프로토콜이 존재하고, 이를 통해서 움직이면 일단 다오로 정의할 수 있기 때문이다. 그런데 이럴 때는 강제성이 부족해서 조직 운영의 효율성이나 안전성에 문제가 생길 수 있다. 구성원들의 잘못된 행위에

다오 현황

출처 딥다오(https://deepdao.io/organizations)

대한 제약이나, 기여에 대한 정확한 보상 체계가 있어야 다오가 활발히 운영될 것이다. 따라서 다오를 조금 더 명확히 정의하면 '스마트 컨트랙트'라는 자동화된 소프트웨어와 결합한 프로토콜에 의해 움직이는 조직이라고 할 수 있다.

전통기업과
다오의 차이점

기업의 주인은 주주이다. 기업은 주주의 이익을 위해 비즈니스 모델을 만들고, 재화를 판매하며, 직원을 고용한다. 사업 방향성의 변경이나 M&A 같은 중대한 결정이 필요할 때는 주주 투표를 통해서 움직인다.

이런 구조이다 보니 기업의 주요 의사 결정은 직원이나 고객 같은 이해관계자보다는 주주의 이익에 중점을 둘 수밖에 없다. 여기서 노사의 이해충돌에 따른 갈등이 발생한다. 주주와 주주의 입장을 대변하는 경영진은 돈을 조금 주고 일을 최대한 많이 시키고 싶을 것이다. 그래야 자본을 효율적으로 활용할 수 있다. 반면 직원은 돈을 최대한 많이 받으면서 적게 일하고 싶다. 결국, 노사는 수직적인 구조를 가질 수밖에 없다.

하지만 다오는 다르다. 모든 구성원은 동등한 입장에 있고, 수평적인 구조로 이루어져 있다. 기업의 주주들은 기업의 일상적인 의사결정에 참여하지 않는다. 실질적인 결정권은 주주총회에서 선택된 대표이사와 임원진의 몫이다. 반면 다오의 구성원은 토큰 보유자이면서 이해 관계자이다. '토큰'을 통해서 지분을 가지고 참여하면서, 다오의 이익을 공유하고 발전에도 기여한다. 즉, 기본적으로 공동체가 가지는 이익을 나도 함께 나누어 가지는 구조이다. 다오는 전통적인 기업과 달리 '주주 자본주의'에서 '이해관계자 자본주의'로 지배구조를 변화시키는 시도라고 볼 수 있다.

구분	전통조직(기업)	다오
조직구조	수직적 구조	수평적 구조
준거법	정관, 회사규정(법)	스마트 컨트랙트(코드)
의사결정구조	간접 민주주의 방식	직접 민주주의 방식
의사결정수단	주식	토큰
거래수단	법정화폐	암호화폐, NFT
자산관리	재무제표	다오 트레저리(Treasury)
회계건전성 확인	회계감사	블록체인

① 투명성

다오는 활동과 거래 내역 모두를 블록체인에 기록하기 때문에 기업보다 투명성이 높다. 구성원들은 언제든 자본 및 자금 관리 내역을 블록체인 안에서 투명하게 확인할 수 있다. 물론 기업도 정기적으로 회계감사를 받는다. 하지만 분식회계 등 다양한 속임수를 활용할 수 있기 때문에 다오보다 투명성이 떨어진다.

② 개방성

공통의 목표를 가지고 협업하는 모든 조직의 형태가 다오를 통해서 구현이 가능하다.

이 과정에서 다오는 규제의 제약을 받지 않는다. 공간과 인종 등의 제약을 받지 않고 참여할 수 있는 개방성을 지닌다. 이는 수평적인 구조와도 연결된다. 정책에 차이는 있지만, 대부분의 다오는 거버넌스 토큰을 취득하면 누구든 참여할 수 있다. 다오의 이런 특성은 인력 구성에서도 다양성을 제공한다. 전통적인 조직에 비해 훨씬 유연하고, 넓은 인재 풀을 확보할 수 있게 된다.

③ 효율성

주식회사는 내가 가진 주식의 주주 권한을 행사하려면 주주총회에 참석해야 한다. 그런데 주주총회는 정해진 특정 날짜에만 진행되고, 나의 의견을 제시할 수도 없다. 하지만 다오는 누구나 실시간으로 특정한 안건을 쉽게 올릴 수 있고, 바로 투표할 수 있다. 다오의 거버넌스 시스템은 토큰을 통해서 수행된다. 투표가 이뤄지고 과반 이상의 찬성을 얻으면 약속대로 수행하게 된다.

주주 중심의 주식회사에 염증을 느꼈거나, 수직적인 조직을 선호하지 않는 사람들은 다오를 미래의 조직 형태로 파악한다. 다오는 계층 구조 중심의 중앙화 시스템에서 탈피한다는 개념에서 시작되었기 때문에 참여자들에게 직접 민주주의적 통제권을 돌려줄 수 있는 훌륭한 수단이 될 수 있다. 여러 목적에 광범위하게 활용될 수도 있어서 전통 조직의 단점을 여러모로 보완한다.

다오는 과연
더 민주적인가?

다오의 개념을 정립하려는 시도는 2014년경부터 시작되었지만, 실질적으로 공개된 첫 사례는 2016년 4월에 출범했던 '더다오The DAO'이다. 더다오는 이더리움 기반의 스타트업이나 새로운 프로젝트를 지원하기 위한 일종의 탈중앙화 벤처 캐피탈이었다. 28일간 자금을 모았는데, 18,000명이상의 참여자로부터 1,150만 이더(당시 기준 약 1억 5천만 달러)가 스마트 컨트랙트에 입금되었다. 이는 역사상 가장 대규모의 크라우드 펀딩 중 하나로 기록되었다.

하지만 첫 투자가 집행되기 직전 스마트 컨트랙트 코드의 치명적인 결함이 발견되었고, 이를 악용한 해커들에 의해서 360만 이더가 탈취당하는 일이 벌어졌다. 이는 전체 물량의 약 3분의 1에 해당했다. 다행히 48일이 지나야 출금이 가능하다는 유예 기간 덕분에 돈이 빠져나가기 전 손실을 막았지만, 이 사건으로 더다오는 신뢰성에 치명적인 상처를 입었다.

결국 전액 환불과 더불어 해체되었다. 이더리움은 사태를 해결하는 과정에서 이더리움 클래식으로 체인이 나누어지게 되었다. 뼈아픈 사건이었지만, 더다오 해킹 사건으로 다오는 더욱 안정적인 형태로 진화할 수 있었다. 그런데도 해결해야 할 과제들은 여전히 남아 있다.

① '1토큰 1투표 원칙'에 따른 금권정치 우려

다오는 과연 기존 시스템보다 더 민주적일까? 대부분의 다오는 거버넌스 토큰을 발행하고, 토큰 보유자에게 1토큰 1투표 원칙으로 참정권을 배분한다. 이는 토큰을 많이 가질수록 투표권이 많아지는 구조를 만든다. 재력이 좋은 투자자에게 유리한 '금권정치'가 될 수 있다고 우려하는 이유가 여기에 있다. 금권정치란 경제력이 있는 소수의 부유한 계층이 지배하는 정치를 의미한다.

2021년 11월, 소더비 옥션이 235년 전 인쇄된 미국 헌법 초안을 경매로 내놓았다. 이에 미국에서는 '역사를 특정인이 소유해서는 안 된다'는 목소리가 커지며 컨스티튜션 다오Constitution DAO가 결성되었고, 다오는 구성원들의 자금을 모아 경매에 참여했다. 결국 낙찰에는 실패했지만, 총 1만 7,437명의 인원이 참가하며 큰 사회적 관심을 불러일으켰다.

그런데 하버드 비즈니스스쿨의 조교수 렘 코닝Rem Koning에 따르면 컨스티튜션 다오의 참여자 상위 1%가 전체 토큰의 66%를 보유했었다고 한다. 이는 상위 1%가 전체 의사결정을 좌지우지할 수 있다는 의미이다. 코닝은 덧붙여 이렇게 부연 설명했다. "미국의 상위 1%가 미국 자산의 27%

Rem Koning
@orgRem

···

Constitution DAO lost its bid, but who really lost?

Well, it was primarily the top 1% of contributors (174 wallets) who held 66% (~$31m) of the tokens.

By comparison, the top 1% in the US hold *just* 27% of US wealth.

Democracy?

출처 Rem Koning twitter

를 보유하고 있다." 이 얘기는 '다오가 정말로 평등한 조직인가?' 혹은 '다오가 기존 자본주의보다 더 민주적인가?'에 대한 의구심을 남겼다.

물론 모든 다오가 1토큰 1투표 원칙을 가지고 있는 건 아니다. 이 문제를 해결하기 위해서 모두가 공평하게 1개의 투표권을 가지게 하는 등의 방안도 제시된 바 있다. 하지만 블록체인 상에서는 실명 확인 절차 없이 얼마든지 주소를 생성할 수 있기 때문에 이 역시 마땅한 방안이라고 보기 어렵다. 그래서 현재 다양한 투표 방법이 논의되고 있다.

대표적으로 에릭 포즈너Eric Posner와 글렌 웨일Glen Weyl이 그들의 저서 《래디컬 마켓Radical Markets》에서 제안한 제곱 투표Quadratic Voting도 하나의 중요한 제안이라고 볼 수 있다. 이 방식은 투표수의 제곱에 해당하는 비용을 지불하는 방식이다. 예를 들어 100표를 사려면 10,000 크레딧을 지불하도록 해 투표 결과의 왜곡을 방지하는 것이다. 처음 주어지는 한 표에 몇 표를 더 살 때는 값이 비싸지 않지만, 한 명이 많은 표를 사게 되면 값을 기하급수적으로 올리는 것이다.

② 규제 및 법적 지위의 문제

다오의 모든 운영과 관리는 스마트 컨트랙트에 기록된 프로토콜에 의해서 수행되기 때문에 별도의 법령에 의해 규제받지 않는다. 하지만 그렇다고 해서 다오가 치외법권적인 권리를 누릴 수 있다는 건 아니다. 예를 들어 다오를 통해서 투자금을 유치했는데, 투자자가 막대한 자금 손실을 보았다면 법적인 문제가 발생할 수 있다.

더다오 해킹 사건이 있은 후 미국 증권거래위원회는 더다오가 사실상 증권에 해당하는 토큰을 발행하고 판매했기 때문에 미국 증권법 위반 혐의가 있다는 의견을 발표했다. 디직스 다오Digix DAO의 경우 거버넌스 토큰 DGD를 발행한 뒤 토큰 보유자들의 투표로 의사결정을 했지만, 미국의 토큰 보유자들에게는 투표 참여를 금지했다. 토큰 구조가 미국 증권법 규정에 위반되기 때문이다.

다오가 현행법상에서 어떤 법적 지위를 가지는지는 아직 정의되지 못했다. 법을 적용하는 주체가 사람인지, 스마트 컨트랙트인지 확정하는 것부터가 쉽지 않다. 다오가 스마트 컨트랙트에 의해서 움직인다고 해서 사람의 개입이 없는 것은 아니다. 다오의 작동 방식은 크게 3단계로 이루어져 있다.

규칙(프로토콜) 설정 ⇨ 자금조달 / 이익 배분 구조 설계 ⇨ 스마트 컨트랙트 구현

그런데 최초의 규칙 설정은 사람이 직접 해야 한다. 이 외에도 다오에 핵심적인 기여를 하는 이들이 있다. 누군가는 실질적인 리더 역할을 해야 하고, 누군가는 마케팅 활동을 하고 디자인을 하고, 법적인 문제에도 대응해야 한다.

2021년 7월, 미국의 와이오밍 주에서는 처음으로 '아메리칸 크립토페드American CryptoFedDAO'라는 벤처 다오가 유한책임회사로서의 공식적인 법적 지위를 획득했다. 하지만 대부분의 지역에서는 아직 법적으로 인정받지 못하고 있다.

다오와 관련한 법령을 제정하는 것은 신중하게 접근해야 한다. 물론 투자자 보호를 위한 법적 안전장치는 꼭 필요하다. 앞서 디파이를 설명하면서도 언급했지만, 블록체인 프로토콜에서 해킹과 러그풀 등은 고질적인 문제이다.

하지만 법적 규제로 암호화폐 산업이 위축되어서는 안 된다. 규제가 미래 핵심 산업의 걸림돌로만 작용해서는 안 된다는 의미이다. 이에 법적인 책임을 최소화할 수 있도록 다오에서 중앙화된 요소를 최대한 제거하는 의견도 있다.

③ 저조한 투표율

앞서 다오의 장점으로 효율성을 언급했다. 스마트 컨트랙트는 조직의 관리 및 운영에 대한 기술 비용을 줄여주었지만, 참여 인원이 늘어날수록 비효율이 발생하게 된다. 대표적으로 저조한 참여율에 의해 의사결정이 원활히 이루어지지 않는 것을 들 수 있다.

다오는 프로젝트 제안에 대해서 투표를 진행하는데, 대부분의 다오가 투표율 과반수를 넘기지 못하는 게 현실이다. 이유는 프로젝트의 근본적인 발전보다는 투자만을 목적으로 다오에 유입되는 사람이 많기 때문이다. 익숙지 않은 투표 방식, 투표에 대한 홍보 미흡 등도 영향을 미쳤다. 투표율을 높이기 위한 근본적인 해결책은 결국 보상에 있다. 충분한 보상을 통해 누구나 투표에 적극적으로 참여하도록 해야 한다.

CHAPTER 4

다오의
창의적 도전

거버넌스를
사용자에게 돌려주다

더다오 해체 이후 다오는 사람들의 관심에서 멀어졌다. 다오가 다시 주목받기 시작한 건 디파이, NFT, P2E의 인기에 힘입어 웹3.0 키워드가 부각되었기 때문이다. 웹3.0을 구현하기 위해서는 현재와 다른 새로운 형태의 조직이 필요했다. 다오는 여러 산업군에서 일하는 방식을 새롭게 정의하며, 직업이나 직장의 개념을 변화시키고 있다. 그뿐만 아니라 경제, 사회, 문화, 비즈니스 구조 등 다양한 분야에서 근본적인 변화를 이끌어낸다. 다오에서 가장 중요한 안건 중 하나는 '공동의 자본을 어디에, 어떻게 할당할까?'이다. 다양한 사용 사례를 지원하기 위해서 여러 유형의 DAO가 등장했다.

가장 주목해야 하는 세 가지는 프로토콜 다오Protocol DAO, 투자 다오 Investment DAO, 컬렉터 다오Collector DAO가 아닐까 싶다. 그중에서도 가장 큰 자본금을 확보하고 있는 건 프로토콜 다오이다. 프로토콜 다오는 서비스

다오의 종류

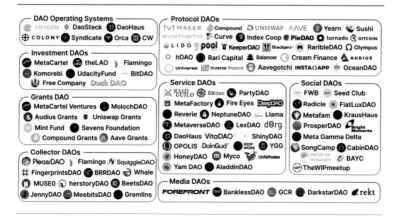

출처 Cooper Turley Twitter

나 플랫폼의 기반이 되는 다오를 지칭한다. 주요한 사안의 결정권을 개발자가 아닌 사용자들에게 부여하는 방식으로 등장한 다오이다. 디파이가 대표적인 프로토콜 다오에 해당한다.

유니스왑을 예로 들어보자. 유니스왑은 유니UNI라는 거버넌스 토큰을 발행한다. 이 토큰을 보유하면 유니스왑 다오의 구성원이 된다. 구성원들은 유니스왑의 사업 방향성, 서비스 정책 등에 관해서 투표할 수 있다. 또한 다오에 기여하는 정도에 따라서 의결권을 가지는 거버넌스 토큰을 배분받는다. 메이커다오, 에이브, 스시스왑 등 대표적인 디파이 프로토콜 대부분이 다오의 형태로 운영된다.

참고로 디파이의 성장과 함께 탈중앙화 보험 서비스도 주목 받고 있다. 대표적으로 넥서스 뮤추얼Nexus Mutual과 이더리스크Etherisc 등을 들 수 있다. 넥서스 뮤추얼은 디파이 생태계에 집중한 보험으로 스마트 컨트랙트가 멈추거나, 해커의 공격을 받는 등의 상황을 대비한다. 누군가의 재산에 문제가 발생하면 다오 구성원이 함께 분담하여 부담하는 방식으로 운영된다. 다오를 기반으로 보험을 운영하며 누구나 보안 취약점이나 리스크를 보고해서 보험 운영에 관여할 수 있다. 운영에 기여하면 거버넌스 토큰인 NXM을 획득하게 되고, 보험료도 해당 토큰으로 지불할 수 있다.

이더리스크는 넥서스 뮤추얼과 근본적인 차이가 있다. 현실 세계의 문제에 초점을 맞춘 것이다. 즉, 기존의 보험사를 대체하고자 하는 목적이 있다. 보험과 관련한 부분은 챕터5에서 조금 더 자세히 살펴보겠다.

벤처 투자의
판을 바꾸다

투자 다오는 구성원으로부터 자금을 모아서 투자를 집행하는 다오이다. 벤처 캐피탈을 다오의 형태로 운영하는 것으로 보면 이해가 쉽다. 다오의 구성원들은 누구나 자금 운영 방식, 투자 전략, 투자 대상에 대한 제안이 가능하다. 참고로 투자 다오는 벤처 다오Venture DAO, VC 다오VentureCapital DAO 등 다양하게 지칭된다.

투자 다오는 벤처 투자 생태계를 확장하려는 시도라고 볼 수 있다. 무엇보다 기존의 벤처캐피탈보다 투자에 대한 진입 장벽을 구조적으로 낮출 수 있다는 게 장점이다.

① 법인 설립 전 스타트업 초기 단계부터 투자를 진행하는 일이 많아서 프로젝트에 관한 더 깊은 이해와 소통이 가능하다.

② 기존 벤처 캐피탈 펀드들은 비용이 많이 들고, 복잡한 법적 제반 절차가 필요했지만, 다오는 상대적으로 간단하고 빠르게 자본을 형성할 수 있다.

③ 기존 벤처 캐피탈보다 투명하게 운영된다. 구성원들이 체인 상의 모든 거래를 확인할 수 있기 때문에 자금의 흐름을 추적하고, 투자 수익도 검증할 수 있다.

투자 다오의 대표적인 사례로는 메타카르텔 벤처스Metacartel Ventures, 더라오The LAO, 스태커 벤처스Stacker Ventures 다오 등이다.

① **메타카르텔 벤처스(Metacartel Ventures)** : 탈중앙화 애플리케이션을 구축하는 제작사와 운영자들의 커뮤니티인 '메타카르텔'이라는 커뮤니티에서 디앱DApp에 투자하기 위한 목적으로 만든 투자 다오이다. 2018년 말 시작되어, 2019년 7월부터 본격적인 투자를 시작했다. 에이브AAVE, 넥서스 뮤추얼Nexus Mutual, 오션 프로토콜Ocean Protocol, 엑시 인피니티Axie Infinity 등 유명 프로젝트의 리더들이 참여하고 있다. 법인 설립 전 프로젝트 초기 상태에서 주로 투자한다. 다오 관련 비즈니스 모델의 구현이나 커뮤니티 구축에도 현실적인 고민을 함께 공유하는 것으로 알려져 있다. 메타카르텔의 구성원이 되려면 개인은 약 10ETH, 기관은 약 50ETH 정도가 필요하다. 또한 가입 자격이 있는지 충분한 검증을 받아야 한다.

② **더라오(The LAO)** : 블록체인 프로젝트에 집중적으로 투자하는 다오이다. 참여 자격

을 100명의 공인투자자Accredited Investor로 제한하고 있다. 구성원들은 KYC 및 AML 문서를 통해서 검증받아야 하고, 라오 유닛을 구매해야 한다. 라오 유닛은 토큰은 아니지만, 일종의 거버넌스 토큰과 유사한 형태를 취하고 있다. 2020년 4월, 델라웨어 주 법인으로 설립되었다.

③ 스태커 벤처스(Stacker Ventures) : 블록체인 기술의 지향점과 가능성에 비해 '투자에 참여할 수 있는 방식은 한정되었다'는 문제의식에서 출발하여 2021년 5월 설립되었다. 모두에게 열린 구조의 투자 다오를 만들겠다는 취지를 가지고 있다. 앞서 메타카르텔 벤처스나 더라오 보다 폭넓은 참여를 유도하겠다는 입장이다. 스택STACK 토큰 보유자가 구성원이 되고, 구성원들은 스택을 스테이킹하여 다오의 수익 일부를 받을 수 있다.

수많은 벤처 캐피탈이 웹3.0 시장에 뛰어들고 있다. 그중에서도 암호화폐와 웹3.0의 가능성을 가장 일찍 알아보고 시장을 선점한 건 a16z이다. 넷스케이프 내비게이터 브라우저의 아버지이기도 한 a16z의 공동 창업자인 마크 앤드리슨Marc Andreessen은 2014년 1월 21일, 〈뉴욕타임스〉에 "왜 비트코인이 중요한가?"라는 기고문을 낸 바 있다. 이 기고문은 사토시 나카모토Satoshi Nakamoto의 《비트코인 백서》, 비탈릭 부테린의 《이더리움 백서》와 더불어 크립토의 잠재력을 대중에게 알린 가장 중요한 문서로 인정받고 있다. 그는 기고문에서 20년 후쯤 비트코인이 인터넷처럼 세상을 바꾼 기술로 기억될 것이라고 강조했다.

2022년 2월에는 111년의 역사를 자랑하는 벤처 캐피탈 베세머 벤처 파트너스Bessemer Venture Partners가 직접 다오를 설립해 화제를 모으기도 했다. 베세머는 웹2.0을 대표하는 빅테크 기업들에 투자하면서 성장해왔다. 그런데 전통적인 모델로는 성장에 한계가 있다고 판단해 다오를 직접 설립한 것이다. 베세머는 다오를 통해 인재를 모으고, 사업 및 개발 분야 등에서 활발한 논의를 진행하고 있다. 베세머가 생각하는 다오의 장점은 투자한 자산을 더욱 쉽게 배분할 수 있고 구조적으로 투명하다는 것, 그리고 참여자들이 웹3.0과 디지털 자산에 대한 이해도가 높다는 것이다. 베세머는 자신들이 다오를 설립한 이유를 이렇게 설명했다.

"과거의 사고에 걸린 투자사는 이 분야를 선점하지 못할 것이다!"

NFT와
예술품의 공동소유

구성원의 자금을 모아 특정 예술품, NFT, 아이템 등을 구매하는 다오를 '컬렉터 다오Collector DAO'라고 일컫는다. 컬렉터 다오는 2021년 NFT의 붐과 함께 급부상했다.

NFT 산업은 공급의 희소성과 다양성으로 인해 앞으로 꾸준히 가치가 오를 가능성이 크다. 더불어 대규모 투자와 인력이 몰려들고 있다. 그런데 개인 투자자는 높은 가격으로 인해 섣불리 접근하기가 어려운 것이 현실이다. 가격뿐만이 아니다. 어떤 NFT가 향후 높은 가치를 가질지 판단하는 것 역시 개인 투자자에게는 버거운 일이다. 만약 업계에서 신뢰받는 전문가가 함께하는 커뮤니티가 있다면 어떨까? 판단이 조금은 수월해질 것이다. 컬렉터 다오는 예술품에 대한 감각이나 투자에 대한 혜안이 없는 사람들에게 누군가 그 역할을 대신 해주는 개념이라고도 볼 수 있다.

컬렉터 다오는 주로 희소성 높은 블루칩 NFT의 공동 수집을 목적으로 한다. 새로운 NFT를 커뮤니티가 함께 정보를 수집하고 판단해 공동 구매한 후 공동 소유하는 방식으로 운영된다. 소유에만 그치지 않으며, 수집한 예술작품의 가치를 증대하기 위한 여러 활동도 이어진다.

미국 사회를 뜨겁게 달구었던 컨스티튜션 다오Constitution DAO도 컬렉터 다오의 일종이다. 경매에 성공하지는 못했지만, 총 1만7,437명의 인원이 참가해 11,613ETH를 모으는 저력을 보여주었다. 이는 4,700만 달러, 한화로 약 552억 원에 달하는 금액이었다.

한국에서도 국보 다오National Treasure DAO라는 비슷한 사례가 있었다. 국보 다오 프로젝트는 간송 미술관에서 경매에 내놓은 계미명금동삼존불입상, 금동삼존불감을 낙찰받아 공동으로 소유하는 것을 목적으로 구성되었다. 9,000명이 홈페이지를 방문하고, 4,410개의 NFT가 민팅Minting 되었지만, 목표치인 20,000개를 채우지 못해 낙찰에는 성공하지 못했다. 이후 금동삼존불감은 외국계 암호화폐 투자 자본인 '헤리티지 다오'가 매입했다.

그런데 컨스티튜션 다오와 국보 다오는 경제적인 이익보다는 국보를 함께 소유하고 지킨다는 가치에 더 중점을 두고 있다. 따라서 컬렉터 다오보다 넓은 개념으로 이해해야 옳다. 대표적인 컬렉터 다오로는 플레저 다오, 플라밍고 다오, YGG 등을 들 수 있다.

① 플레저 다오(PleasrDAO) : 실제 예술품, 음악 등을 구매하기 위해 자금을 모으는 다오이다. 전통적인 투자 상품이 아니라 예술과 수집품에만 초점을 맞춘다. 플레저 다

오는 도지코인의 모태가 된 전설적인 도지Doge밈을 400만 달러에 구매해 큰 관심을 모았다. 또한 미국 정부의 기밀문서를 공개한 에드워드 스노든Edward Joseph Snowden 의 NFT 작품 〈Stay Free〉를 2,224이더리움, 우 탱 클랜Wu-Tang Clan의 〈Once Upon a Time in Shaolin〉 앨범을 400만 달러에 구매해 화제가 되기도 했다.

② 플라밍고 다오(Flamingo DAO) : 더라오The LAO 프로젝트에서 파생된 하위 다오이다. 메타버스 및 NFT 부문에 집중하고 있다. 2021년 2월, 투자자 59명이 인기 NFT 인 크립토펑크CryptoPunks 150종을 모은 희귀 세트를 제작자 라바랩스Larva Labs로부터 직접 매수하기 위해 나서며 유명해졌다. 매주 줌 회의로 어디에 돈을 투자할지 논의한다.

③ 일드 길드 게임즈(YGG, Yield Guild Games) : 세계 최대의 블록체인 게임 길드이다. 투자 유치를 통해 조달한 자금을 활용해 각종 P2E게임의 아이템 NFT를 구입하고, 이를 초기 자본이 없는 유저들에게 임대한다. NFT를 대여 받은 유저들은 이를 이용해 게임을 하고, 발생한 수익을 설정된 규칙에 따라 배분한다. 이 외에도 P2E 게임의 부동산이나 아이템 NFT를 매입해 시세차익을 거두거나, P2E 게임 프로젝트를 SEED 단계에서 투자해 수익을 창출하기도 한다. 엑시 인피니티Axie Infinity를 통해서 유명해졌고, 현재는 샌드박스Sandbox, 일루비움Illuvium, 스타 아틀라스Star Atlas, 제드 런Zed Run 등과도 협업하고 있다.

우주 연구와 탐사를 목표로 하는 문 다오Moon DAO도 흥미로운 시도이다. 문 다오는 2,508 ETH를 모금해 미국 우주개발업체 블루 오리진이 추진하는 우주여행 티켓을 예약했다. '우주로 가는 티켓' NFT 컬렉션을 출시하고, 해당 NFT를 보유하고 있는 구성원에게 저궤도 로켓에 탑승할 기회를 제공하겠다는 계획이다. 이외에도 핑거프린츠FingerPrints, 웨일샤크WhaleShark, 메타퍼스Metapurse, 국내에서 만든 플립플랍 다오Flip Flop DAO 등의 컬렉터 다오가 있다.

컬렉터 다오도 넓은 의미에서는 투자 다오의 일종이며, 투자와 연관된 다오로는 보조금 다오Grants DAO와 기부 다오Philanthropy DAO 등도 있다. 보조금 다오 역시 자본을 모아 다양한 곳에 배분하는 역할을 한다. 투자 다오와의 차이점은 재무적 수익보다는 가치에 의해서 배분이 이루어진다는 것이다. 보조금 다오는 생태계에 도움이 되는 아이디어, 프로젝트 및 이벤트에 자금을 지원하여 견고한 생태계를 구축하는 데 중점을 둔다. 기부 다오는 자선 단체 기부가 다오를 통해서 어떻게 이루어질 수 있는지 생각해보는 차원에서 등장한 개념이다.

라이프스타일을 바꾼 다오

소셜 다오Social DAO, 서비스 다오Service DAO, 미디어 다오Media DAO 등도 주목
해야 한다.

① 소셜 다오(Social DAO)

토큰을 중심으로 생각과 삶의 방향성이 비슷한 사람들을 한곳으로 모
으는 다오이다. 쉽게 말해서 커뮤니티의 성격을 지닌다. 대표적인 예로는
프렌즈 위드 베니핏Friends With Benefit, 지루한 유인원들의 요트 클럽BAYC, 문
버즈MoonBirds, 송캠프 다오SongCamp DAO 등을 들 수 있다.

프렌즈 위드 베니핏에 가입하려면 신청서를 제출하고, 자체 발행 토큰
인 FWB를 75개 이상 보유해야 한다. 구성원이 되면 커뮤니티에 접근 가
능하며, 각종 이벤트에도 참여할 수 있다. 사람들이 FWB를 보유해 다오
의 구성원이 되려는 이유는 커뮤니티에 암호화폐 투자자, 개발자, 아티스

트, 크리에이터 등 저명인사들이 모여 있기 때문이다. 업계의 최신 정보와 인사이트를 얻고, 함께 교류할 수 있다. BAYC나 문버즈 등도 비슷한 예이다. 1개에 억대가 넘는 NFT를 보유하면 커뮤니티에 접근이 가능하다. 이런 커뮤니티는 새로운 사회 조직의 형태로 떠오르는 중이다.

송캠프 다오SongCamp DAO는 예술 활동을 지원하는 소셜 다오의 일종으로 뮤지션, 비주얼 아티스트, 프로젝트 운영자 등이 팀을 이뤄 곡을 만드는 프로젝트이다. 만들어진 곡을 경매에 부치고, 경매수익금을 배분한다. 함께 가치를 만들어 가는 개념의 소셜 다오이다.

② 서비스 다오(Service DAO)

각종 제품과 서비스를 개발할 수 있는 전문가들을 모아놓은 온라인 인재풀 에이전시라고 보면 이해가 쉽다. 개발, 디자인, 마케팅 등 프로젝트 관련 서비스를 제공하는 경우가 많다. 다오의 구성원은 외부 클라이언트에게 서비스를 제공하고, 그에 대한 대가를 받는다. 클라이언트는 다오에도 소정의 수수료를 지불한다. 서비스 다오는 글로벌 인재들이 자기가 관심 있는 업무를 원하는 시간에 하고, 다오의 성장에도 기여할 수 있는 방식으로 운영되어, 사람들이 일하는 방식을 재창조하는 중이다.

성공적인 사례로는 비타 다오Vita DAO를 들 수 있다. 비타 다오는 제약 R&D를 지원하는 서비스 다오의 일종으로 구성원들은 연구데이터, 지식 재산권, 노동력 등에 기여하는 대가로 비타VITA 토큰을 지급받는다. 비타 토큰으로 어떤 연구에 지원할 것인지에 관한 다오의 의사결정에 참여할 수 있다. 비타 다오는 각종 대학, 연구소 등과의 협업을 통해 연구 프로젝트를 수행 중이다.

③ 미디어 다오(Media DAO)

콘텐츠 크리에이터와 소비자가 미디어에 참여하는 방식을 재창조하는 것을 목표로 하는 다오이다. 기존 웹2.0 기반의 미디어는 광고 기반 수익 모델에 의존했다. 대표적인 예가 유튜브Youtube이다. 반면 미디어 다오는 토큰 인센티브를 활용해 생산자와 소비자 모두에게 보상을 제공하는 형태이다. 수익 구조를 더 다양하게 가지고 갈 수 있다.

탈중앙화 미디어의 대표적인 사례로 뱅크리스 다오Bankless DAO가 있다. 뱅크리스 다오는 팟캐스트와 뉴스레터 등을 생산하는 이더리움 중심의 미디어이다. 자체 발행 토큰인 뱅크BANK를 취득한 구성원들은 콘텐츠 제작, 마케팅, 그래픽 디자인 등 미디어에 적극적인 기여를 할 수 있다. 더불어 다오의 주요한 결정에 투표하면 뱅크 토큰을 추가로 얻게 된다.

참고로 교육과 학습 분야에서도 다오를 통한 다양한 시도가 이어지고 있다. 스테이츠 다오StatesDAO나 드롭아웃 다오DropoutDAO 등이 대표적이다.

다오에는 대표, 임원진, 이사회, 직원 등의 개념이 존재하지 않지만, 기업과 동일한 수준의 의사결정을 해야 하는 일이 많다. 유동성이나 규모, 기술 등을 감안할 때 오히려 전통적인 기업보다 복잡한 상황에 놓이는 때도 있다. 이에 커뮤니케이션과 협업, 재무, 회계 등을 해결하고, 다오를 효과적으로 운영할 수 있는 도구가 필요하다.

아라곤Aragon, 콜로니Colony 등 다오가 선택할 수 있는 여러 도구가 존재하지만, 아직은 전통 기업과 비교했을 때 선택의 폭이 넓지 않다. 물론 다오는 개방성과 상호운용성 등의 장점을 활용해 꾸준한 성장을 할 것이 분명하다. 다오는 새로운 방식의 구성과 운영으로 조직의 패러다임을 바꾸는 중이다.

다오 운영 도구

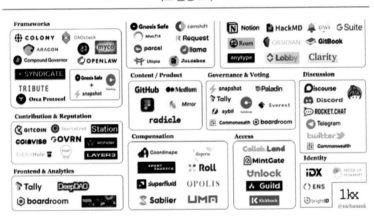

- 아라곤(Aragon) : 다오의 운영 및 거버넌스 관리를 위한 프레임워크

- 콜로니(Colony) : 다오의 운영, 평판 관리 및 분쟁 해결을 위한 프레임워크

- 신디케이트(Syndicate) : 다오 스핀업 및 프로토콜 운영을 위한 툴

- **알케미**(Alchemy) : 다오 및 툴 개발을 위한 블록체인 개발자 프레임워크

- **딥다오**(Deep DAO) : 분석 및 정보 수집을 위한 툴

- **그노시스 세이프**(Gnosi Safe) : 자금 관리를 위한 멀티시그 지갑

- **스냅샷**(Snapshot) : 오프체인 거버넌스 결정을 위한 투표 플랫폼

PART 4

2023
메타버스 Metaverse &
NFT & P2E
트렌드

CHAPTER 1

메타버스란
무엇인가?

메타버스의 정의

메타버스는 '메타Meta, 초월'와 '유니버스Universe, 우주'를 의미하는 단어를 조합한 신조어로, 물리적 세계와 연결된 가상 세계를 의미한다. 메타버스는 현실과 이어지는 가상의 공간으로 사용자들은 자신을 대표하는 부캐인 아바타를 사용하기도 한다. 자신의 아바타를 통해 가상 공간에서 사회적, 경제적 활동이 가능하며 가상공간과 현실이 적극적으로 상호작용하는 가상현실 공간이다. 비영리 기술 연구 단체인 ASF에서는 메타버스를 네 가지 범주로 분류하였다.

언제 어디서나 원하는 초현실적인 환경인 제페토나 로블록스 등에서 다양한 친구들과 어울리며, 게더타운과 같은 가상 오피스로 출근하여 동료들과 일한다. 포트나이트에서 아리아나 그란데와 트래비스 스캇의 가상콘서트를 보고 이벤트에 참여하여 즐긴다. 사용자들은 의상이나 아이템 등의 디지털 패션 상품을 직접 디자인하여 판매하며 돈을 벌 수도 있

메타버스의 네 가지 범주

유형	뜻	사례
증강 현실 (Augmented Reality)	현실 공간에 2D/3D로 표현한 가상의 물체가 상호작용할 수 있는 환경	포켓몬고 이케아 플레이스
라이프 로깅 (Lifelogging)	일상생활에서 일어나는 모든 순간을 텍스트, 영상, 사운드 등으로 저장하고 기록하며 공유	나이키 트레이닝 클럽
거울 세계 (Mirror World)	현실 세계를 있는 그대로 반영하되 '정보적으로 확장된' 가상세계	구글어스
가상 세계 (Virtual World)	현실과 유사하거나 완전히 다른 세계를 디지털 데이터로 구축한 세상	세컨드라이프 로블록스 제페토

출처 ASF 홈페이지

다. 게임과 같은 콘텐츠를 직접 제작하기도 하고 자신의 저작물을 다른 메타버스 세계관에도 이전하며 지속적인 정체성을 가질 수 있다. 메타버스 내에서 글로벌 콘퍼런스를 개최하고 국경의 장벽을 허물며 다국적 사람들과 교류한다. 비록 현실에서는 떨어져 있지만 서로 간의 물리적인 존재감을 메타버스 내에서 강화할 수 있다는 게 장점이다. 디지털 헤드셋 및 다양한 웨어러블 장비의 보급으로 사용자들이 메타버스와 물리적 세계를 연결하여 상호 작용하며 콘텐츠를 즐기는 몰입형 경험을 할 수 있다.

메타(구,페이스북), 마이크로소프트, 에픽 게임즈, 로블록스사, 엔비디아와 같은 글로벌 IT 기업들이 메타버스를 미래 산업으로 선정하였다. 메타버스를 통해 가상 세계가 현실 세계의 사람들에게 영향을 미친다. VR 플랫폼, 게임, 머신 러닝, 블록체인, 3D 그래픽, 암호화폐, 센서, VR 헤드셋을 포함한 다양한 기술을 활용한다. 완전히 실현된 미래의 메타버스는 촉각, 후각, 미각 및 기타 감각 경험에 대한 인간의 감각을 디지털화하여 가상과 실제 시간과 공간을 연결할 것이다. 풀 스펙트럼 VR 헤드셋, 스마트 의류 및 촉각 반응 장치인 햅틱 장갑을 갖추고서 집에 있으면서도 외국 여행을 하면서 실제와 같은 환경, 소리, 심지어 냄새까지 맡을 수 있을 것이다.

메타버스와 웹3.0

웹3.0은 개인이나 기업이 소유한 서버에 저장된 중앙 집중화된 방식이 아니다. 블록체인 및 탈중앙화 자율 조직DAO과 같은 분산 기술을 기반으로 구축된 탈중앙화 인터넷이다. 응용 프로그램이 실행되고 데이터가 저장되는 서버, 시스템 및 네트워크는 사용자 자신이 소유한다. 사용자는 어떤 규칙과 규정을 정할 수 있는 투표권을 가지며 보다 민주적인 방식으로 웹3.0을 운영한다.

메타버스에서 탈중앙화된 경제 네트워크를 갖추고 디지털 콘텐츠 및 자산을 소유하고 중개자 없이 거래할 수 있다. 웹3.0의 또다른 핵심 요소인 NFT는 고유한 항목이 디지털 세계에 존재할 수 있도록 하는 무형의 디지털 가상자산이다. NFT를 블록체인으로 기록하고 거래 등을 증명한다. 암호화폐는 메타버스에서 경제 및 화폐 시스템의 기초로서 거래 수단으로 사용된다. 탈중앙화된 플랫폼, 블록체인 및 암호화폐를 통해 가상 세계에서 사람들이 참여하는 방식을 변화시키고 있다.

　탈중앙화 웹3.0과 메타버스는 근본적으로 다른 개념이지만 밀접하게 연관된다. 개방형 메타버스는 웹3.0 기반의 탈중앙화된 전체 메타버스의 기초가 되는 기둥으로 커뮤니티가 소유하고 구축 및 유지 관리하여 중앙화된 시스템의 일방적인 제어를 방지한다. 사용자가 자신의 정체성을 자주적으로 결정하고 관리하며 재산권을 소유하며 집행한다. 인센티브를 조정하고 플랫폼이 아니라 사용자에게 가치가 창출될 수 있도록 한다. 메타버스는 투명하고 허가 없이 상호 운용할 수 있고, 다른 사람들이 메타버스 내에서 또는 메타버스 간에 자유롭게 구축할 수 있도록 구성할 수 있어야 한다. 개방형 메타버스 구축을 위한 일곱 가지 필수 요소가 있다.

① **탈중앙화** : 단일 기업이 소유하거나 운영하지 않거나 소수 중개인에 의해 운영되지 않음을 의미한다. 탈중앙화 시스템은 이해 관계자 간에 보다 공평한 소유권, 투명성 및 더 큰 다양성을 나타낸다.

② **재산권** : 사용자가 소유권 및 재산권을 가진다.

③ **자주적 정체성** : 중개자에 의존하지 않고 인증할 수 있으므로 사람들이 직접 DID와 같은 서비스를 통해 신원을 인증하고 메타마스크와 같은 암호화폐 지갑을 통해 신원을 확인한다.

④ **구성 가능성** : 메타버스 기반으로 고품질의 개방형 표준 기술을 제공하고 누구나 기존 코드를 수정, 변경 또는 사용할 수 있으며 새로운 요소를 함께 구성하고 새로운 경험을 만들어낸다.

⑤ **개방성/오픈 소스** : 코드를 자유롭게 사용할 수 있고 마음대로 재배포 및 수정이 가능하고, 네트워크 참가자가 더 공정하고 공평한 시스템을 만들 수 있으며 정보 비대칭을 제거할 수 있다.

⑥ **커뮤니티 소유권** : 모든 이해관계자는 시스템 거버넌스에 따른 참여도에 비례한 발언권을 가진다.

⑦ **사회적 몰입** : 넓은 의미에서 VR·AR이 없더라도 디스코드, 트위터 등을 사용하여 사람들이 원격으로 어울리고 즐겁게 지낼 수 있는 사회적 몰입이 가능하다.

메타버스 몰입 경험을 위한
VR 헤드셋

미국의 시장 조사 기관 가트너에서는 메타버스를 '2022년 5대 신규 트렌드이자 기술' 중 하나로 선정했다. 독일의 글로벌 시장조사기관인 스태티스타Statista에 따르면, 글로벌 VR·AR 및 MR 시장은 2024년까지 약 3,000달러에 이를 것이다. 오늘날 사용되는 60억 대 이상의 스마트폰 중 절반 이상이 모바일 AR을 지원할 것이다. 따라서 앞으로 메타버스 전체의 하드웨어, 소프트웨어, 콘텐츠, 애플리케이션이 모두 재구성되고 난 후 진정한 메타버스 시장은 2023~2024년 하반기부터 시작될 것으로 예측된다.

대표적으로 메타는 이용자의 몰입 경험을 개선하기 위한 다양한 기반 기술로 만든 메타버스용 기기들로 현실 세계를 대체할 메타버스 구축을 목표로 하고 있다. 메타버스가 모바일 인터넷을 잇는 새로운 혁명이 될 것으로 보고 메타버스 사업 개발에 약 100억 달러를 투자하겠다고 발표했다. 메타는 사용자들이 3D 가상 물체와 상호 작용할 수 있고 움직임, 질

감 및 압력과 같은 감각을 경험할 수 있는 햅틱(터치) 장갑 기술을 선도하고 있다. 또한 EMG^{Electromyography, 근전도} 기술을 활용한 웨어러블 컨트롤러를 손목에 차고 손과 손가락의 움직임을 파악할 수 있다.

VR 헤드셋 '프로젝트 캠브리아'는 현실과 가상의 세계를 잇는 혼합 현실을 지원하는 기기이다. 슬림한 고글 형태로 메타버스 내 아바타 눈과 실제 눈의 움직임을 실시간으로 반영할 수 있는 얼굴 및 시선 추적 기능을 탑재하였다. 실제 사람의 표정을 아바타가 사실적으로 반영하여 상대방의 감정을 보다 잘 이해할 수 있다. 위와 같은 기기들이 상용화된다면 메타가 기존 소셜 미디어 서비스에서 강조해 온 '사람 간 연결' 메타버스에도 적용될 것이다.

다만, 메타버스를 편안하게 느끼기 위해서는 메타버스의 핵심 기술인

사람 간 연결이 강조된 페이스북의 메타버스 비전

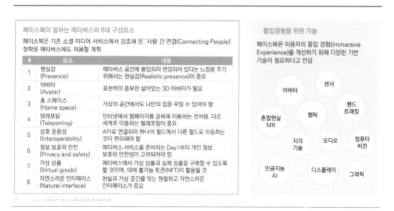

페이스북이 말하는 메타버스의 8대 구성요소		
페이스북은 기존 소셜 미디어 서비스에서 강조해 온 '사람 간 연결(Connecting People)' 철학을 메타버스에도 적용할 계획		
#	요소	내용
1	현실감 (Presence)	메타버스 공간에 몰입되어 연결되어 있다는 느낌을 주기 위해서는 현실감(Realistic presence)이 중요
2	아바타 (Avatar)	표현력이 풍부한 살아있는 3D 아바타가 필요
3	홈 스페이스 (Home space)	가상의 공간에서도 나만의 집을 꾸밀 수 있어야 함
4	텔레포팅 (Teleporting)	인터넷에서 웹페이지를 클릭해 이동하는 것처럼, 다른 세계로 이동하는 텔레포팅이 중요
5	상호 운용성 (Interoperability)	API로 연결되어 하나의 월드에서 다른 월드로 이동하는 것이 편리해야 함
6	정보 보호와 안전 (Privacy and safety)	메타버스 서비스를 준비하는 Day1부터 개인 정보 보호와 안전성이 고려되어야 함
7	가상 상품 (Virtual goods)	메타버스에서 가상 상품과 실제 상품을 구매할 수 있도록 할 것이며, 대체 불가능 토큰(NFT)이 활용될 것
8	자연스러운 인터페이스 (Natural interface)	현실과 가상 공간을 잇는 원활하고 자연스러운 인터페이스가 중요

몰입경험을 위한 기술

페이스북은 이용자의 몰입 경험(Immersive Experience)을 개선하기 위해 다양한 기반 기술이 필요하다고 언급

아바타　　센서　　핸드 트래킹　　혼합현실 MR　　햅틱　　지각 기술　　오디오　　컴퓨터 비전　　인공지능 AI　　디스플레이　　그래픽

출처 Meta, 언론보도 종합, 삼정KPMG 경제연구원

VR · AR 헤드셋을 착용할 때 사람에 따라 멀미를 심하게 느끼는 현상인 VR 울렁증VR Sickness이 개선되어야 한다. 차량이나 배에 탑승했을 때 생기는 멀미와 비슷하며 시각 정보와 평형감각에 '불일치'가 발생할 경우 뇌가 피로감을 느끼고 이를 독성물질에 의한 중독 등으로 판단하여 구토 등을 통해 신체를 보호하는 것이 멀미인데, VR울렁증도 이와 유사하다.

눈은 '사용자가 움직이고 있다'고 뇌에 알려주지만 귓속의 평형기관은 '사용자가 움직이지 않고 있다'고 알려준다. VR의 입력장치와 출력장치 사이에 전기 신호가 전달되는 시간인 지연(레이턴시)이 길어지면서 실제 움직임과 시각 정보의 차이가 생겨 멀미를 느낄 확률이 높으며, 1인칭 시점도 VR 울렁증에 큰 영향을 미친다. VR 헤드셋에 부착된 장치가 사용자의 머리에 진동을 가해서 멀미를 최소화하여 VR 울렁증을 방지할 수 있는 기술을 일본 소니 등에서 연구 중이다.

탈중앙화 웹3.0과 메타버스는 근본적으로 다른 개념이지만 밀접하게 연관되어 있다. 개방형 메타버스는 웹3.0 기반의 탈중앙화된 전체 메타버스의 기초가 되는 기둥으로 커뮤니티가 소유하고 구축 및 유지 관리하여 중앙화된 시스템의 일방적인 제어를 방지한다. 사용자가 자신의 정체성을 자주적으로 결정하고 관리하며 재산권을 소유하며 집행한다. 인센티브를 조정하고 플랫폼이 아니라 사용자에게 가치가 창출될 수 있도록 한다. 메타버스는 투명하고 허가없이 상호 운용할 수 있고, 다른 사람들이 메타버스 내에서 또는 메타버스 간에 자유롭게 구축할 수 있도록 구성할 수 있어야 한다.

CHAPTER 2

코로나 19 엔데믹 이후 메타버스는 유행할까?

코로나 팬데믹 &
엔데믹 시대의 메타버스 현황

코로나19 팬데믹으로 비대면 시대가 도래하면서 사람들이 집에 머무는 시간이 늘어났다. 정해진 시간에 출·퇴근하던 직장인들이 게더타운https://www.gather.town과 같은 가상 오피스로 출근하며 재택 근무를 하는 등 업무 수행 방식에도 변화가 생겨났다. 학생들은 등교와 줌Zoom을 통한 원격 수업을 병행하며 공부했다. 사람들은 친구들을 만나기도 어렵고 오프라인 행사들이 모두 취소되다 보니 제페토, 이프랜드 등에서 입학식, 대학축제, 불꽃놀이 행사를 즐겼다. 이처럼 메타버스는 현실 세계가 아닌 가상의 세계에서 친구들과 어울릴 수 있는 플랫폼으로 성장하며 게임부터 일상, 산업까지 다양한 영역으로 확대되었다. 아바타를 통한 교육, 친목, 쇼핑 등의 실제 활동이 가상 공간에서도 일어나며 코로나 팬데믹으로 인해 현실과 가상이 혼합된 디지털화 된 삶은 가속화되었다.

약 2년간의 코로나19 팬데믹 동안 100% 이상의 이용자 수가 늘었던 제페토, 이프랜드 등이 사회적 거리두기 해제 및 엔데믹 전환으로 MAU, 총 사용 시간 등 각종 사용 지표가 하락세로 돌아섰다. 2022년 3월에서 5월까지 로블록스 총 사용 시간이 30만 시간 가까이 줄어들고, 제페토도 약 2만 5,000시간 가까이 감소했다. 반면 롯데월드, 에버랜드 입장객은 2021년 대비 100% 늘어났다. 메타버스 앱의 주 사용 연령인 10대들이 학교를 정상 등교하면서 스마트폰 이용 시간이 줄었고, 야외활동이 활발해진 탓이다. 사람들이 대면 활동을 얼마나 갈구해 왔는지를 알 수 있다.

코로나 19 대유행이 일상의 풍토병으로 전환되는 엔데믹 이후에도 메타버스는 계속 유행할까? 메타버스는 코로나19 팬데믹의 특수성 때문에 필요했던 잠시 반짝이고 사라지는 신기루일 것인지도 모른다. 사람들이 일하고, 배우며, 커뮤니케이션하는 방식은 코로나 19 이전의 일상으로 거의 정상적으로 돌아갈 것이다. 하지만 사람들은 오프라인에서 활동하면서도 가상공간에서의 브랜드 마케팅 이벤트에 참여하고 다양한 커뮤니티 활동은 계속 이어질 것이다.

트위터나 페이스북이 나오면서 사람들이 소셜 미디어에서 하루를 보낼 것이라고 생각하지 않았지만, 우리의 일상과 가까이하고 있듯이 메타버스 플랫폼도 더 발전하여 우리 삶에서도 일상처럼 사용될 것이다. 롯데월드 입장객도 늘어났지만 '제페토 롯데월드'를 오픈하고 10여 일만에 500만 명이 방문할 정도로 인기를 끌었다. 오프라인의 즐거움이 온라인에서도 지속되고 새로운 경험으로 진화되고 있음을 보여준다.

PWC에 따르면, 메타버스 시장 가치는 2030년 말에는 1조 5천억 달러를 초과할 것으로 예상한다. 인간 생활의 거의 모든 것을 변화할 메타버스의 완전한 실현은 10년 이상 걸릴 수 있지만, 메타버스 생태계를 확장하기 위한 씨앗은 이미 뿌려진 셈이다. 앞으로 메타버스에서는 수백만 달러에 달하는 디지털 상거래가 일어나고, 수백만 명의 제작자가 필요해져서 개발자를 위한 일자리도 늘어날 것이다. 메타버스는 차세대 소셜 미디어이자 스트리밍 및 게임 플랫폼이 될 가능성이 크다.

카카오도 카카오톡 오픈채팅을 보다 확장하여 카카오 서비스와 콘텐츠 플랫폼을 레버리지할 수 있다. 지인 기반의 커뮤니케이션에서 벗어나 관심사 기반의 비지인을 연결한 카카오 오픈채팅 서비스는 '오픈 링크'라는 독립 앱으로 출시될 예정이다. 멜론, 웹툰 등 카카오 서비스에서 오픈

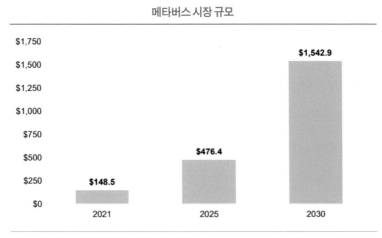

메타버스 시장 규모

출처 PWC, 메타버스 시장 규모, 2021~2030

링크와 연결된 링크를 통한 국내 최대의 관심사 기반 서비스로 발전해 나갈 것이다. 문화, 사회, 경제적 활동을 돕는 장으로 이용자들의 공통 관심사에 대해 커뮤니케이션하며, 훨씬 더 큰 이용자 기반을 확대할 수 있다. 더불어 '프로필, 상태 메시지 등을 광고와 연계하여 다양한 사람들이 활동하며 돈을 벌 수 있는 메타버스 세상으로서 카카오 유니버스를 활성화한다'는 전략이다. 앞으로도 메타버스는 더 생산적이고 재미있는 경험을 제공하여 새로운 경제활동이 가능해질 것이며, 소통을 중심으로 활용성이 높아질 것으로 예상된다.

사무실로 출근할래?
가상 오피스 출첵할래?

코로나19 팬데믹이 엔데믹으로 전환되는 지금, 그렇다면 원격 근무하던 직장인들은 다시 사무실 복귀를 원할까? 그렇지는 않은 것 같다. 사회적 거리두기와 상관없이 직원 복지 차원에서 원격근무를 유지하여 재택근무 혹은 회사 출근과 재택 근무를 겸하는 '하이브리드 근무'를 선호하며, 이는 네이버와 배달의 민족 등을 비롯한 IT기업들이 주로 시행 중이다.

디지털 비대면 커뮤니케이션이 익숙해지면서 메타버스 오피스는 장소에 관계없이 어디서든 일할 수 있으며 동료들과 유기적으로 소통할 수 있는 최적의 공간이다. 기업 입장에서는 사무실 임차료를 절감하고 해외 우수 인재를 유치할 수 있다. 온라인으로만 연결되어 있으면 국내가 아니라 국외여도 상관없다. 근로자는 지옥철에서의 출퇴근 시간 2~3시간이 절약된다. 일과 가정의 양립을 이룰 수 있어 일과 삶의 만족도가 높다.

이런 상황에서 오랜 기간 휴가지에 머물면서 일할 수 있는 워케이션이 부상하고 있다. 제주도나 강릉 등지에서 한 달 살기를 하며 근무할 수도 있고 해외에서도 일할 수 있다. 워케이션은 이직에도 영향을 미치고 있으며 업무 생산성이 높아지면서 기업 소속 의식이 증대하는 효과가 있다. 인구 분산 효과를 통한 지역 균형발전의 기회도 증대되며 침체한 지역을 활성화하는 데도 기여한다.

직방은 2021년부터 자체 메타버스 협업 툴인 '메타폴리스'로 출근했으며 본사 사무실을 폐쇄하고 전원 원격근무를 시행했다. 가상건물 로비로 출입하여 엘리베이터를 타고 업무 층에 내려서 회사 동료 아바타와 소통한다. 아바타 가까이 가면 얼굴을 볼 수 있고 이야기할 수 있다가 멀어지면 얼굴이 사라지며 소리도 사라진다. 한 달에 한 번 만나는 오프라인 밋업데이를 통해 실제로도 동료 간의 친밀감을 향상한다.

컴투스는 자사 플랫폼 '컴투버스Com2Verse에 2,500명의 직원들이 가상 오피스에 입주하여 근거리 화상 대화를 통해 소통한다. 또한 출·퇴근, 스케줄 관리, 회의, 프레젠테이션 등 기본 근무 지원이 가능하고 가상오피스에서의 근무에 필요한 도구들은 다 갖춰져 있다.

메타Meta는 전 세계 80개가 넘는 도시에서 약 6만 명의 직원들이 근무하고 있으며 최근 영구 재택근무를 허용했다. 직원들은 오큘러스 헤드셋을 사용해 VR과 연결하여 호라이즌 워크룸Horizon Workroom에서 일할 수 있는 가상 오피스에 출근한다. BYODBring Your Own Desk 기능으로 현실 책상을 메타버스 공간으로 가져와 현실 책상에 편안하게 앉은 상태로 메타버스에 몰입하며 핸드 트레킹 기술(HMD에 장착된 카메라로 사용자의 손가락 위치와 모양을 인식하는 것)로 손을 사용하여 의사 표시를 할 수 있기도 하다.

메타버스 가상오피스는 소속감을 느끼며 업무와 사회적 관계를 향상할 수 있는 플랫폼이다. '직원들이 책임 있게 스스로 업무 관리를 하고 성과를 낸다면 근무의 장소는 문제 되지 않는다'는 회사의 방침과 맞아떨어지기 때문이다. 다만 기업 입장에서는 근태 관리의 복잡성과 인사평가가 곤란하다는 점, 도입 비용, 보안 등의 문제가 있다. 단지 일상생활과 업무가 공존하는 데에 따른 압박감, 일을 회피하고 싶은 마음, 건강 관리 문제 등 직원들에게 생기는 부작용을 개선하여 회사에 최적화된 메타버스 업무 방향을 모색할 필요가 있다.

정부 입장에서도 메타버스 출근 및 워케이션 확산을 통한 지역경제 활성화에 기여할 수 있는 방안을 고려해야 한다. 지역 메타버스 인프라 구축 및 지자체 협의회 구성, 민관협력 등을 통한 메타버스 생태계를 활성화한다. 그리고 메타버스 사업장에 대한 납세지 지정 등에 대한 규제와 제도를 구축해야 한다.

디지털 휴먼 & 버추얼 아이돌
그리고 가상 아바타

디지털 휴먼

"나이는 22세이고 MBTI는 재기발랄한 활동가형 ENFP예요. 라디오 DJ도 해보고 싶고, 프로그램을 진행하는 사회자도 하고, 제 이름을 건 브랜드도 론칭하고 싶은 게 목표에요."

이런 말을 한 싸이더스 엑스 로지는 인공지능이 만들어 낸 새로운 얼굴을 딥페이크 기술로 실존 얼굴에 덮어씌운 '가상의 존재'인 디지털 휴먼 인플루언서이다. 12만 명이 넘는 인스타그램 팔로워를 보유한 유명한 가상 인간이자 15개 브랜드 광고모델로 약 15억 원의 수익을 냈다. 신한은행의 보험사 광고 모델로 활약하여 인지도를 높였고, "WHO AM I"를 통해 가수로 데뷔하기도 하며 〈내과 박 원장〉에 카메오 배우로 출연하기도 했다. SNS, 광고 모델로 활발히 활동 중인 로지는 라디오 DJ, 사회자, 라이브커머스 진행자까지 진출하며 한유아, 김래아 같은 가상 인간들이 활발히 활동할 수 있는 장을 열었다.

전 세계 디지털 휴먼 시장 규모는 2030년에는 5,275억 8,000만 달러(약 660조 원)에 달할 것으로 글로벌 시장조사업체인 이머진리서치가 전망했다. 디지털 휴먼의 활동 영역은 게임, 영화 등 엔터테인먼트 분야를 떠나 홍보, 유통, 교육, 헬스케어, 제조업 등 다양한 산업으로 확대 중이다. 인간과 감성적으로 상호작용하며 업무 능력이 향상되면서 가상의 친구, 업무 동료 등의 역할을 수행한다.

디지털 휴먼은 확장성이 뛰어나고 휴식 시간이 필요하지 않으며 동시에 여러 곳에서 활용된다. 반복적이고 지루하며 위험한 업무에서도 일할 수 있으며 개인화되고 맞춤화하여 일할 수 있다. 온라인 메타버스 교육 플랫폼에서 가상 교사로 활동하며 질의응답 기능을 통해 학습자와 상호작용도 가능하다. 무인 유통점, 무인 은행 점포 증가에 따라 온라인/오프라인 매장에서 고객 응대를 위한 가상 직원으로 활용될 수 있다. 세븐일레븐은 디지털 휴먼 점원을 시범 투입하였고, 신한은행은 무인형 점포에서 출금, 이체 등 서비스를 지원하는 디지털 행원을 배치하였다. 디지털 휴먼을 활용한 고객 서비스 혁신과 생산성이 향상되고 있다.

기존에는 가상 인간 제작 비용이 비싸고 개발까지 많은 시간이 필요했었다. 하지만 지금은 클라우드 기반 제작 플랫폼의 등장으로 디지털 휴먼 제작을 위한 CG, 모션캡처, AI 등의 기술 완성도가 높아지고 제작 속도가 빨라졌다. 실시간으로 고품질의 3D 이미지를 생성할 수 있는 리얼타임 렌더링 엔진과 3D 카메라로 스캔하여 빠르게 3D 인물 이미지를 생성할 수 있다. 모션캡처는 3D 인물의 자연스러운 몸동작, 표정 변화, 손가락 움직임 등도 구현한다.

현재까지 한 방향 IP 중심의 소통에서 향후 메타버스 내 디지털 휴먼은 리얼타임 렌더링 엔진Realtime Rendering Engine을 통한 실시간 쌍방향 소통이 가능해질 것이다. 메타버스 내 2D/3D 모델링 및 음성합성 기술로 생생한 음성을 말하는 입술의 움직임을 최대한 사람과 비슷하게 구현 가능하다. 네이버가 만든 첫 가상 인간 '이솔'은 '쇼호스트'로 데뷔하며 라이브커머스 플랫폼에서 화장품을 소개했다. 리얼타임 엔진으로 제작된 이솔은 컴퓨터 그래픽이나 딥페이크 기술로 제작한 가상 인간보다 표현력이 풍부하고 자연스러운 모션 연출이 가능하여 다양한 콘텐츠 영역에서 활용이 가능하다. 로지는 SNS 광고 모델에서 더 나아가 네이버의 클로바 인공지능 음성합성 기술인 NESNatural End-to-en Speech Synthesis로 로지의 목소리를 구현하여 SBS 파워FM 〈두시 탈출 컬투쇼〉에서 방송하기도 했다. 성우나 시연자 없이 텍스트 음성 변환 기술로 데이터를 연동하고, 인공지능 보이스 기술로 자신만의 목소리로 사람들과 실시간 소통이 가능한 완전히 자동화된 버추얼 휴먼이 탄생한 것이다.

버추얼 아이돌

사람들은 포트나이트와 같은 메타버스에서 저즈틴 비버Justin Bieber, 아리아나 그란데Ariana Grande와 같은 유명 연예인들의 공연을 보는 것을 즐기는 것에도 익숙해졌다. 더 나아가 현실에는 존재하지 않는 버추얼 아이돌에도 열광한다. 최초의 가상 버추얼 걸그룹인 이세돌은 2022년 초에 데뷔하여 85만 명의 유튜브 구독자를 모으며 빠르게 성장하였다. 메타버스 속에 존재하는 걸그룹이지만 오프라인 음원 차트 1위를 차지하였고, 데뷔곡 '리와인드RE:WIND'는 624만 조회 수를 기록하였다. 모두 VR 챗에서 오디션 진행, 연습 과정, 뮤직비디오 촬영이 이뤄졌으며 평균 1만여 명이 가상 공간의 생방송을 보았다. 인기 비결은 팬들과 보다 가깝고 더 솔직한 소통이 가능해서 팬들에게 진심으로 다가갈 수 있었기 때문이다.

가상 아바타

대다수 MZ 세대는 메타버스에서 자신의 또 다른 자아인 부캐로 아바타를 활용하는 데 익숙하다. 이들은 다양한 메타버스 플랫폼에서 상황에 따라 마치 다른 사람처럼 다양한 정체성을 보여주는 멀티 페르소나를 보여준다. 10대들이 열광하는 로블록스는 2020년, 틱톡과 인스타그램을 제치고 두 번째로 인기 있는 앱이 되었다. 사용자들이 아바타에 적용할 피부와 외모부터 신체와 액세서리 등 다양한 모양과 기능을 디자인하고 판매할 수 있는 기능을 제공한다. 2,400만 개의 가상환경 속에서 사용자들은 친구들과 게임을 즐기고 가상 나이키 운동화를 신으며 새로운 디지털 의상을 구매하여 뽐내며 가상공간에서의 사교 활동을 활발히 한다.

애플은 사용자의 표정을 따라 하는 아바타를 위한 메타버스 헤드셋을 개발 중이다. 애플 디자인의 심장으로 꼽히는 조너선 아이브Jonathan Ive가 참여하였다. MR 헤드셋으로 초고해상도 화면과 사용자의 눈동자 움직임이나 손동작을 추적하는 기능을 포함한다. 헤드셋에 14개의 카메라로 촬영한 정확한 표정을 가진 실제와 같은 아바타 기능을 넣고 스마트폰과의 연동이 없는 독립형 장치로 출시되어 개개인의 아바타들이 메타버스 속에서 실제 자신의 움직임을 따라 하며 활동이 가능할 것이다.

'MYTY'는 NFT 아바타 기반의 소셜 메타버스 플랫폼이다. 카메라 앱을 통해 크립토펑크, 미상과 함께 협업한 고스트 프로젝트 등의 아바타 NFT를 사용하여 자신의 부캐를 시각적으로 구현하며 사용자들과 커뮤니케이션할 수 있다. MYTY 카메라를 사용하면, 소유자의 동작과 표정을 모방할 수 있는 아바타로 변환된다. 앞으로 더 많은 이들이 가상공간에서 아바타를 가지고 자신의 새로운 페르소나를 만들 것으로 기대한다.

메타버스 패션

실제와 같이 가상의 공간에서도 패션은 가장 중요한 자기 표현 방식으로 MZ 세대의 가상 옷장을 채우고 있다. 제페토에서는 해시태그를 걸어 자신의 아바타가 착용한 패션 아이템을 자랑하고 SNS에 게시한다. 콘서트 이후에 아바타가 애프터 파티에 참석하고, 아바타를 꾸미기 위한 패션 NFT를 구매하는 것이다. 트렌드에 민감한 MZ 세대를 중심으로 메타버스에서도 활용할 수 있는 희소성 가치가 높은 메타버스용 디지털 패션 산업이 성장하고 있다.

현실 세계의 브랜드 가치를 메타버스로 확대하려는 움직임은 실제 패션 상품과 제페토의 아이템이 거의 흡사하여 브랜드 가치를 훼손하지 않으면서도 홍보하고 성공적으로 판매하였다. 2021년 처음 제페토에 이탈리아 피렌체 매장을 그대로 옮긴 '구찌 빌라'를 오픈하여 10대를 겨냥한 가방·신발·액세서리 등 60여 종을 3,000원에 판매하는 이벤트를 열었다. 2022년에는 '구찌 가든 아키타이프' 전시를 홍보하였다. 3월 한 달간 구찌 매장을 방문한 제페토 이용자는 75만 명에 달하고 아바타로 사진을 찍고 동영상을 제작한 것은 5만7,000여 건에 달한다. 3월 첫 한 달간 11만 개 이상의 제페토 구찌 아이템을 판매하였다. 로블록스에서는 5.5달러에 출시한 구찌 핸드백이 4,100달러에 재판매되기도 했다. 구찌, 발망, 돌체 앤 가바나, 프라다 등은 글로벌 명품 브랜드가 메타버스 시장에 진출하며 MZ 세대들은 명품 매장을 구경하고 피팅하고 나서 제품을 구매하였다. 실제로 입을 수 없는 디지털 패션에 대한 수요가 폭발하는 건 현실세계만큼이나 가상세계에서 자신의 정체성을 드러내는 데에 적극적이며, 이는 중요한 가치를 지니기 때문이다. 또한 초현실적이고 물리적인 조건을 갖출 필요가 없는 디지털 패션은 디지털 세계에서도 희소성이 있어 소장가치가 높다.

나이키가 2021년에 인수한 가상 패션 스타트업인 아티팩트RTFKT와 협업해 처음 내놓은 디지털 운동화인 '덩크 제네시스' NFT 운동화는 메타버스에서 사용할 수 있도록 설계된 디지털 웨어러블 아이템으로 출시 보름만에 1만 개 이상 팔렸다. 디지털 스니커즈는 현실 세계에서 신을 수 없는 신발이기 때문에 희소성이 있어 수집하고 거래하고자 하는 이들이 늘어나고 있기 때문이다. 나이키는 현실에서도 착용할 수 있는 운동화도 지급하는 방식으로 온-오프라인 연동 서비스도 계획 중이다.

아디다스에서 출시한 메타버스용 패션NFT도 약 270억 원이 넘는 수익을 올리며 완판했다. 아디다스는 BAYC, NFT 인플루언서 G머니, PUNKS comic 등과 파트너십을 체결하여 'Into the Metaverse'의 첫 번째 NFT 컬렉션을 발행하였다. 총 3만 개의 한정판은 개당 0.2 ETH(약 90만 원)에 완판되었다. NFT 보유자는 BAYC#887(인디고허츠)의 트랙수트, PUNKS comic의 후드티, G머니의 비니를 받을 수 있는 혜택이 있으며, 더 샌드박스 내 아디다스 토지를 구입하고 '아디벌스'를 구축 중인데, 더불어 커뮤니티 참여 권한이 있다.

제페토 스튜디오에서는 누구나 크리에이터들이 제페토에서 아이템과 콘텐츠를 직접 생산하고 유통하는데 제페토에서 사용하는 가상 화폐 '젬'을 사용하고 있다. 오픈 한달 만에 6만 명의 크리에이터가 모여 410만 개 이상의 아이템이 쏟아져 나왔고 이 중 6,800만 개를 판매하여 매출 8억 원 이상을 기록했다. 네이버는 또다른 메타버스 플랫폼인 '아크버스'에서 암호화폐 '링크'의 사용처를 확대하고 NFT와 블록체인 기술을 활용하여 네이버의 서비스와 커뮤니티를 활성화한다. 메타의 메타버스에서는 NFT와 연계한 경제 시스템을 구축 중이다. 호라이즌 마켓플레이스에서는 크리에이터와 개발자가 자신의 디지털 상품을 만들어 판매할 수 있다. 사용자들은 디지털 공간에서 NFT를 수집하고 사용하고 판매한다. 이처럼 디지털 상품의 소유권이 플랫폼에 있는 것이 아니라 사용자들에게 있다.

기존 이커머스 한계를 보완하여 메타버스에서 디지털 상품과 실물 상품을 모두 구매할 수 있다. 루이비통 및 프라다 등 명품 브랜드들이 '짝퉁' 판매를 막기 위해 NFT를 디지털 정품 인증서로 발급하기 시작하면서 가상 명품 시장도 커지고 있다. 오프라인의 가치가 가상 시장으로도 이어지면서 추가 수익을 기대할 수 있다. LF몰에서는 검증된 명품셀러가 제공하는 명품을 대상으로 NFT 디지털 보증서를 발급하며 정품임을 보장하는 'LF개런티' 서비스를 론칭했다. 카카오톡 '스마트월렛'에서 디지털 보증서를 보관하고 관리할 수 있다.

디지털Digital과 피지컬Physical의 결합인 피지털Physital 세상이 열리고 있다. 현실과 디지털의 경계가 모호해지면서 소비자들은 실제 자아와 가상 자아를 모두 표현하는 옷을 구매한다. 소비자들이 직접 입는 옷을 NFT로 인증하고 가상 세계에서도 보여주는 디지털 트윈으로도 생성하여 SNS에 게시한다.

디지털 패션은 Clo3D와 마블러스 등의 소프트웨어를 활용해 제작 가능하며 패션 디자이너 및 디지털 크리에이터들이 가상의 공간에서 무궁무진한 잠재력을 펼칠 수 있다. 물리적 공간에 얽매이지 않는 미래형 옷으로서 실물 패션에서 구현하기 어려운 초현실적인 패션 아이템을 착용하고 소셜 미디어 플랫폼, 게임 및 메타버스에서 자랑할 수 있다.

더 패브리칸트The Fabricant는 'ALWAYS DIGITAL, NEVER PHYSICAL'를 캐치프라이즈로 내걸며 세계 최초로 블록체인 기반의 드레스인 'Iridescence'를 9,500달러에 판매하여 화제가 되었다. 언더아머, 퓨마, 토미 힐피거 등의 유명 브랜드들과 협업하여 3D 디지털 패션 상품을 선보였다.

드레스X^{DressX}는 웹사이트에서 디지털 패션 상품을 구매하고 자신의 사진을 올리면, 1~2일 내로 해당 디자인을 착장한 가상 착용샷을 이메일로 보내주는 서비스이다. 디머터리얼라이즈^{The Dematerialised}는 의상, 액세서리 등의 패션 NFT를 VR게임인 산사^{Sansar}에서 착용할 수 있고, AR 카메라로 내 몸에 직접 착용해볼 수 있다.

메타커머스는 소비자가 일상적으로 상호작용하는 모든 브랜드와 서비스의 본거지가 될 수 있다. 가상 및 물리적 제품 모두에 대한 가상 매장과 같은 새로운 쇼핑 방법이 늘어날 것이다. 소비자들은 웹사이트를 방문하여 3D 버전의 상품을 보고 몰입형 가상 쇼핑 경험을 통해 자신의 아바타로 옷을 입어볼 수 있어 온라인 주문으로 인한 반품 및 낭비 시간을 줄이고 환경에 긍정적인 영향을 미치게 된다. 패션 산업은 지구상에서 두 번째로 큰 오염원으로 전 세계 탄소 배출량의 약 10%를 차지하고 있지만 디지털 패션은 친환경적이다. 메타버스 등의 디지털 쇼룸에서 가상 현실 피팅을 통해 고객들이 주문했을 경우 의상 제작을 할 수 있다. 패스트 패션과 같이 미리 생산되고 낭비되는 재고들을 처분할 필요가 없어 탄소 배출량을 줄이는 데도 도움이 된다.

가상 부동산 & 가상 관광

가상 부동산으로 임대료 받자

대표적인 암호화폐 벤처캐피탈인 a16z의 보고서에 따르면, 2022년에 아더사이드, 더샌드박스, 디센트럴랜드 등의 메타버스의 가상 부동산은 약 20억 달러가량 판매되었다. 가상 세계의 부동산은 NFT로 판매하고 블록체인을 통해 거래 명세를 기록하며 검증하고 투명하게 공개되는 장점이 있다.

더샌드박스는 가상 부동산 '랜드'를 NFT로 구입하고 다양한 게임을 제작하고 즐길 수 있는 메타버스 플랫폼이다. 16만 여 개 랜드를 샌드박스 코인인 'SAND'로 구매할 수 있고 이 중 70% 이상(2022년 3월 기준)이 판매되었다. 가장 비싸게 팔린 랜드는 450만 달러(약 54억 원)이다. 부동산 토지 거래 액수가 2,300만 달러(약 292억 원)를 넘어섰다. 더샌드박스에는 뽀로로랜드, 스눕독랜드, 아디다스랜드가 입점해 있다. 창작자가 콘텐츠를 통

메타버스 토지 거래 현황

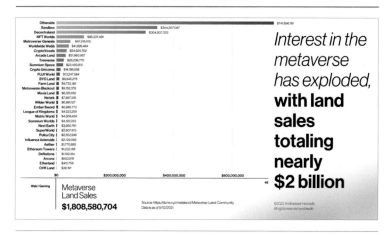

해 거둔 수익은 거의 모두 창작자의 몫이고 더샌드박스는 5%의 수수료를
받는다.

디센트럴랜드는 가상의 공간에서 사용자가 랜드를 구매하여 소유권
을 주장할 수 있다. 디센트럴랜드는 마나MANA 코인을 이용하여 랜드 NFT
를 구매하게 한다. 랜드 소유자들은 건물을 임대하여 수익을 벌어들일 수
있으며, 브랜드사들은 MZ 세대를 위한 홍보채널로서 브랜드관을 오픈한
다. 삼성전자는 디센트럴랜드에 가장 매장 '삼성837X' 메타버스 전시관을
열었다. 디센트럴랜드의 미국 내 유저가 월마트에서 자신의 아바타로 쇼
핑을 하면 실제 상품이 집으로 배송되며 도미노 피자도 주문하면 집으로
배달된다. 그밖에도 돌체 앤 가바나, 타미 힐피거 등의 유명 패션브랜드
가 참여한 메타버스 패션위크가 열리기도 했다.

아더사이드Otherside는 BAYC 세계관의 확장이다. 2022년 3월에 공개된 아더사이드 예고편에서 '코다Koda'라는 작은 외계 생명체가 BAYC 원숭이를 환상적인 마법의 세계로 끌어들이며 아더사이드에 착륙시킨다. 코다는 BAYC를 다른 신비로운 메타버스로 연결하여 생명을 불어넣는 원시적인 존재로서 1만 마리의 희귀 생물을 모아 놓은 것이다. BAYC 홀더들을 비롯하여 다른 이들도 참여할 수 있는 메타버스 세계를 구축하여 10,000명 이상의 사람들이 동시에 게임하며 음성 채팅을 할 수 있다. 아더사이드는 궁극적으로 BAYC 생태계와 연결된 MMORPG게임으로서 플레이어들은 아더사이드 땅을 소유하고 NFT에 유틸리티를 추가하며 메타버스에서 플레이 가능한 캐릭터로 변환 가능하다. 사용자들은 크립토 펑크, MAYC, 쿨 캣츠Cool Cats, 월드 오브 우먼World Of Women과 같은 다른 NFT를 아더사이드로 가져올 수 있어 상호 운용 가능한 경험을 체험할 수 있는 메타버스가 될 것이다. 자체 생태계 토큰인 $APE를 사용하여 토지를 소유하고, 자원을 수확하며, 유물과 희귀 캐릭터를 탐색하고 구매할 수 있다. 아더사이드의 제작사인 유가랩스는 1차 시장에서 총 20만 개 중 10만 개 아더디드 Otherdeed,땅를 완판하며 총 3억 1,800달러 이상의 수익을 창출했다.

크립토 복셀Crypto Voxels은 이더리움 기반의 메타버스 플랫폼이자 디지털 부동산이다. 별도의 장비 없이 웹 로그인만으로 3D 가상세계를 탐험할 수 있는 VR 플랫폼이다. 디지털 부동산을 구입하면 해당 토지에 복셀을 이용해 건물을 세우고 다양한 소품과 패션 아이템 등을 제작할 수 있다. 제너레이티브 아트 NFT를 보유한 수집가들의 커뮤니티인 도지사운드클럽은 크립토복셀에 전용관을 열어 NFT 아티스트들의 작품을 전시하기 시작했고, 이 외에도 디지털 미술 전시회가 종종 열린다.

투자 수단으로서 가상 세계에서도 부동산을 구매하는 것은 자연스러운 현상이다. 어스2는 '구글 어스'를 바탕으로 현실의 지구를 그대로 재현한 메타버스 플랫폼이며, 구글어스 지도와 동일한 맵에서 모든 토지를 100㎡ 크기의 타일로 잘라 매매되는 형태이다. 전 세계 투자자 중 한국 투자자의 자산 총액이 1위이다. 국내의 가상 부동산은 실제 아파트 청약처럼 청약 시스템을 도입하여 600대 1의 경쟁률을 기록하기도 했다.

디지털 세상의 쇼핑몰에 실제 기업들이 입점하거나 디지털 광고판 등을 분양하여 소유주는 임차료를 받을 수 있다. 주요 고객층인 MZ 세대를 타깃으로 기업들이 가상 부동산을 통해 소비자들에게 광고 판촉을 할 수 있는 것이다. 제페토에는 구찌, 디올 등의 하이엔드 브랜드들이 입점하여 브랜드의 론칭 행사, 광고 활동, 디지털 패션 아이템 판매 등이 활발히 일어난다. 삼성전자는 나만의 집 꾸미기 서비스인 '마이 하우스'와 포터블 스크린 더 프리스타일을 체험할 수 있는 '더 프리스타일 월드맵'을 선보였다. 세븐일레븐 카이아섬점은 현실과 가상의 경제활동이 한 번에 일어나 한 달 동안 2천만 개의 상품이 판매되기도 했다. 멕시코 음식 전문 체인점 치폴레도 로블록스에서 할로윈 데이에 부리토를 공짜로 받을 수 있는 쿠폰을 증정하는 마케팅 목적의 행사를 열었다.

가상 부동산은 실제 부동산과 같은 법적 보호를 받을 수 있을까? 현재는 관련법이 없어 소유권, 재산권이 존재하지 않는다. 가상 부동산 판매

수단인 NFT가 특금법상 가상자산에 해당하는지 아직 불명확하여 법적 보호를 받지 못한다. 가상 부동산 시장을 블록체인 기술이 적용된 투자 상품, 금융 상품으로 여길지 단순 게임 아이템 정도로 판단할지 논의가 필요한 상황이다.

가상 부동산 플랫폼 서비스가 중단되면 투자금을 회수하지 못할 가능성이 높고 서비스의 중단과 함께 그 가치가 소멸할 우려도 있다. 가상세계에서는 부동산의 접근성이나 입지 등이 가상 부동산 가격에 영향을 미치는지 불명확하여 가격 산정 기준이 모호하다. 게다가 가상 부동산일 때 입·출금 절차가 복잡하거나 지연되어 환금성이 떨어질 수 있으므로 가상 부동산 투자에는 신중해야 한다.

비행기 타고 여행 갈래? 가상 관광 갈래?

서울시는 가상 플랫폼에서 생태계를 재창조하는 세계 최초의 메타버스 도시를 구축하고 있다. 경제, 문화, 관광, 교육, 시민 서비스 등 시정의 모든 영역에 대해 가상 생태계를 구축할 예정이다.

2022년 서울시는 '메타버스 서울 추진 기본 계획'을 발표하였으며, 세계 주요 도시 가운데 세계 최초의 메타버스인 '메타버스 서울'은 2026년까지 5개년 사업으로 3단계에 걸쳐 새로운 디지털 경험을 제공한다. 서울 시민 누구나 언제 어디서든 접속할 수 있는 가상 시청인 '메타버스 서울시청' 파일럿 서비스가 2022년 5월에 열렸다. 메타버스 정책의 세계적인 흐름을 주도하고 시민들의 정책 참여 기회를 넓히기 위해서이다. 모바일 앱에서 아바타를 생성하고 3D 가상공간에서 시청 로비와 시장실을 방문할 수 있다. '의견보내기' 우편함을 클릭하고 의견을 등록하면 시민 제안 절차에 따라 '공감 투표'를 거치고, 투표 결과 공감 수가 50을 넘으면 해당 부서의 답변을 받을 수 있다. 시민 의견을 수렴하여 시정에 관한 공감대를 더욱 넓힐 것으로 기대한다.

제페토는 현실 세계를 그대로 본뜬 메타버스 공간으로 인기가 많다. 여행업계에서 관광지 홍보 등의 목적으로 활용하기도 하고 정부, 지자체, 기관들까지 제페토에서 실제 현실을 가상으로 구현하고 홍보한다. 한국관광공사는 제페토에 5곳의 관광 거점 도시(부산, 목표, 안동, 강릉, 전주) 가상 공간을 재현하여 문체부와 함께 〈오징어 게임〉에 등장하는 전통 놀이

메타버스 서울 추진 기본계획 로드맵

	2021 파일럿	2022 1단계	2023~2024 2단계	2025~2026 3단계
	민간회의플랫폼 경복궁 XR 가상 보신각 타종 가상 시장실			
경제		핀테크랩	인베스트 서울, 캠퍼스타운	
교육		아바타 가상 상담실	학습지원, 시민대학	
소통		120챗봇상담, 시티즌 메타버스	120, 응답소 등	공공예약
문화			관광명소, 축제, 전시 등 확대	
도시		XR 시간여행	지능형 도시관리	스마트 실감타운
행정		컨퍼런스, 메타버스 민원서비스	스마트워크, AI공무원	
세정		택스 Square 구축		
기반		인프라, 메인맵		

출처 서울시 제공

를 제공했다. 인기 그룹 에스파, 브레이브걸스 등을 초청하여 콘서트를 열기도 하였다. 경상북도는 제페토 내에 경상북도의 주요 관광지들을 구현하고 지역 크리에이터들이 활동할 수 있도록 2022년, 지자체 역점 시범 사업으로 메타버스 사업을 진행하고 있다. 포스코도 네이버와 협력하여 포항의 명소인 Park1538의 주요 관광지, 수변공원, 역사박물관, 홍보관, 명예의 전당 등을 구현하고 포스코 홍보 콘텐츠를 함께 제공했다. 수원시는 '수원화성의 상속자들'을 출시하여 수원화성과 행궁동 일원 상점 50여 곳을 방문하고 AR로 간단한 미션을 수행하고 주머니·코인·할인권 등을 획득하는 보물찾기 방식의 관광 콘텐츠를 선보였다.

오썸피아의 메타 라이브는 가상관광 분야에 특화된 메타버스 플랫폼으로 제주도를 시작으로 실제 관광지를 메타버스에 구현하여 현실 경제와 연동한다. 제주도는 '메타버스 라이브 중심 가상관광 실증' 사업으로 관광객 등에게 제주 주요 관광지의 풍경을 실시간으로 메타라이브에 제공한다. 가상의 공간에서 현실과 유사한 관광 시뮬레이션을 제공하고, 가상부동산 '메타렉스'와 연계하여 디지털 상업 공간 렌털 및 지역 특화 상품 배송 등으로 비대면 관광 서비스를 제공한다. 이렇듯 실제 관광지를 방문하도록 장려하는 프로모션 등을 정부 및 지자체와 협업한다. 실제 여행을 떠나기 전에 이벤트 체험, 콘텐츠 경험을 가상관광으로 체험하고 여행을 미리 시뮬레이션해보거나 여행을 떠나기 힘든 이들에게 실제 여행을 떠나는 것과 같은 경험을 제공할 것이라 기대한다.

메타버스 내에서의 사이버 범죄

메타버스에서 사이버 범죄자를 만나게 된다면 어떻게 대처해야 할까? 제페토에서 상대 여성 아바타의 옷을 속옷만 남긴 채로 벗게 한 후 더듬는 듯한 행위나 남성 아바타가 게임 아이템 제공을 빌미로 미성년자의 신체 사진을 받아 성착취물을 제공하는 사례들이 발생하고 있다. 아동 청소년 대상 성범죄가 심각해질 수 있어 메타버스 상 윤리 행위 기준, 법제도 마련이 필요하다.

가상인간의 경우에도 음란물과 관련한 콘텐츠가 늘어날 수 있다. 딥페이크를 활용한 사이버 사기로 특정 인물의 얼굴 등을 영상에 합성한 '가짜 동영상'이나 일반인을 사칭해 사기를 치는 등의 범죄 유형도 다변화한다. 그러므로 가상인간 활용 범죄 방지를 위한 교육 등 공익적 캠페인, 관련 법의 제정 등을 통해 불법적인 콘텐츠가 제작되거나 유통되는 것을 미연에 방지해야 한다.

메타버스 플랫폼 내 이뤄지는 음성, 이미지, 텍스트 등을 AI가 감시하고 이용자들에게 충분히 경각심을 고취해야 한다. 플랫폼 내의 비정상적인 욕설이나 성희롱 등이 노출되었을 때에는 이용자들에게 페널티를 부여하는 등 자체적인 모니터링이 필요하다. 윤리 가이드라인이 법과 제도로 뒷받침되어야 사이버 범죄를 방지한다.

이러한 취지에서 메타의 자회사 호라이즌은 '호라이즌 월드'에서 아바타 간 '거리 유지' 기능을 도입하였다. 친구가 아닌 사람이 자신의 아바타에서 약 120미터 이내로 들어오지 못하는 기능이다. '세이프 존 버튼' 기능은 가상 현실 속에서 사람들이 안전하게 지낼 수 있도록 한다.

온라인에서 괴롭힘과 따돌림을 뜻하는 '사이버불링' 문제도 있다. 사이버 공간에서 특정 대상을 지속해서 반복하여 괴롭히는 행위이다. 사용자들이 3D 가상 공간에서 활동하더라도 물리적으로 실제로 존재한다고 생각하게끔 느끼며 사용자의 신경과 심리적 반응이 실제 현실과 동일시될 수 있다. 메타버스에서 실제 괴롭힘과 유사한 고통을 느낄 수 있게 될 것이라 사이버불링의 심각성은 더 커질 것으로 우려된다. 그러므로 사이버불링이 범죄라는 사실을 인지할 수 있는 교육을 실시하고 사이버 범죄 관련 제도를 정비하고 강화해야 한다.

피싱, 멜웨어, 해킹을 포함한 사이버 보안 문제는 지속되고 있으며 VR 헤드셋 또는 아바타의 취약성으로 허위 진술을 하거나 민감한 정보를 도난당할 수 있다. 그리고 가짜 NFT와 스마트 컨트렉트로 인해 해킹을 당하거나 자금 세탁 등이 일어날 수 있으므로 주의해야 한다.

샌드박스와 디센트럴랜드, 아더사이드와 같은 가상부동산을 투자하고 소유하는 세상이 왔다. 가상의 공간에서 사용자가 랜드를 구매하여 소유권을 주장할 수 있고 임대료를 받을 수 있다. 현실을 초월한 세계관이 확장되어 개인이든 회사든 디지털 세상에서 브랜드의 가치와 자신의 정체성을 드러낸다. 가상 관광을 통해 관광지를 방문하는 등의 현실과 가상의 경제활동이 공존한다.

CHAPTER 3

NFT란
무엇인가?

NFT란 무엇이고
시장규모는 어느 정도인가?

대체 불가능한 토큰Non-Fungble Token,'NFT'은 블록체인 기술을 활용하여 디지털 자산에 고유한 값을 부여한 디지털 인증서이다. 토큰마다 고윳값을 가지고 있어 다른 토큰으로 대체하는 것이 불가능하여 특정 자산을 나타낼 수 있다. 게임아이템, 실물자산, 예술품, 사치품, 수집품, 디지털 아트 등을 토큰화하여 디지털 소유권을 보장하는 고유한 가치를 가진다. 블록체인 기술로 고유한 식별자인 해시Hash값을 추가함으로써 기존에는 자산으로 고려되지 않았던 디지털 영역의 무형자산을 소유하고 권한을 관리할 수 있다. NFT는 블록체인 기술의 특성상 한 번 생성되면 삭제하거나 위조할 수가 없고 소유권과 거래 이력이 명시된다. 그리고 기초 자산을 바탕으로 발행되어 내재가치가 있으며 기초 자산에 따라 가격이 다르게 결정되는 고유성과 복제 불가능한 희소성을 가진다.

　　NFT는 대표적으로 ERC-721, ERC-1155 등 이더리움 기반의 블록체인으로 발행한다. NFT를 발행하는 것을 '민팅'이라고 하며, 여기에는 이더리움 가스Gas 수수료가 든다. 이더리움 기반의 NFT 거래 내역은 모두 이더스캔에서 검색하고 추적할 수 있다. 오픈씨OpenSea와 같은 마켓플레이스에서 작품 이름·작품 설명·고품질 이미지 링크, 작품이 판매될 때마다 받을 수 있는 로열티, 발행 수량을 입력한다. 오픈씨, 니프티 게이트웨이Nifty Gatewat, 라리블Rarible, 룩스레어Looksrare 등과 같은 NFT 마켓플레이스에서 민팅하고 판매할 수 있다. NFT가 2차 시장에서 거래될 때 로열티를 받을 수 있다. 작품마다 고유성을 부여할 수 있는 블록체인 기반이기 때문에 크리에이터는 미래의 재사용에 대한 대가 및 기여에 따른 보상을 받을 수 있다.

NFT는 주로 게임과 예술품을 바탕으로 빠르게 성장하였다. 디지털 아티스트 〈Everydays: First 5000 Days〉가 6,900만 달러에 판매되며 디지털 아트에 대한 붐이 일어났다. 넌펑저블닷컴nonfungible.com에 따르면 2020년 기준, NFT 이용자 수는 7만 8,881명, 거래 건수는 434만 3,679건, 거래금액은 2억 3,255만 3,717달러이다. 크립토 아트 시장의 거래액은 2021년, 약 28억 달러(한화 약 3.5조원) 전체 예술 시장의 약 16%를 차지한다. 2021년 10월, 크리스티 뉴욕 경매에서 벤저민 젠틸리Benjamin Gentilli의 작품 〈Robert Alice's Block 21〉이 NFT로 약 13만 달러에 거래되었다.

2017년에 출시된 대표적인 NFT 프로젝트인 '크립토키티'는 사용자가 가상 고양이를 수집하여 육성하고 교배를 통해 가장 희귀한 고양이를 번식시키는 게임이다. 고양이는 각각 고유의 특징(나이, 종, 색)이 있어서 희소성이 있으며 2018년 9월, 약 17만 달러에 특정 고양이 NFT가 팔리며 화제를 일으켰다.

NFT 전문 애널리틱스 플랫폼인 NFTGo의 데이터에 따르면, 2021년 8월부터 12월까지 NFT 거래량이 갑자기 증가했다. NFT 시장의 주요 카테고리는 단연 디지털 컬렉터블 및 아바타 NFT이다. 2021년, 카테고리별 총가치와 거래량으로 분류해보았을 때 최상위 카테고리인 콜렉터블 및 아바타가 90% 이상의 시장점유율을 차지하고 있다. 게임과 메타버스 NFT가 약 6%이며, 나머지 IP, 유틸리티, 소셜, 뮤직, 디파이Defi 분야 점유율은 미약하다.

2021년 NFT 누적 거래액은 140억 달러(17조 원)를 돌파하며 2020년 대비 200배 성장했고, 2022년 오픈씨 1월 거래량은 35억 달러를 돌파했다. 크립토펑크와 BAYC 두 프로젝트가 2021년 컬렉터블 분야에서 약 40%

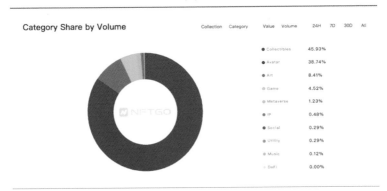

출처 NFTGo(nftgo.io)

이상의 비중을 차지한다. 커뮤니티 소유의 브랜드로서 BAYC NFT를 기반으로 다양한 아트, 디자인, 콘텐츠 등을 제작할 수 있는 IP를 NFT 보유자에게 제공한다. 커뮤니티와 NFT 보유자들이 함께 하는 다양한 비즈니스가 생겨나기 시작했으며, 앞으로도 계속 성장할 것으로 기대되는 분야이다.

왜 NFT에 열광하는가?

NFT는 디지털 가상 세계에서 경제 활동의 중요한 축인 디지털 자산이다. NFT를 기반으로 한 커뮤니티가 성장하였다. 참여하고자 하는 커뮤니티에 가입하고 소통할 수 있는 멤버십 인증용이다. NFT 인증을 통해 비슷한 취향과 관심사를 가진 사람들끼리 트위터, 디스코드 등의 커뮤니티에서 모인다. 커뮤니티의 일원으로 NFT 관련 정보들을 주고 받거나 프로젝트의 의사결정에 참여하며 게임과 이벤트를 주도적으로 열기도 한다. 단순한 소비자가 아닌 주체적인 사용자로서 프로젝트를 함께 성장시키고 있다.

　NFT를 구매하는 이유는 재미이다. 기존의 페이스북·유튜브·인스타그램·틱톡과 같은 SNS에는 없는 요소가 있다. NFT, 트위터, 디스코드와 같은 커뮤니티에서 만나 게임과 놀이를 즐기듯이 서로 상호작용하는 게이미피케이션Gamification이 가미된 재미가 있다. 프로젝트의 로드맵을 통한 스토리텔링과 콘셉트에 재미를 느낀다. 주로 10,000개 한정으로 발행되는 NFT를 미리 민팅할 수 있는 권한을 주는 화이트리스트를 받기 위해서 트위터와 디스코드 등에서 미션을 수행하고 자격을 얻는다. 민팅을 하면서 나오는 희소성에 따른 NFT는 각각의 개성을 드러내고 가치가 달라진다.

NFT를 초창기에 보유하고 있는 것과 희소성에 따라 부여되는 커뮤니티 내의 등급이 다르다. 따라서 지위 등에 따라 디지털 세상에서의 등급을 자랑스러워하고, 이를 다른 이들은 부러워한다. NFT 소유자들은 프로젝트 로드맵을 점검하고 공동의 목표에 대한 책임감을 가지고 참여하여 커뮤니티 내의 정보와 이벤트 등을 통해 재미와 공동체 소속감을 느낀다. 놓치거나 소외되는 것에 두려운 포모FOMO 현상이 일어나기도 한다. 뒤처질 거 같아 구매자의 마음을 조급하게 만드는 것을 의미한다. 이에 따라 커뮤니티에 소속되기 위해 한정된 NFT는 희소성이 높아지며 가격 상승을 초래하기도 했다.

MZ 세대들이 자신의 목소리를 낼 수 있고, 자신을 표현하면서 인정받을 수 있는 곳이 커뮤니티이다. 그래서 자아의식을 형성할 수 있는 새로운 커뮤니티를 끊임없이 찾는다. 자신들의 신념과 정보, 자원, 사람들과 의미있게 연결할 수 있는 가치를 중요시하기 때문이다. 가치 기반의 커뮤니티를 중심으로 콘텐츠를 공유하고 커뮤니티를 확장해가면서 정서적 만족감을 느낀다. 권한을 부여하거나 부여받음으로써 커뮤니티에 대한 소속감 및 충성심이 생긴다. 커뮤니티에는 커뮤니티를 운영하는 규정과 관리자, 모더레이터 등을 통해 토론이 부적절하거나 의견이 일치하지 않을 경우

중재하기도 한다. 커뮤니티는 회원들이 대화를 주도하고, 새로운 화젯거리를 생산해내며, 자신을 표현할 수 있는 공간이다. MZ 세대는 개방된 소통을 중요시하는데 탈중앙화된 커뮤니티의 성격으로 인기가 높다.

MZ 세대에게 암호화폐나 NFT는 변동성이 크지만 매력적인 투자 수단이다. MZ 세대들이 근로소득만으로는 자산 증식이 어렵기 때문에 빨리 돈을 벌 수 있는 주식이나 암호화폐 등의 위험 자산에 적극적으로 투자한다. 스마트폰만 있어도 클릭 한 번에 수천 달러 상당의 자산을 거래할 수 있다. NFT는 크립토 네이티브가 커뮤니티를 조성하고 정보를 공유하며 시장 흐름을 주도한다. 크립토 인플루언서나 크립토 펀드 등 유명 인사들이 알려주는 정보에 따라 NFT를 구매하면서 투자 수단으로서 수익을 기대하기도 한다.

미국 CNBC에 설문조사에서는 미국의 MZ 세대 백만장자의 80%가 암호화폐를 소유하고 있으며 암호화폐 투자를 늘릴 것으로 조사되었다. 이처럼 주식, 투자 펀드와 함께 암호화폐는 일반적인 투자로 자리 잡고 있으며 향후 10년 동안 가장 큰 투자 수익을 암호화폐에서 낼 수 있을 것으로 믿는다. 각국의 규제가 암호화폐를 합법화할 것이고 블록체인 기술이 향상하면서 자리 잡을 것으로 기대하며 암호화폐에 대해 더 낙관적으로 전망한다. 암호화폐 거래소 빗썸을 이용하는 MZ 세대의 투자자 비중은 무려 62.4%에 달한다. 이는 MZ 세대가 가상자산을 주요 투자 자산 중 하나로 인식함을 보여준다.

NFT 저작권 이슈와 가치 평가

NFT 저작권 이슈

NFT로 디지털화한 자산은 지식재산의 소유권, 사실 여부 등을 확인하고나서야 거래가 가능하고, 소유를 통한 만족감이나 투자를 통한 경제적 이익이 발생한다. 따라서 NFT 권리와 관련된 법적안정성을 확보하고 거래 관련 정책 마련이 필요하다.

2021년 10월, 국제자금세탁방지기구[FATF]가 발표한 〈가상자산과 가상자산 사업자에 대한 업데이트된 지침〉에서 'NFT는 가상자산에서 제외된다'고 발표했다. 암호화폐와 다르며 투자나 지급·결제 수단으로 보지 않고 있기 때문이다. 가상자산에 포함된다면 소득세법에 따라 기타소득으로 과세 대상이 된다. 상황에 따라 금융자산(증권 등)에 해당할 수도 있다.

특정금융정보법의 가상자산을 양도하거나 대여함으로써 발생하는 소득은 '가상자산 소득'으로 분류될 예정이며(소득세법), 이러한 가상자산 소득은 기타소득으로 분류되어 기타소득세가 부과될 예정이다.

이중섭·김환기·박수근 작가의 작품을 NFT로 발행하고 판매하는 과정에서 저작권 침해 여부가 있었다. NFT는 메타 데이터로 저작물이 포함되어 있지 않아 NFT 자체의 거래에는 저작권 침해가 발생하지 않는다. NFT 메타데이터에 있는 링크를 통해 저작물에 접근할 수 있다. 저작권자가 아닌 자가 타인의 저작물을 업로드하고 민팅할 때 전송권(또는 복제권) 침해에 해당할 수 있고, 판매하는 경우에는 저작인격권 침해 문제가 발생할 수 있다. 따라서 저작권자로부터 저작권을 양도받거나 사용 허락을 받아 저작물 거래에 대한 영수증 등으로 활용해야 한다.

NFT 프로젝트 적정 가치 평가 방법

NFT 프로젝트에 투자하기 전에 NFT 전문 애널리틱스 플랫폼인 NFTGonftgo.io에 따르면, 프로젝트의 적정 가치를 평가하는 방법은 다음과 같다.

첫째, 펀더멘털과 포지셔닝을 최우선으로 평가해야 한다. 홈페이지를 방문하여 프로젝트 개발팀의 개발 이력, 운영 실적, 커뮤니티 운영도 및 커뮤니티 참여자들의 개발팀에 대한 호감도 등을 파악해야 한다. 그러고 나서 프로젝트가 어떤 카테고리로 분류되는 NFT인지 전통 시장에서 어떤 점을 보완하는지, 프로젝트에 투자한 투자사가 어디인지 등을 고려한다. 라바랩스는 크립토펑크CryptoPunks와 미비츠Meebits를 개발하였다. 두 가지 컬렉션 모두 동일한 개발팀이라는 점에서 엄청난 프리미엄을 가지고 있으며 개발 역량이 높다는 것을 증명한다.

둘째, 거래 데이터를 살펴봐야 한다. 유동성 지표로서 일일 거래량 및 주간 거래량 등을 통해 NFT 유동성이 충분한가를 살펴본다. 평균 가격과 최고가/최저가로 거래 가격을 살펴보고 NFT의 가격 상/하한선을 확인한다. 전반적으로 가격이 우상향 성장세인지 우하량 하락세인지 등을 파악해야 한다. 거래 참여자 수의 총량과 변화량 사이에 상관관계가 존재하는지도 파악한다. 거래 데이터는 이더스캔Etherscan에서 거래자의 주소를 검색하는 방법을 통해 보유자의 보유 NFT 및 최근 거래 내역 등을 확인할 수 있으며, NFTGo를 통해 NFT에 관한 모든 데이터를 확인할 수 있다.

셋째, NFT 보유자 현황을 파악해야 한다. 총보유자 수는 얼마나 되는지, NFT를 보유하고 있는 보유자의 최장기간 보유 기간은 어느 정도이며, 고래가 보유 중인 NFT가 무엇인지 확인한다. 프로젝트 NFT 홀더들의 성향이 투기적이라면 보유 기간이 짧을 것이고, 시장이 단순 과열된 상황인지 진정한 가치 성장인지를 판단해 볼 수 있다. 보통 총합 100만 달러 이상의 NFT를 가진 이들을 '고래'로 분류하는데, 프로젝트별 고래의 수, 고래가 보유한 자산의 규모와 가치를 추적하면서 프로젝트의 장·단기 흐름을 파악할 수 있다.

넷째, NFT 프로젝트에서 발행한 자체 토큰의 추세를 확인해야 한다. 토큰의 시가총액 및 순위, 거래량, 발행량, 유통량, 가격 동향을 파악해야 한다. 코인마켓캡Coinmarketcap.com이나 NFTGo.io에서 확인할 수 있다.

다섯째, 경쟁 관계에 있는 프로젝트의 시가총액, 시장 점유율, 거래량,

고래 비중 등을 확인해본다. 예를 들어 프로젝트에 대한 장기적인 기대치가 높다면 높은 수익률을 달성했음에도 매도하지 않고 보유하고 있는 투자자들이 많은 것이며, 프로젝트마다 발행량이 많거나 적어서 차이가 날 수도 있다.

이 외에도 커뮤니티의 파워와 소셜미디어의 팔로워 수이다. NFT는 크리에이터의 인기가 매우 중요하며 프로젝트 홈페이지 및 공식 SNS 채널인 미디엄, 트위터 등에서 최신 소식을 알아보거나, 공식 커뮤니티인 디스코드, 텔레그램, 카카오톡 채팅방 등을 통해 프로젝트 활동과 커뮤니티의 결집력을 통해서 알아볼 수 있다.

주식, 투자 펀드와 함께 암호화폐는 일반
적인 투자로 자리 잡고 있으며 향후 10년
동안 가장 큰 투자 수익을 암호화폐에서
낼 수 있을 것으로 믿는다. 각국의 규제가
암호화폐를 합법화할 것이고, 블록체인 기
술이 향상하면서 자리 잡을 것으로 기대하
며 암호화폐에 대해 더 낙관적으로 전망한
다. 암호화폐 거래소 빗썸을 이용하는 MZ
세대의 투자자 비중은 무려 62.4%에 달한
다. 이는 MZ 세대가 가상자산을 주요 투자
자산 중 하나로 인식함을 보여준다.

CHAPTER 4

NFT
활용 사례

디지털 아트란
무엇인가?

디지털 아트는 예술 시장에서 주목받지 못했던 장르의 작품이나 무명 아티스트들의 작품을 판매할 수 있는 판로가 되었다. 안무나 사운드, 퍼포먼스와도 같은 장르도 NFT를 통해 판매할 수 있다. 국가나 갤러리 등에 귀속되지 않고 탈중앙화된 거래를 할 수 있다는 점도 예술 시장에서의 큰 혁신이다.

아트블록은 이더리움 기반의 NFT 아트 플랫폼으로 아티스트들이 주문형 제너레이티브 아트Generative Art를 창작하고 판매할 수 있다. 컬렉터가 매수하는 순간 정해진 알고리즘에 따라 작품이 생성되는 온디맨드On-Demand 방식이다. 제러네이티브 아티스트도 컬렉터도 어떤 작품이 탄생할지 알 수 없다. 큐레이터 프로젝트에 선정된 작가만이 참여할 수 있는 플레이그라운드가 있으며, 큐레이터 보드 승인을 받지 못한 아티스트들은 팩토리에서 작품을 판매한다.

소셜캐피털의 상징이 된
아바타 PFP NFT

소셜 캐피털은 SNS 사용자들이 네트워크 효과를 통해 얻는 일종의 사회적 지위를 일컫는다. 처음 소유했다는 것만으로도 OG임을 내세울 수 있다. OG는 오리지널 갱스터Original Ganster의 약자이며, 암호화폐 시장이 대중화되기 전부터 비트코인과 이더리움 등을 구매하고 보유한 투자자들을 통칭한다. 이들은 암호화폐 업계에 오래 있었다는 자부심을 가지고 있고 NFT는 자신이 OG임을 증명하는 증표로서 커뮤니티의 찬사를 받으며 일종의 팬덤을 형성하기도 한다.

NFT는 DAO와 같은 탈중앙화 자율 조직에 참여하여 프로젝트의 거버넌스에 참여할 수 있는 독점적 권한을 부여받기도 한다. NFT는 커뮤니티의 일부이거나 대회에서 우승하거나 특정 브랜드에 대한 충성도를 나타낼 수 있는 지표로 사용될 수 있다.

크립토펑크는 8비트 픽셀 이미지로 만들어진 10,000개의 고유한 캐릭터 아바타이다. 처음에는 이더리움 지갑을 가진 사람이라면 누구나 무료로 받았고, '디지털 희소성과 소유권에 새로운 패러다임을 제시하며 대중의 인식을 넓힌 시초 NFT 프로젝트'라는 측면에서 가장 인기 많은 NFT 프로젝트가 되었다. 소유욕과 가격 상승에 대한 기대로 거래가 활발하여 크립토 펑크의 평균 가격은 50만 달러 이상에 달하기도 했다. 2018년, 약 5,000달러에 거래되었으나 2021년 5월, 크리스티에서 희귀 크립토펑크 9종은 1,700만 달러(약 200억 원)에 낙찰되었다.

BAYC는 원숭이 그림을 소유권과 지적재산권을 포함한 NFT로 '탈중앙화된 디즈니'이다. '지루한 원숭이들의 요트클럽'이라는 스토리텔링을 통한 BAYC만의 세계관을 최초로 제시하며, 각각 다른 특성의 맞춤형 생성

BAYC

알고리즘으로 희소성을 부여하였다. 희소성이 높을수록 더 높은 가격에 팔리고 NFT의 가치는 커뮤니티의 영향을 많이 받는다. 커뮤니티 활동이 활발할수록 영향력이 커질 수 있어 개인 활동을 독려하고 커뮤니티의 집단적 가치를 공유한다.

컨시어지 서비스를 도입하여 고객의 지갑 설정, 암호화폐 구매, NFT 구매 및 보관 등 전 과정에 걸쳐 고객 서비스를 제공하였다. 에미넴Eminem, 스눕독Snoop Dogg, 저스틴 비버, 스테판커리Wardell Stephen Curry, 네이마르Neymar 등 유명 연예인들은 컨시어지 서비스를 통해 BAYC를 구입하고 자신의 PFT로 사용하였다. 보유자들만 활동할 수 있는 커뮤니티를 운영하여 유대감을 강화하며 크립토펑크의 상징성을 뛰어넘는 가치를 시장에서 인정받았다.

NFT는 특정 토큰 ID와 함께 상세한 제품 정보 데이터가 담겨 있으며, 사용자는 기존 IP가 제공하지 못하는 브랜드의 일부를 소유하고 수익을 얻을 수 있다. 크립토펑크나 BAYC와 같은 NFT를 보유함으로써 자신만의 아트를 만들어 새로운 2차 창작물로 수익을 올릴 수 있고 비즈니스에 활용할 수 있다. 본인 소유의 BAYC로 각종 미디어 콘텐츠(영화, 드라마, 책등) 산업에서 커머스 분야까지 상업적 활동이 가능하며 BAYC 공식 사이트에서 상품을 판매하고 수익의 50%를 얻게 된다. BAYC를 제작한 유가랩스Yuga Labs는 크립토펑크 제작사인 라바랩스Larva Labs로부터 크립토펑크 및 미비츠Meebits IP를 인수했다. 미비츠는 이더리움 기반의 3D 복셀 캐릭터로서, 소유자는 NFT 캐릭터에 렌더링 및 애니메이션을 넣어 다른 메타버스에서 아바타로 사용할 수 있다.

2021년부터 유명인들이 수백만 달러를 소비하며 크립토펑크나 BAYC 등 펑키한 동물이 픽셀 등으로 표현된 JPEG, PNG 파일의 NFT를 트위터 프로필 사진으로 설정하자 많은 이들이 PFP로 자신을 표현하는 게 유행했다. 이용자들이 자신의 정체성을 표현하고 트위터나 디스코드와 같은 커뮤니티에 참여해 더 활발하게 대화를 나누기 위해 NFT를 사용한다.

트위터는 NFT, 블록체인, 암호화폐 기술을 중심으로 교류할 수 있는 소셜미디어로 자리매김할 것이며 암호화폐는 트위터의 미래의 핵심 기둥으로 보고 있다. 트위터는 유저의 프로필 사진을 NFT로 설정할 수 있는 기능을 제공했다. 메타마스크와 같은 암호화폐 지갑과의 연결을 통해 NFT의 소유주를 확인해준다.

프로필 설정을 마치면 이용자의 NFT는 육각형 모양으로 프로필에 표시되어 동그란 일반 이용자 프로필과 구별된다. 프로필 사진을 누르면 NFT 창작자, 소유자, 설명 등의 정보가 나타난다. 메타와 인스타그램도 프로필을 NFT로 등록하고 작가들이 디지털 작품을 통해 수익을 창출하기 위한 사업도 검토하며 PFP 시장도 지속해서 성장할 것이다. 이 외에도 다양한 아바타 콘셉트의 대표적인 PFP 프로젝트들은 아래와 같다.

클론엑스Clone-X는 RTFKT와 일본 아티스트 타카시 무라카미TakaShi Murakami가 만든 '20,000개의 3D 아바타 NFT 컬렉션'이다. RTFKT NFT를 보유한 사람들에게만 독점적으로 제공되었으며, 영상, 게임, 소셜미디어, 그 외 메타버스 내의 여러 콘텐츠에서 사용될 수 있다. 8개의 'DNA 유형'

이 있으며 각각의 희귀도가 다르다. 다양한 인종과 피부색을 나타내도록 설계되었으며, 다양한 의상 스타일, 액세서리 및 독특한 헤어스타일이 포함된다. 다양한 메타버스 플랫폼에서 사용할 수 있는 3D 파일을 사용하여 사용자는 자신이 좋아하는 클론을 원하는 대로 자유롭게 옷을 입히고 아바타의 능력을 최대화할 수 있다.

아즈키Azuki는 일본풍 애니메이션이지만 미국 로스앤젤레스에 본사를 둔 아티스트 그룹이 만든 10,000개의 아바타로 이루어진 PFPProfile Picture, 프로필 사진이다. 오버워치, 스트리트 파이터 코믹스 등을 담당한 일러스트레이터 및 페이스북, 구글 출신의 인력들이 이 프로젝트에 참가하면서 오픈씨에서 최대 140만 달러에 거래되기도 했다. 아바타를 소유하는 이들은 '예술, 공동체 및 문화가 융합해 마법을 만들어내는 인터넷의 한구석인 더 가든The Garden'을 마음껏 활용할 수 있는 혜택이 있다. 팀에서 사용자들의 활동을 추적해 권한을 제공하는 민트리스트 방식을 채택했고, 민팅 이외의 물량은 옥션 방식으로 누구에게나 판매하면서 성공을 거뒀다. 아즈키의 창업자가 과거 러그풀 프로젝트에 참여하였다는 게시물로 인해 NFT 가격이 급락하며 커뮤니티의 신뢰를 잃기도 했다.

크립토 키티를 제작한 에반 키스크가 참여한 두들스는 사람, 해골, 고양이, 외계인, 유인원, 마스코트를 포함한 수백 개의 특성이 무작위로 조합된 10,000개의 NFT 컬렉션이다. 귀여운 만화 캐릭터의 두들스는 세계관도 없고, 거창한 로드맵도 없지만 커뮤니티가 가장 우선인 프로젝트로서 커뮤니티에 참여한 소유자들이 두들스의 미래를 함께 만들어나갈 권리를 갖고 있다. 오프라인 행사에서 친근하고 누구나 쉽게 NFT에 접근할 수 있도록 귀여운 이미지를 선보이며 대중화를 위해 노력하는 웹3.0 엔터테인먼트 회사를 지향한다.

인비저블 프렌드 NFT Invisble Friends NFT 컬렉션은 기술적인 관점에서 최고의 NFT 중의 하나이다. 각 예술 작품은 얼굴이 보이지 않는 여러 가지 스타일의 캐릭터가 루프를 따라 제자리에서 걸어가고 있는 것이 특징이다. 간단해 보이지만 5,000개의 서로 다른 캐릭터가 실제와 같은 움직임으로 만드는 것은 매우 어렵다. 각 캐릭터는 어디로도 가지 않으면서 유동적으로 움직여야 하고, 대다수는 손이나 머리 위에 있는 물체와 균형감을 이루어야 한다.

IP를 상업적으로 사용 가능하게 한 BAYC가 있다면, 한국에는 5,000개 메타젤리스 NFT가 있다. BAYC와 같이 말랑말랑한 메타젤리스 캐릭터 NFT를 보유한 이들은 IP를 상업적으로 비즈니스에 활용 가능하다. 메타젤리스 카페, 레스토랑, 피트니스 센터, 코스메틱 등 이미 많은 홀더들이 메타젤리스와 협업 중이다. 유명 아티스트 뿐만 아니라 신진 아티스트들의 작품과 협업하여 만들어가는 메타젤리스의 디지털 아트를 꾸준히 제작하고 지원하고 있다. 메타젤리스는 멤버십 네트워킹을 통해 메타젤리스 홀더만 참여할 수 있는 VIP 파티 등을 통해서 홀더들만의 소속감과 유대감을 느끼며 브랜드와 커뮤니티를 키우며 새로운 '홀더 문화'를 만들어 내는데 앞장선다.

크립토 윈터라고 불리는 혹한기에도 불구하고 앞서 언급한 블루칩 프로젝트들의 소유자들은 늘어나고 있다. 소유자들이 지적 재산권을 활용하여 2차 창작을 가능하게 하고 상업적 권리를 사용할 수 있도록 하여 해당 NFT는 지속 가능하며 가치를 유지할 가능성이 높다. 분산화된 소유권으로 인해 가치 창출에 기여하고 이익을 얻을 수 있도록 하기 때문이다. 다양한 콘텐츠와 세계관들을 연결하는 현실 세계 프로젝트들이 지속적으로 나온다. 티파니앤코는 크립토펑크 소유자들만이 구매할 수 있는 크립토펑크 펜던트를 출시했고, 구찌는 BAYC가 발행한 에이프코인을 결제 수단으로 추가하며 유틸리티로서의 기능도 확장되는 중이다. 이렇듯 NFT와 메타버스라는 디지털 세상과 현실 세계가 만나서 일어나는 웹3.0 세상에 주목할 필요가 있다.

NFT 금융

NFT 스테이킹은 일정 기간 NFT를 락업하여 소유권을 이전하지 않고 암호화폐를 리워드로 받는 패시브 인컴이다. 스테이킹은 블록체인의 주요 특징이며 디파이Defi를 통한 이자 농사Yield Farming와 유동성 풀에서 동일한 양의 토큰을 쌍으로 스왑하여 전체 네트워크 트랜잭션 수수료의 일부를 이자로 받을 수 있다.

각 프로젝트에 따라 NFT를 스테이킹할 때의 자체 리워드 비율이 있으며, 대략적인 연간 수익률APY을 알 수 있다. 대부분의 프로젝트는 NFT 보유자에게 자체 유틸리티 토큰으로 보상하고 있으며, 이 토큰은 투표, 거버넌스 및 일반 DAO에 참여할 수 있는 혜택 등이 부여된다.

- 연간 NFT 스테이킹 수익률/APY

일부 프로젝트는 더 희귀성 높은 점수를 가진 여러 NFT를 스테이킹하여 APY 수익률을 늘릴 수 있다. 동일한 컬렉션에서 NFT를 두 개 이상 보유한다면 더 나은 보상을 위해 어느 NFT를 구매하고 스테이킹하는지 확인이 가능하다.

- NFT 수집 가격

노련한 NFT 콜렉터들은 보유 시기와 판매 시기를 알 수 있다. 스테이킹은 단기적인 가격 변동에 대해 좋은 헤지 수단일 수 있지만, 상황에 따라서는 바닥가가 오를 때 단순히 매도함으로써 더 높은 수익을 달성하게 된다.

- NFT 스테이킹/담보 대출

NFT와 관련된 암호화폐의 변동성이 크다는 점도 염두에 두어야 한다. 같은 1ETH라도 이더리움의 가치가 오르고 내릴 때에 따라 NFT의 법정화폐 가격도 달라진다. 예를 들어 이더리움이 300만 원일 때 1ETH에 구매했으나 이더리움이 250만 원이 되어 1.1 ETH에 팔아도 손해를 보는 셈이다.

NFTX는 사용자가 하나의 플랫폼에서 NFT를 사고, 팔고, 스테이킹하고 스왑이 가능한 유동성 프로토콜이다. 사용자들은 BAYC, 쿨 캣츠Cool Cats와 같은 블루칩 NFT 프로젝트에 실제 보유자가 아니더라도 투자에 참여할 수 있다. NFT 보유자는 자신의 NFT를 예치하고 비보유자는 해당 ERC-20 토큰을 구입하여 유동성 풀에 투자할 수 있다. 예를 들어, 크립토펑크의 NFT 토큰인 $PUNK를 스테이킹하면, 사용자는 $PUNK와 이더리움의 동일한 유동성을 제공함으로써 스테이킹할 수 있다. NFTX에서 두 가지 중 하나를 교환하면 전체 네트워크 수수료의 가중 백분율뿐만 아니라 사용자가 새 NFT를 민팅하거나 특정 NFT를 스테이킹 풀에서 상환할 때 발생하는 수수료(둘 다 5%)를 받게 된다.

룩스레어LooksRare는 NFT 마켓플레이스이면서 스테이킹 서비스를 제공한다. 2022년 1월, 자사의 플랫폼으로 NFT 트레이더들을 유인하기 위해 1억 2천만 달러 상당의 $LOOKS 토큰을 에어드랍하였다. 오픈씨에서 3ETH 이상의 거래를 한 모든 사용자는 에어드랍 혜택을 받을 수 있었다. 사용자는 시장에서 NFT를 사고파는 것만으로도 $LOOKS 토큰을 얻을 수 있었고 스테이킹하면서 $LOOKS 토큰을 받아 WETH로 교환할 수 있었다. $LOOKS를 얻는 인센티브는 사용자들이 NFT를 거래하거나 유니스왑Unisway과 같은 탈중앙화 거래소에서도 사용할 수 있다.

NFTfi는 NFT와 Defi 서비스가 혼합된 담보 대출 플랫폼으로서 P2P 방식이다. 채무자는 7일, 30일, 90일 중 대출 기간을 택하여 기한 내 상환이 이뤄지지 않으면 담보로 잡힌 NFT는 채권자에게 자동으로 귀속된다. NFTfi는 상환 금액 중 이자에 대해 5% 수수료를 청구한다.

NFT 담보 대출 플랫폼 벤드다오BendDAO는 BAYC, 크립토 펑그 등과 같은 값비싼 블루칩 NFT를 담보로 잡아 이더리움을 대출해준다. 해당 NFT 최저 가격의 최대 40%까지 대출해주며 ETH를 빌려주는 이들은 해당 예치금에 대한 이자를 받는 것이다. 벤드다오의 준비금 잔고가 폭락하는 사태가 일어나며 대출을 해준 이들이 ETH 상환을 요구하면서 유동성에 문제가 생겼다. NFT의 유동성은 코인에 비해 현저히 낮으며 바닥가가 떨어지면 낮은 가격으로 담보 대출을 받은 NFT는 청산된다. 암호화폐 하락장에서 NFT는 현금화가 어렵다. 벤드다오의 유동성 위기처럼 전체 NFT 시장에서 영향을 미칠 수도 있고 NFT를 담보로 한 대출 플랫폼의 리스크는 다시 일어날 수 있으므로 유의해야 한다.

대표적인 NFT 스테이킹 프로젝트는 다음과 같다. 사이버콩즈CyberKongz는 네이티브 암호화폐인 $BANANA로 지급되는 오리지널 NFT 스테이킹 컬렉션 중 하나이다. 1,000개의 오리지널 제네시스 사이버콩즈의 소유자는 하루에 10개의 $BANANA 토큰을 얻는다. $BANANA는 사이버콩즈의 기록을 작성하거나 이름을 변경하거나, 2개의 사이버콩즈가 1개의 '베이비콩즈'를 인큐베이팅하는 데 사용된다. 이 프로젝트는 사이버콩즈 VX 콜렉션을 위해 사용자가 NFT를 스테이킹하지 않고 지갑에 보관할 수 있는 락업 레지스트리를 구현했다. 소유자들은 정글 어드벤처 게임에 대한 혜택을 받으면서 스테이킹의 모든 보상 혜택을 누릴 수 있다. 3D 복셀 기반 컬렉션의 아바타는 샌드박스 내 '네오 콩즈 시티Neo Kongz City'와 '콩즈 아일랜드KONGZ ISLAND' 등 메타버스에서도 사용될 수 있다.

메타콩즈Meta Kongz는 한국형 사이버콩즈로서 고릴라 3D로 구현한 PFP이다. 메타콩즈 보유자는 메타콩즈 2개를 교배해서 베이키콩즈 NFT를 받을 수 있으며, 하루에 4개의 메콩코인MKC를 지급한다. 메타콩즈 생태계에는 뮤턴트 콩즈와 지릴라가 있다. NFT 보유자들만의 커뮤니티가 활성화되어 소속감을 강화한다. 다른 메타버스 세계관으로도 확장할 수 있고, 메타콩즈의 소유권으로 2,3차 거래는 물론 2차 창작물을 만들 수 있어서 현대자동차, GS리테일, 신세계 등 많은 대기업들과도 협업한다.

뮤턴트 캣츠Mutant Cats는 9,999개의 고양이 아바타 콜렉션이다. 소유자는 프로젝트의 기본 유틸리티 토큰인 $FISH를 얻기 위해 뮤턴트 캣츠를 스테이킹하고 하루에 매일 10개의 $FISH 토큰을 보상받는다. 또한 다오의 볼트 자산에 대한 분할 소유권을 나타낸다. 컬렉션의 다오는 쿨 캣츠, Cryptopunks, BAYC 및 기타 블루칩 NFT의 소유권을 분배한다.

프루트Proof에서 만든 문버드Moonbird는 NFT는 올빼미 아바타 픽셀 아트로서 10,000개를 발행하며 크립토펑크와 BAYC 같은 블루칩 NFT를 보유하고 있는 NFT 계의 셀럽들이 모여 만든 부자들만의 프라이빗 커뮤니티이다. NFT로 부의 과시 수단이자 비공개 디스코드 접근 및 프루프Proof 팟캐스트에 대한 조기 액세스, 고급 정보를 공유하는 커뮤니티 입장권으로서 입장권만 3억 5천만 원에 달한다. 함부로 들어오기 어려운 커뮤니티이자 네스팅이라고 하는 스테이킹을 통해 문버드 레벨이 오르고 등급이 향상되면서 더 많은 보상을 보유자에게 준다. 보유자들은 BAYC와 마찬가지로 IP를 보유하고 있으며, 메타버스 프로젝트인 하이라이즈Highrise 이용 등 장기 보유자들에게 혜택을 줄 수 있는 유틸리티 PFP이다.

뮤직 NFT

대부분의 음악가들은 스포티파이, 애플 뮤직, 멜론 등과 같은 스트리밍 플랫폼에서 발매한다. 사용자들은 복제된 음악을 들을 수 있는 권리만 있지 음악에 대한 소유권을 갖지 못한다. 현재의 스트리밍 서비스들은 전체 수익의 10% 정도를 아티스트에게 제공하며, 유명한 일부 아티스트만 수익을 올리고 나머지 무명 아티스트들은 자신의 음악을 알리기조차 어렵다. 대형 음반 회사와 스트리밍 플랫폼이 절대적인 영향을 가지고 있기 때문이다.

많은 음악가들은 NFT가 음악 산업의 미래라고 본다. 한 곡이 탄생하면 저작권, 실연권, 인접권 등의 다양한 권리가 생긴다. 이런 권리를 통해 뮤지션들이 음원을 출시하고 그에 따른 로열티를 받는다. 음악 산업에서의 NFT는 음원/앨범, 공연, MD 같은 전통 수익 구조에서 신규 이벤트 및 로열티 판매까지 음악 산업 전방에 적용할 수 있는 범위가 넓다.

음반 산업에서는 음악가들이 상표, 저작권 등의 정보를 NFT의 메타데이터에 저장하여 수익화할 수 있다. 음악 NFT를 통해 팬들과 함께 뭉치고 팬들이 좋아하는 음악가들을 직접 지원하여 불필요한 중개자를 제거할 수 있는 잠재력을 가지고 있다. NFT로 앨범을 발행하면 콘텐츠 소유권을 플랫폼에 양도할 필요가 없다. 기존 음악 시장의 불균형을 해소하여 아티스트들이 공정하게 보상받을 수 있는 길이 열린 것이다. 뮤지션들은 앨범을 오픈씨나 파운데이션 등을 통해 NFT로 판매하면, 약 2.5%의 로열티 수익이 발생한다. 오디우스와 같은 웹3 스트리밍 플랫폼에서는 아티스트에게 스트리밍 당 더 많은 수익을 제공한다.

세계 최대 음원/음반 유통 및 아티스트 매니지먼트사인 디토 뮤직Ditto Music은 블록체인 기반의 디파이 플랫폼인 오퓰러스를 출시했다. 오리지널 IP 가치를 보장하고, 높은 자산 유동성과 비용 효율화 등 새로운 가치를 창출할 수 있다. 아티스트와 팬은 직접적인 상호 작용을 통한 커뮤니티 형성 등으로 새로운 방식의 소통 채널이 생겼다. 그리고 디파이 플랫폼 오퓰러스를 통해 음원 저작권을 거래할 수 있는 NFT 런치패드를 출시하였다. 아티스트는 NFT 판매 수익과 IP NFT 담보대출을 통한 자금 조달로 창작물의 가격을 쉽게 통제하고 수익을 얻을 수 있다.

투자자들은 뮤지션을 직접적으로 후원하고, 미공개 음원에 대한 독점적 접근 권한, 앨범 판매에 대한 로열티, 실제 음반 등의 교환, 뮤지션과의 만남 등의 특권을 받을 수 있다. NFT로 음악을 발행한 아티스트의 가치가 올라가거나 음악이 인기를 끌면, NFT를 보유한 이들도 로열티뿐만 아니라 NFT 가치 상승에 따른 투자 수익이 발생할 수 있다.

그래미상을 받은 미국 록밴드 '킹스 오브 리온'은 최초로 NFT 음반을 출시하며 콘서트 앞자리에서 볼 수 있는 특권 등 여러 혜택을 포함했다. 갈라게임즈는 힙합 래퍼 스눕독과 함께 'B.O.D.R$^{Bac On Death Row}$'을 NFT로 출시하며 갈라게임즈가 서비스하는 '타운 스타'와 '스파이더 탱크' 등에서 아이템으로 활용된다. 래퍼 나스도 '울트라 블랙'과 '레어'를 스트리밍 로열티를 포함한 NFT로 발행하며 음원 로열티의 최대 50%를 보유자가 가져간다.

음악 NFT만을 전문적으로 투자하는 노이즈 다오, 뮤직펀드 등을 통해 멤버십을 판매하고 멤버십으로 모은 투자금으로 앨범을 제작하여 수익을 나눌 수도 있다. NFT 음원만 전문적으로 다루는 기획사도 등장하였고, 음악 NFT만을 전문적으로 다루는 마켓플레이스도 늘어나는 추세다.

국내 엔터테인먼트사들도 NFT를 적극 활용하기 시작했다. 하이브는 팬덤 기반 거래 플랫폼을 출시하고 아티스트의 IP의 '포토카드'를 NFT화한다. 물리적인 상품 제공 및 정품 인증, 거래에 따른 로열티를 제공하고 가상공간에서 NFT 전시회나 이벤트 우선권 등을 제공할 예정이다. 또한 위버스 플랫폼과의 유기적 호환을 통해 시장을 확대하려고 한다. 에스엠도 음원, 굿즈 등을 NFT화 할 예정이고 팬과 아티스를 직접 연결하는 매개체가 될 것이다. 자발적으로 콘텐츠를 재창조하는 '프로슈머'의 가치와 영향력이 커질 것이다. 큐브 엔터테인먼트는 애니모카 브랜즈와 뮤직 메타버스 플랫폼을 구축하기 위한 조인트 벤처를 설립했다.

디지털 멤버십 NFT

NFT는 예술, 스포츠, 게임 분야를 넘어 유통가 및 대기업에도 확산되고 있다. NFT 마케팅은 제작비에 비해 효과가 높으며 MZ 세대들을 공략한 다양한 이벤트와 혜택을 제공하여 MZ 세대를 위한 커뮤니티를 형성해 트렌디한 기업으로서의 이미지 구축 및 브랜딩을 강화할 수 있는 장점이 있다. 장기적으로 메타버스와 연결하여 고객 만족을 주며 미래 세대의 소비자들에게도 친근하게 다가갈 수 있다.

스타벅스는 폴리곤과 협력하여 NFT 기반 리워드 프로그램인 '스타벅스 오디세이Starbucks Odyssey'를 출시할 예정이다. 웹3.0 공간에서 발전할 소유권·커뮤니티 기반 멤버십 모델로서 NFT를 통해 소비자 충성도를 강화하고, 디지털 영역으로 확장한다. NFT를 소유함으로서 일종의 디지털 패스권으로 특정 커뮤니티에 가입할 수 있고 보유자들을 중심으로 커뮤니티를 구축하고 다양한 혜택을 받게 된다. NFT 멤버십 우수 고객은 일반 고객과는 다른 특별 메뉴를 주문하거나 배송 서비스를 이용하는 등 차별화된 서비스를 받을 수 있다.

신세계 백화점은 10,000개의 푸빌라 NFT를 성공적으로 판매하며 푸빌라의 세계관인 '푸빌라 소사이어티'를 성공적으로 론칭했다. 10만 명 이상이 참여한 디스코드 커뮤니티에 참여하며 푸빌라 소사이어티의 발전을 기대하고 있다. NFT의 유틸리티 특성을 살려 여섯 가지 등급에 따라 신세계백화점 라운지 입장, 발렛주차, 쇼핑 할인 등의 혜택을 제공한다. 푸빌라 NFT 페스티벌을 열고, 푸빌라 소셜클럽 파티를 통한 이벤트를 열고 신세계백화점 VIP 대상으로 한 굿즈 제작, 브랜드와 아티스트들간의 협업, 메타버스 생태계 구축 등을 선보일 예정이다.

롯데홈쇼핑에서 발행한 벨리곰 멤버십 NFT 프로젝트는 벨리곰 IP 성장을 통해 얻게 되는 다양한 혜택과 경험을 소유자들에게 제공하고자 한다. NFT 소유자들을 대상으로 롯데월드 전체를 대관하여 진행하는 프라이빗 파티, 실물 벨리곰 피규어와 함께 롯데 그룹의 모든 라이프스타일 영역에서의 특별 혜택과 라이브 커머스 할인 등을 제공받을 수 있는 기대감에 출시하자마자 완판되었다.

미국 최대 뮤직 페스티벌인 '코첼라'에서 매해 4월 셋째, 넷째 주 주말에 열린다. 10개의 NFT 평생 입장권을 판매하여 매년 코첼라에 입장할 수 있는 권한을 제공했다. NFT 평생 입장권에는 공연을 맨 앞줄에서 관람하고 페스티벌 메뉴에서 유명 셰프의 저녁 식사도 제공받았다.

이처럼, 콘서트 티켓이나 상품권 등을 NFT로 발행하여 사용자들의 지갑을 통해 티켓의 진위를 확인하고, 사용 이후에도 컬렉션으로 자신의 지갑에 보유하여 소장할 수 있기에 NFT를 활용하는 기업들이 계속 늘어날 것이다.

많은 음악가들은 NFT가 음악 산업의 미래라고 본다. 음악이 나오면 저작권, 실연권, 인접권 등의 다양한 권리가 생긴다. 이런 권리를 통해 뮤지션들이 음원을 출시하고 그에 따른 로열티를 받는다. 음악 산업에서의 NFT는 음원/앨범, 공연, MD 같은 전통 수익 구조에서 신규 이벤트 및 로열티 판매까지 음악 산업 전방에 적용할 수 있는 범위가 넓다. 음악 NFT를 통해 팬들과 함께 뭉치고 팬들이 좋아하는 음악가들을 직접 지원하여 불필요한 중개자를 제거할 수 있는 잠재력을 가지고 있다. NFT로 앨범을 발행하면 콘텐츠 소유권을 플랫폼에 양도할 필요가 없다. 기존 음악 시장의 불균형을 해소하여 아티스트들이 공정하게 보상받을 수 있는 길이 열린 것이다.

CHAPTER 5

P2E Play To Earn
살펴보기

게임트렌드의 변화

과거 게임 트렌드는 P2W^Pay To Win^ 형식의 게임이 주를 이루었다는 것이다. 이는 게임에서 승리하는데 필요한 아이템을 현금으로 구매하는 것으로, 게임사의 주요 매출 구조이자 최근 트렌드인 P2E^Play To Earn, 돈을 벌기 위해 게임한다^와는 대비되는 구조다. P2W는 특히 여러 사람이 함께 플레이하는 MMORPG[2]에서 오는 재미와 자기과시 등 현실에서 느끼는 감정을 게임 내에서 느낄 수 있도록 하였다. 이는 유저들에게 게임 내 비싼 장비와 아이템을 구매하도록 자극한다.

P2W 형식의 게임에서 장비 및 아이템을 구매하는 방법은 일반적으로

---

2 MMORPG는 대규모 다중 사용자 온라인 롤플레잉 게임(Massively Multiplayer Online Role-Playing Game)의 줄임말이다. '대규모 다중 접속자 온라인 역할 수행 게임'이라고 하고 수천 명 이상의 플레이어가 인터넷을 통해 모두 같은 게임, 같은 서버에 접속하여 각자의 역할을 맡아 플레이하는 RPG의 일종이다.

게임 플레이 혹은 과금을 통해 얻을 수 있다. 이 방식의 한 가지 불편한 점은 불필요한 아이템을 보유한 유저가 그 아이템을 필요로 하는 다른 유저에게 보상받고 팔고 싶더라도 거래할 수 없다. 원칙적으로 게임사와 유저 간의 거래는 허용되지만 유저들 간의 사적 거래는 제한되기 때문이다. 유저들의 경제적 이윤 및 합리성을 고려하지 못한 이 방식은 조금 더 싼 가격에 아이템을 얻기를 원하는 또는 수익화를 원하는 유저들로 인해 외부 거래 시장을 형성하게 한다.

대표적 MMORPG 게임인 '리니지', '메이플스토리'는 아이템매니아 등 개인 거래를 지원하는 플랫폼에서 하루에도 수백 건의 계정 및 아이템 거래가 진행되고 있다. 하지만 거래 플랫폼이 외부에 형성되어 있다는 것은

아이템 매니아

출처 아이템 매니아 홈페이지(www.itemmania.com)

출처 스카이마비스 홈페이지(www.skymavis.com)

그 자체만으로도 번거롭고 비효율적이라는 의미이기도 하다. 더욱이 거래를 지원하는 플랫폼이 없거나 거래 자체가 활성화되지 않은 게임의 경우, 법적 보호 장치 및 시스템의 미흡함을 틈타 사기 피해가 발생하기도 한다. 게임사 입장에서 볼 때, 이러한 비효율성은 게임 활성에 악영향을 주어 수익성을 떨어뜨리는 요소로 볼 수 있다.

블록체인은 앞서 언급한 게임 내 발생하는 여러 비효율적인 문제를 해결할 수 있도록 한다. 코인에 탑재된 '스마트 컨트랙트' 기능은 계약 조건을 블록체인에 기록하고 조건이 충족됐을 때 자동으로 계약이 실행되게 하는 프로그램이다. 게임 내에서 아이템을 팔기 원하는 유저의 지갑에 코인이 입금돼야만 아이템 거래가 진행되는 조건으로 중계자 없이 P2P로 안전하게 거래할 수 있도록 한다. 더불어 현금화하기도 쉽다. 플레이를 통해 얻은 코인을 현금화하고 싶다면 개인 지갑에 있는 코인을 코인 거래소로 옮겨 현금화하면 된다.

한편, 블록체인의 등장은 자국 사람들 간 거래뿐만 아니라 국경 밖, 타국 사람들 간의 거래도 편리하게 만들었다. 과거 한 유저가 다른 나라의 유저에게 게임 아이템 등 사이버 재화를 판매하려고 한다면 송금 등 결제 시스템, 언어가 다를 때 의사소통 문제, 상대방과 플랫폼의 불신 등 다양한 문제들을 고려해야 했다. 하지만 거래의 신뢰성을 바탕으로 한 블록체인은 이러한 문제점을 해결할 수 있도록 도와준다는 장점이 있다.

엑시인피니티로 본
블록체인 이코노미

2021년 가장 핫한 게임은 베트남 회사 스카이 마비스Sky Marvis에서 개발한 '엑시인피니티'였다. 엑시인피니티는 다마고치, 포켓몬을 섞어 놓은 듯한 블록체인 기반 P2E 게임이다. 보통 블록체인 게임 유저는 게임 플레이를 통해 얻은 코인을 현금화해 수익을 거둘 수 있고 또 게임 내 대체 불가능한 토큰Non-Fungible Token, NFT[3]이라는 자산을 취득하여 높은 가격에 판매하여 수익을 거둘 수 있다. 엑시인피니티도 플레이를 통해 게임 내 유틸리티 코인인 'SLP'코인을 획득한 다음, 엑시인피니티 코인으로 교환하여 국내 거래소에서 현금화할 수 있다. 또한 게임 내 생성한 엑시 캐릭터 NFT를 NFT 마켓에 팔아 수익화가 가능하다. 단순한 형태의 이 게임이 큰 인

---

3 NFT는 가상화폐로 거래할 때 해킹을 막기 위해 블록체인 기술이 쓰인다. NFT는 블록체인 기술로 고유한 인식 값을 부여해 디지털 세상에서 구매자의 소유권을 증명받을 수 있다.

기를 끈 이유는 코로나 팬데믹으로 인한 동남아 경제 환경 변화에 그 원인이 있다. 2021년 한 해, 코로나 팬데믹으로 인해 입출국이 제한되면서 관광 산업과 해외 노동자 송금에 의존하는 필리핀 사람들은 당장의 생계를 걱정해야 하는 처지에 놓였다. 하지만 때마침 코로나 팬데믹 위기 극복 일환으로 시장에 막대한 자금이 풀렸고, 유동성 장세가 지속되면서 타자산과 함께 코인 가격도 크게 오르게 되었다. 입출국 제한으로 당장 일자리가 없어진 필리핀 사람들은 엑시인피니티 게임을 통해 한 달 임금 수준의 수익을 얻을 수 있게 된 것이다.

하지만 유동성 장세가 끝을 향해 가면서 가격 하락을 우려한 사람들이 현금화에 나서자 코인 가격은 급락하게 되었다. 2021년 11월, 원화로 20만

엑시인피니티 코인 차트

출처 업비트 홈페이지(www.upbit.com/exchange?code=CRIX.UPBIT.KRW-AXS)

원 가까이 하던 엑시인피니티 코인 가격은 2022년 5월, 현재 2만5천 원 아래로 고점 대비 약 10분 1 가격까지 내려왔다. 게임의 본질인 재미에 기반한 가격 흥행이 아니라 투자 목적에 의한 상승이다 보니 투자 매력도가 하락하자 단기간에 가격이 급속도로 내려간 것이다. 엑시인피니티는 P2E 모델의 가능성을 보여주며, 국내외 많은 게임사의 P2E 사업 진출을 이끌었지만 수익성에 치중되어 지속력이 약한 단점을 보여 주었다. 앞으로 엑시인피니티를 참고하여 출시하는 게임들은 이러한 단점을 잘 극복할 수 있을지 지켜볼 일이다.

신규 게임코인 투자 시 주의사항

코인 시총과 유통물량

최근 엑시인피니티 후속으로 게임 코인들이 많이 생겨났다. 하지만 유명한 게임사가 만든 코인이라 하여 무턱대고 많은 수의 코인을 샀다간 낭패를 보기 쉽다. P2E 코인에 투자하기에 앞서 몇 가지는 꼭 살펴보고 투자에 임하여야 한다.

코인 시총은 유가시장의 주식 시총과 같이 그 코인의 진정한 가치라고 볼 수 있다. 코인 시총은 P × Q$^{Price \times Quantity}$, 즉 가격과 물량의 곱으로 결정되며, 여기서 물량은 보통 발행 예정 전체 물량이 아닌 그 시점의 유통물량이 기준이 된다. 코인 가격은 코인 거래소에 접속하면 실시간으로 확인할 수 있으며, 유통 물량 및 발행 예정 물량은 코인의 정관인 백서에 명시되어 있거나 실시간 공시 사이트인 쟁글^{Xangle}을 통해 확인할 수 있다. 참고로 명확하게 공시가 되어 있지 않은 코인들이 많으니 물량 점검 시

향후 6개월간 월간 최대 토큰 유통량 공지

공시 작성일 2022-03-02 09:20 (Asia/Seoul - GMT+09:00)

1. 주제 직접 번역

향후 6개월간 월간 최대 토큰 유통량 공지

1. Subject

Token Circulation Announcement for the next 6 months

2. 작성 일자

2022-03-01 ~ 2022-08-31

3. 상세정보 직접 번역

1. 유통 정책
- 네오핀 토큰에 대한 월간 최대 유통량에 대해서 공시합니다.
- 네오핀은 생태계가 확장될 때마다 유통량이 늘어나는 구조로 설계되어 있습니다.
- 네오핀 토큰(NPT)의 안정적인 가치 유지를 최우선으로 하고 있습니다.
2. 향후 6개월간 월간 최대 유통량
2022년 3월 : 11,317,219
2022년 4월 : 12,809,706
2022년 5월 : 18,751,061
2022년 6월 : 19,371,727
2022년 7월 : 26,673,040
2022년 8월 : 28,404,476
※ 해당 유통 물량은 월간 최대 유통량을 기입한 것으로, 최대치를 초과하지 않습니다.
※ 상기 유통계획은 상장이나 게임 출시, 이벤트 등의 마케팅 활용 수량이 전부 포함된 수치 입니다.

출처 쟁글 홈페이지(xangle.io/project/NPT/recent-disclosure/6218d3ee2d117c67a011f916)

최대한 주의하길 바란다.

물량을 볼 때 특히 주의할 점은 현재 유통물량뿐 아니라 발행예정 물량의 양과 시기도 미리 파악해 두어야 한다는 것이다. P × Q =코인 시총 공식에서 코인 시총(코인가치)이 일정하다고 가정하면, 코인 물량의 추가 유통은 기존 물량의 가치를 희석시키는 효과를 가지게 된다. 특히 거래소에 최초 상장된 코인은 상장 직후 유통 물량이 전체 발행 예정 물량의 3% 내

외인 경우가 많다. 따라서 상장 후 몇 개월 내에 추가로 3%의 물량이 유통된다면 전체 물량 중 일부로 보일 수 있지만, 기존 물량만큼 추가로 유통되는 꼴이 되어 가격이 크게 내려갈 가능성도 있게 된다.

실제로 네오위즈에서 만든 네오핀 코인은, 상장 당시 물량의 2배가 넘는 물량이 2022년 말까지 유통될 예정이라고 공시되었으며 상장 후 가격이 계속 떨어지고 있다. 물론 유통 물량의 추가 발행(흔히 '락업 해제'라고 표현하기도 한다)이 가격에 미치는 절대적인 요소는 아닐 수 있다. 하지만 부정적 영향을 주는 것만은 분명하니 주의가 필요하다.

피해 사례

올해 초 예고 없는 '코인' 대량 매도로 위믹스가 논란의 중심에 섰다. 1만

코인 기습매도에 대한 위메이드 반박 기사

[단독] '코인 기습매도' 논란에 위메이드 대표 정면반박…"경영진, 코인 아예 보유 안해"

장현국 대표 매경 인터뷰

카카오페이와 전혀 다르다 반박
'예고없는 대량매도 사실 아냐'

코인 위믹스 공시 투명히 할것
생태계 키우는게 근본적 목표
글로벌 대형 M&A도 추진 중

출처 매일경제 (www.mk.co.kr/news/it/view/2022/01/35157/)

원 선을 지키던 위믹스는 논란이 불거지고 4,000원 선까지 떨어졌다. 이후 밝혀진 사실에 따르면, 위믹스의 발행사인 위메이드가 코인 발행 시점인 2020년 말부터 꾸준히 위믹스 물량을 매도한 것으로 확인되었다.

주식시장에서는 코인 발행에 대응되는 증권 발행은 주주의 의사결정 기구인 이사회나 주주총회의 의결을 통해 결정되며, 이는 공시된다. 하지만 코인은 법적 제도적 장치가 미비하여 코인 발행 계획을 백서에 명확히 명시해 놓지 않는다면 코인 발행사가 명시한 부분 외의 물량에 대해서는 임의대로 발행할 수 있다. 앞서 얘기했듯, 코인의 가치를 나타내는 코인 시총은 코인 유통 물량과 코인 가격의 곱으로 결정되므로 예고 없는 코인 추가 발행은 기존 홀더들에게 손실을 끼칠 수 있다. 따라서 코인 백서의 다른 부분은 가볍게 지나가더라도 코인 유통 계획 부분은 꼭 확인해 봐야 한다.

게임코인 투자 시
참고할 것들

유가시장 시총

게임사의 유가시장 시가 총액(이하 시총)과 게임사가 발행한 코인의 시총 비교도 투자 시 참고해 볼 수 있다. 유가시장 시총은 게임 개발진의 역량, 경영진의 능력, 회사의 이미지, 과거 성과, 미래 성장성 등을 종합적으로 담아낸 것이라고 볼 수 있다. 유가시장 시총이 높다면 향후 P2E 시스템에 담아낼 게임의 게임성이 우수하거나 회사 마케팅 역량 등이 뛰어나 P2E 플랫폼(P2E 코인에 여러 개의 게임을 론칭하거나 디파이 등 다양한 생태계를 구축)이 성장할 가능성이 클 수 있다. 물론 각 게임사가 P2E에 쏟는 정성이 다를 수 있기 때문에 유가시장 시총과 코인 시총을 직접적으로 비교하기에는 무리가 있다. 하지만 아무래도 유가시장 시총이 높은 회사가 진행하는 P2E 사업은 시총이 낮은 회사보다는 관심을 끌게 될 것이고 이는 코인 가치에 직·간접적으로 영향을 미칠 것이다.

아래의 표는 주요 게임사별 유가시장 시총과 코인 시총을 정리한 것이다. 이를 통해 어떤 코인이 유가시장 평가보다 상대적으로 고평가되어 있는지 또는 저평가되어 있는지를 비교해 볼 수 있다. '위메이드'가 상대적으로 고평가받고 있으며, '네오위즈'와 '컴투스'는 상대적으로 저평가되어 있음을 확인할 수 있다. 추정컨대 위메이드는 글로벌로 흥행한 P2E 게임인 '미르4'가 있고 최근 내놓은(2022년 5월 기준) 사업 계획이 좋게 비춰지며 긍정적인 평가를 받는 것으로 여겨진다. 네오위즈와 컴투스는 P2E 사업 초기 단계로 유가시장 시총 규모를 통해 비교해 보았을 때, 코인 시장에서 비슷한 평가를 받는 것으로 보인다.

메타버스의 네 가지 범주

회사명 (22년 5월 27일 기준)	위메이드	네오위즈(홀딩스 포함)	컴투스(홀딩스 포함)
코인명	위믹스	네오핀	C2X
유가시장 시총(a)	2조 6,500억 원	8,021억 원	1조 5,550억 원
코인시총(b)	6,789억 원	585억 원(추정)	1,030억 원(추정)
비율(b/a)	25.6%	7.3%	6.6%
평가	고평가	저평가	저평가

출처 ASF 홈페이지

게임 흥행 성적

엑시인피니티가 필리핀에서의 흥행을 바탕으로 시세가 크게 올랐듯 앞으로 출시될 P2E 게임의 동남아 시장 흥행 성적도 투자 시 참고해 볼 만하다. 실제로 국내 코인 중 위메이드가 만든 '위믹스' 코인은 필리핀에

미르4 필리핀 매출 순위(파란색 선)

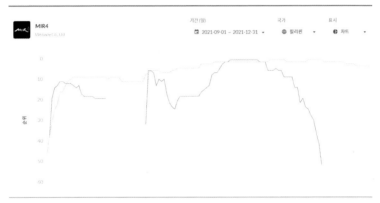

출처 모바일인덱스(www.mobileindex.com/mi-chart/daily-rank)

위믹스 코인 차트

출처 빗썸(www.bithumb.com/trade/order/WEMIX_KRW)

'미르4' 흥행을 바탕으로 시세가 크게 올랐다. 옆 페이지의 차트는 위메이드에서 만든 게임인 미르4의 필리핀 모바일 차트 순위와 위믹스 코인 차트이다. 필리핀 시장 10위 권 밖이었던 미르4 매출 순위가 2021년 9월 이후, 1,2 위로 크게 오르자 위믹스 코인 가격도 1,000원 이하의 가격에서 28,000원까지 약 30배가 올랐다. 위믹스 사례와 같이 출시 게임의 동남아 시장 흥행 여부를 예측하거나 실시간 차트 순위를 보고 투자를 결정하는 것도 참고할 만한 방법이다.

주요 투자자

투자 의사결정 시 해당 코인 프로젝트에 누가 파트너사로 참여하는지도 중요하다. 기존 게임사는 게임 만드는 역량은 대게 뛰어나지만 블록체인

컴투스가 만든 C2X 코인 홈페이지

311

에 대한 이해와 게임 내 토크노믹스 설계는 부족할 수 있다. 과거에 성공한 코인 프로젝트에 참여한 경험이 있는 파트너사는 게임사의 부족한 경험을 보완해 줄 수 있을 것이다. 개인 투자자 입장에서도 믿을만한 기관이 참여한 프로젝트에 투자하는 것이 정보가 제한적인 이 판에서 안전한 투자 방법이 될 수 있다. 코인 프로젝트의 파트너사는 보통 개별 코인 홈페이지에서 찾아볼 수 있으며, 전체 코인의 최신 펀드 레이징 정보를 알고 싶다면 사이트www.dovemetrics.com를 방문해보길 바란다.

코인 뉴스

게임 코인에 투자하였다면 투자 후 관련 소식을 가장 빨리 접할 수 있는 실시간 뉴스매체(coinness, coindesk 등) 활용에도 익숙해져야 한다. 2022년

엑시인피니티 해킹 피해 뉴스

로닌 네트워크 해킹 공격 노출...6억 달러 상당 암호화폐 도난

00:50   2022년 3월 30일 수요일

P2E 게임 프로젝트 엑시인피니티(AXS)에 사용되는 이더리움(ETH) 연동 사이드체인 로닌 네트워크(Ronin)가 공식 트위터를 통해 해킹 공격에 노출됐다고 밝혔다. 이와 관련 로닌 측은 '엑시인피니티 개발사 스카이마비스(Sky Mavis)의 로닌 검증자 노드와 엑시DAO의 검증자 노드가 공격에 노출됐으며, 이 과정에서 173,600 ETH(약 5.89억 달러)와 2,550만 USDC가 로닌 브릿지에서 도난당했음을 확인했다. 현재 로닌 네트워크 내 모든 AXS, RON, SLP는 안전한 상태'고 설명했다. 피해액가치는 현재 ETH 및 USDC 시세 기준 약 6억 달러에 달한다. 이어서 로닌 네트워크는 "스카이마비스의 로닌 체인은 현재 9 개의 검증자 노드로 구성돼 있으며, 입금 및 출금을 인식하기 위해서는 9 개 검증자 중 5 개 노드의 서명이 필요하다. 공격자는 스카이마비스의 로닌 검증자 노드 4 개 및 엑시DAO의 검증자 노드 1개를 장악해 출금에 서명했다. 해킹 피해를 인식한 직후 로닌은 추가 피해를 막기 위해 입출금 필요 검증자 서명 수를 기존 5에서 8로 상향 조정했다. 또 이전 인프라에서 안전히 분리된 노드를 마이그레이션하는 조치를 취하고 있다. 로닌 브릿지는 일시 중단됐고, 카타나DEX 역시 일시 비활성화된 상태다. 도난 자금 추적을 위해 체이널리시스와 협력하고 있다. 또 해커들의 처벌을 위해 각국 정부 기관과 직접 소통하고 있다.

@Ronin_Network

There has been a security breach on the Ronin Network.

roninstockchale.substack.com
Community Alert: Ronin Validators Compromised
Key Points: The Ronin bridge has been exploited for 173,600
Ethereum and 25.5M USDC. The Ronin bridge and Katana ...

Bull 28   Bear 172   공유하기

↑ 접기

출처 코인니스(coinness.live/search/result?q=로닌%20네트워크&category=news)

3월, 엑시인피니티는 약 7천 400억 원 규모의 해킹 피해를 입었다. 게임 내에서 거래되는 코인과 대체 불가능한 토큰NFT은 피해를 입지 않았으나 이러한 사실은 코인 가격에 큰 영향을 미칠 수 있는 요소다. 다행히 비트 코인 상승장에 해킹피해가 발생하여 코인 시세에 미치는 영향은 미미하였으나 비트코인 하락장에 이런 악재가 발생했다면, 큰 손실을 보았을 것이다. 코인 시장은 아직 내재가치를 뜻하는 펀더멘탈이 튼튼하지 않아 사소한 악재에도 가격이 크게 떨어질 수 있다. 따라서 빠르게 대응할 수 있도록 뉴스매체 활용에 익숙해져야 한다.

P2E를 넘어
X2E로

M2E

P2E 트렌드는 진화하고 있다. '게임하면서 돈 벌기Play To Earn, P2E'가 급속도로 성장하였고, 2022년 상반기는 '운동하며 돈 벌기Move To Earn, M2E' 서비스가 흥행하였다. M2E의 선두주자는 스테픈STEPN이다. 스테픈은 걷거

스테픈 중국 규제 관련 뉴스

나 뛰면 코인을 보상을 주는 시스템으로 게임하면 돈을 주는 P2E와 보상이 따르는 행위만 다를 뿐 구조는 유사하다. '엑시'라는 캐릭터 NFT 구매 후 게임을 진행하여 엑시인피니티 코인을 얻을 수 있듯, 스테픈은 운동화 NFT 구매 후 일정 시간 운동하면 그에 따른 보상을 GST 코인과 GMT 코인으로 지급받는다. 코인은 거래소에서 현금화할 수 있다.

C2E

C2E^{Create To Earn}는 크리에이터가 돈 버는 환경을 말한다. P2E는 게임사가 제작한 게임을 즐기면서 돈 버는 구조라면, C2E는 유저가 직접 게임을 포함한 다양한 콘텐츠를 직접 만들고 이를 통해 돈을 버는 구조다. 대표적으로 '샌드박스'가 있다. 이는 스스로 자신의 '맵'을 꾸며서 다른 이용자들에게 사용료를 받고 입장시키거나 자신의 캐릭터를 NFT화 및 판매하여 수익을 올릴 수 있다. 최근 유망한 분야로 인식되어 대기업들의 많은 투자가 진행 중이다.

X2E 투자 시 주의사항

최근 블록체인 기술이 다른 산업과 결합하며 X2E 비즈니스 모델이 다양하게 생겨나고 있다. 앞서 언급한 M2E, C2E 뿐만 아니라 디자인을 판매하거나 공유하여 수익을 내는 비즈니스 모델인 D2E^{Design To Earn}, 좋아하는 것을 즐기면서 돈을 버는 L2E^{Like To Earn}등 다양한 분야로 확대되고 있다.

X2E 투자에 있어 주의할 점은 X2E는 트렌드에 민감하므로 다음 트렌드가 무엇일지 예측하고 투자해야 한다는 것이다. 2022년 상반기, 큰 유행을 했던 M2E의 스테픈은 코로나 팬데믹으로 답답했던 환경에서 벗어나 오프라인에서 직접 운동하게 하고 이를 통해 수익을 창출할 수 있다는 것이 사람들에게 매력으로 다가와 가격이 올랐다. 매력적인 비즈니스 모델도 맞지만 시기적으로도 잘 맞아떨어져 흥행할 수 있었다.

그리고 X2E는 규제에 민감하다. 블록체인과 다른 산업의 결합이다 보

스테픈 중국 규제 관련 뉴스

출처 뉴스1 기사(www.news1.kr/articles/?4693858)

니 규제 환경에 놓여있는 산업은 커뮤니티(또는 생태계) 확장성에 문제가 있을 수 있다. X2E의 수익 구조는 보통 자신이 산 NFT를 다른 사람이 사 줘야 수익을 거둘 수 있고, 내가 어떤 행위를 하여 생성된 코인이 그 코인 커뮤니티 또는 생태계에 활용되어야 다른 사람이 해당 코인을 매수할 이 유도 생긴다. 따라서 생태계 확장을 가로막는 규제가 생긴다면 가격은 떨 어질 수밖에 없다.

2022년 4월, 국내 게임물 관리위원회는 M2E의 대표적인 앱 스테픈에 대해 게임이 아니라고 판단했다. 이에 따라 스테픈을 비롯한 M2E 서비 스는 게임법의 적용을 피해갈 수 있게 되었으며 M2E를 통해 수익을 얻을 수 있게 되었다. 반대로 2022년 5월, 스테픈은 트위터를 통해 7월 15일부 터 중국에서 위성위치확인시스템GPS 서비스를 중단한다고 밝혔다. 따라 서 GPS에 기반하여 이동 거리를 측정하고 이를 토대로 토큰을 보상하는 스테픈 서비스는 중국에서 사용하기 힘들게 되어버렸다. 중국의 강경한 암호화폐 규제가 영향을 미친 것으로 이는 스테픈 코인의 가격 하락으로 이어지게 되었다.

PART 5

2023

보안&보험 Security & Insurance

트렌드

CHAPTER 1

열 번 짚고
넘어가도 모자란,
보안

디지털 자산 범죄 현황 및
역대 디지털 자산 해킹 사건 톱4

1) 디지털 자산 범죄 현황

지난 5년 동안 디지털 자산 시장에서의 범죄 유형과 금액은 아래와 같다.

아래의 그래프를 통해 우리는 두 가지를 확인할 수 있다.

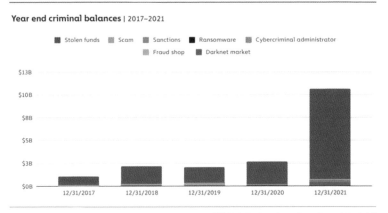

스테픈 중국 규제 관련 뉴스

Year end criminal balances | 2017-2021

출처 Chain Analysis, Crypto Crime Report 2022 (p.25)

첫째, 2021년에 범죄가 급격히 증가하였다는 것이다. 2020년 범죄 금액이 30억 달러에 불과했지만, 2021년 그 금액은 110억 달러로 3.5배가량 늘었다. 이는 디지털 자산 시장의 성장과 유저 증가로 인해 발생한 것으로 볼 수 있다.

둘째, 디지털 자산 시장의 범죄 유형 중 대부분은 도난이라는 것이다. 2021년 기준, 도난 자금은 98억 달러로 전체 범죄의 93%를 차지하고 있다. 다크넷 마켓이 4억 5,000만 달러로 그 뒤를 이었고, 스캠이 1억 9,200만 달러, 사기 상점이 6,600만 달러, 랜섬웨어가 3,000만 달러였다.

2) 역대 디지털 자산 해킹 사건 톱4

4위, 마운트곡스 거래소 해킹 사건 - 4,700억 원

디지털 자산을 투자해본 사람이라면 누구나 한 번쯤 들어본 '마운트곡스 거래소 해킹 사건'이 톱 4위이다. 마운트곡스는 일본에 기반을 둔 암호화폐 거래소로 2007년, 게임 카드 온라인 거래소로 설립되었고 2010년, 디지털 자산 거래소로 개편되었다. 이후 마운트곡스는 2014년까지 전 세계 모든 비트코인 거래의 70% 이상을 처리하는 세계 최대의 암호화폐 거래소로 성장했으며, 현재는 대형 해킹 사건으로 파산한 상태이다.

마운트곡스의 무서운 성장세 속에서 2011년, 거래소 지갑의 프라이빗 키가 도난당했고, 이후 2014년 2월까지 비트코인 85만 개(당시 4,700억 원 규모)를 해킹 당하였다. 이로 인해 마운트곡스 사이트는 폐쇄되었고, 회사는 파산했으며 CEO는 체포되었다. 이를 계기로 디지털 자산이 해킹으로부터 안전하지 않다는 인식이 확산하며, 비트코인 가격이 폭락하기도 했다.

이후, 수년간 해커를 추적하며 피해자 보상과 남은 자산 처분을 위한 소송과 법원 경매가 진행되었다. 마운트곡스는 분실된 비트코인 중 약 25%인 20만 비트코인을 회수하였으며 2021년 11월, 해킹 사건의 피해자 집단인 '마운트곡스 채권단'은 15만 개에 달하는 비트코인을 보상받기로 최종 확정되었다. 당시 구체적인 배상 계획은 미정이었으나, 채권단이 이를 일시에 현금화할 때 시장 충격이 불가피할 전망이어서 투자자들의 긴장이 고조되기도 하였다.

#3위, 코인체크 해킹 사건 - 5,700억 원

코인체크는 일본에 기반을 둔 암호화폐 거래소로 2012년, 비트코인 결제 서비스를 위해 설립되었으며, 2014년 마운트곡스 거래소가 파산하면서, 같은 해 7월 디지털 자산 거래소로 전향하였다. 이후 1년 만에 최대 거래소로 성장하였다.

2018년 1월, 코인 체크는 5억 2,300만 개의 넴NEM이라는 알트코인 (당시 5,700억 원 규모)을 해킹당하였다. 당시 원인은 외부공격에 취약한 핫월렛[4] 코인을 보관하는 방식은 콜드월렛과 핫월렛으로 나뉘며, 콜드월렛은 인터넷이 완전 차단된 오프라인 지갑에 디지털 자산을 보관하는 방식, 핫월렛은 인터넷과 연결된 온라인 지갑을 말한다.

---

4 코인을 보관하는 방식은 콜드월렛과 핫월렛으로 나뉘며, 콜드월렛은 인터넷이 완전 차단된 오프라인 지갑에 디지털 자산을 보관하는 방식, 핫월렛은 인터넷과 연결된 온라인 지갑을 말한다.

당시 원인은 외부공격에 취약한 핫월렛에 해당 코인을 보관했기 때문으로 분석된다. 이는 디지털 자산을 보관할 경우 외부에서 데이터에 접근하지 못하도록 인터넷에 접속하지 않아야 한다는 경고를 무시한 결과였고, 국제단체에서 권고하는 보안 기술을 도입하지 않은 것이 알려져 문제가 되기도 하였다. 코인체크는 해킹 사건 이후, 피해를 당한 고객 26만 명 전원에게 4,500억 원 상당의 보상안을 발표하며 사건을 마무리하였다.

#2위, 폴리네트워크 해킹 사건 - 7,100억 원

폴리네트워크는 중국에 기반을 둔 디파이 플랫폼사로 2014년 '앤트 쉐어스'로 설립되었으며 2017년, 스마트 경제를 위해 '네오'로 변경했다. 2020년, '폴리네트워크' 프로젝트를 추진하였다. 2021년 8월, 해커는 스마트 계약 시스템의 취약점을 악용하여 당시 7,100억 원 규모의 디지털 자산을 훔쳤다. 폴리네트워크 상, 소유자에 대한 액세스 권한을 부여하는 숨겨진 기능이 있었고, 해커는 이를 해독하였다.

그런데, 해당 해커는 훔친 디지털 자산 전액을 회사에게 돌려주었다. 그가 범행을 실행하게 된 동기는 자금을 빼돌리기 위한 것이 아니었고, 폴리네트워크에서 문제점을 발견했고 해당 버그와 시스템 오류를 전 세계에 알리기 위해서였다고 한다. 이렇게 사건은 일단락되었고, 폴리네트워크는 50만 달러의 포상금을 그에게 지급하기로 했지만, 그는 포상금을 거절하며 화이트해커로 남았다.

#1위, 로닌네트워크 해킹 사건 - 7,400억 원

'로닌네트워크'는 블록체인 모바일 게임 '엑시인피니티'를 구동하는 블록체인 네트워크로 베트남 개발사 '스카이 마비스'가 소유한 네트워크이다.

2022년 3월, '로닌네트워크'는 17만 개의 이더리움(당시 7,400억 원 규모)를 도난당했다. 스카이 마비스에 따르면 '엑시인피니티'의 플레이어가 감당이 안 될 규모로 증가하기 시작한 2021년 11월부터 해킹이 시작되었다. "서버가 감당해야 하는 트래픽 부하가 상당했고, 서버 부하를 낮추기위해 보안 절차를 느슨하게 할 수밖에 없었다"고 하였다. 2021년 12월에는 트래픽 부하 관련 상황이 진정되었지만 보안 절차 강화를 잊었고, 이에 따라 해커들이 백도어를 이용해 지속해서 침입한 것으로 파악된다.

로닌 네트워크는 9개의 검증 노드로 구성되어 있으며, 입금 또는 출금을 위해서 5개 이상의 검증인 서명이 필요한데, 보안이 느슨해진 틈을 타해커가 개인키 5개 이상을 탈취당한 것으로 밝혀졌다.

디지털 자산 해킹은 해커들이 표적으로 삼기 쉽기 때문에 반복되고 있으며, 그 금액도 크다고 전문가들은 지적한다. 해커들에게 디지털 자산은 꿀단지처럼 매력적이다. 단, 한 번이라도 디지털 자산을 탈취에 성공하면이를 회수하거나 되돌리기가 매우 어렵고, 현금화가 용이하기 때문이다.이와 같은 해킹을 둘러싼 일련의 사건들은 디지털 자산과 탈중앙화 금융DeFi 보안의 필요성에 대하여 많은 시사점을 준다.

디지털 자산 보안에 진출하는 기업들

디지털 자산은 블록체인 기술이라는 최상의 보안 기술이 주는 극도의 안정성을 기반으로 고안되었지만, 아직은 초기 수준이라 웹3.0 인프라가 미성숙하기 때문에 관련 해킹이 빈번하게 일어나며, 보안에 대한 중요성이 강조되고 있다.

국내 보안의 대명사 '안랩'은 최근 디지털자산 범죄 피해사례와 예방법에 대한 소개를 발표하였고, 블록체인 기술연구소 '헥슬란트'는 디지털 자산 보안 감사와 검증 사업에 진출하였다.

블록체인 데이터 플랫폼 기업 체이널리시스의 〈2022 암호화 범죄 보고서〉에 따르면, 2021년 암호화폐 거래 규모는 15조 8,000억 달러(약 1경 8,956조 6,820억 원)였다고 한다. 이는 2020년 보다 550% 증가한 수치다. 암호화폐 시장에 돈이 몰리니 해커들도 몰려들어 2021년 범죄에 연루된 암호화폐 지갑에 140억 달러(약 16조 7,969억 원)가 전송된 것으로 나타났다.

이는 2020년, 78억 달러(약 9조 3,582억 원) 보다 79% 증가한 규모다.

[스캠에 이어 러그풀 등장]

암호화폐 범죄 중 가장 큰 비중을 차지하는 범죄 유형은 사기(스캠, scam)였다. 사기 범죄 피해액은 2021년 총 77억 달러(약 9조 2,142억 원)로 2020년 보다 81% 증가했다. 암호화폐 범죄 유형 가운데 러그풀^{Rug Pull}이 새로 등장했다. 러그풀은 가상화폐 시장에서 프로젝트 개발자가 갑자기 사라지거나, 프로젝트를 돌연 중단해 해당 프로젝트에 투자한 사용자가 피해를 보는 것을 말한다. 러그풀은 2021년, 전체 사기 피해액에서 37%를 차지하는 등 비중이 가파르게 커지고 있다. 국내에서도 '진도지코인'과 '스퀴드코인'으로 대표되는 러그풀 사기가 전체 피해 중 3분의 1을 차지했다. 개발자가 전체 물량의 15%에 달하는 진도지코인을 한꺼번에 매도한 뒤 공식 홈페이지를 폐쇄하고 달아나면서 이 코인 가격이 97% 폭락하고 피해자가 속출했다.

[심스와핑 의심사례 발견]

다른 사람의 휴대전화 유심칩을 복제해 개인정보나 암호화폐를 빼돌리는 신종 해킹 '심 스와핑^{SIM Swapping}' 의심 사례도 늘어나고 있다. 이는 흔히 유심칩이라 불리는 가입자 식별 모듈^{SIM} 카드를 몰래 복제해 은행이나 가상화폐거래소 계좌에 보관된 금융자산을 훔치는 신종 해킹 수법이다. 국내에서는 올해 초부터 피해 의심 사례가 보고되고 있다. 지금까지 공개된 심스와핑 범죄는 주로 디지털 자산(코인) 거래소 앱을 타깃으로 삼았다. 통상 은행 앱은 OTP나 공동인증서로 이중, 삼중으로 보안 장치가 돼 있지만 거래소는 카카오톡 인증이나 문자 확인만으로도 로그인이 가능하기 때문이다.

[암호화폐 사기 범죄를 막으려면]

첫째, 높은 수익률을 보장한다는 암호화폐는 일단 의심해야 한다. 투자 설명회는 물론 유튜브, SNS, 메신저 등에서 지나치게 높은 수익률을 앞세우는 홍보물은 사기일 가능성이 높다.

둘째, 가짜 거래소를 조심해야 한다. 최근 발행한 큰 피해 사례들은 들어본 적도 없는 생소한 암호화폐 거래소를 이용하다가 발생했다. 가능하면 많은 사람이 이용하는 대형 거래소를 이용하는 것이 바람직하다. 또한, 국내 대형 은행들과 정식으로 협약을 맺고 계좌를 운용하는 업체인지 확인하는 것이 좋다.

셋째, 사기 피해 사례를 적극 활용해야 한다. 또 다른 사기 피해를 막기 위해 정보를 공유하는 사람들도 많이 생겨났다. 인터넷 포털에는 회원 수가 수만 명 이상 되는 금융 사기 예방 카페가 활발히 운영되고 있고, 사기 피해 사례를 공유하는 웹사이트도 많으니 이를 활용하는 게 좋다. 금융감독원의 금융소비자정보포털 '파인'을 이용하는 것도 추천한다.

넷째, 사용자 스스로 보안 수칙을 준수하는 것이 가장 중요하다. 암호화폐 특성상 거래가 한 번 이뤄지면 되돌릴 수 없기 때문이다. 사용자는 암호화폐 지갑 복구 구문을 노출해서는 안 되며, 거래소 로그인에도 지역 제한이나 2단계 인증 등 보안 기능을 활성화해야 한다.

다섯째, 대체불가능토큰NFT 투자 역시 주의해야 한다. 러그풀 사기 위험성이 높기 때문이다. 사용자는 투자하기 전 작품과 판매자에 대한 정보, 해당 NFT 작품의 저작권 여부나 작품에 담긴 배경 등을 자세히 파악해야 가치 폭락으로 인한 피해를 막을 수 있다.

여섯째, 개인들의 예방 노력 못지않게 거래소의 노력도 요구된다. 이상 거래탐지 시스템FDS 등을 고도화하고, 모니터링을 강화해야 한다. 또한 오신트OSINT·공개출처 정보 등 블록체인·다크웹 인텔리전스를 도입해 계정 정보 유출이나 자산 유출 등 위협 요소를 탐지·추적하고, 소비자를 보호해야 한다.

블록체인 기술 연구소 '헥슬란트'는 나이스디앤비와 협력하여 토큰 컨트랙트 오딧과 기업평가를 결합한 서비스를 출시했다. 신용정보 인프라 기업과 블록체인 기술 연구소가 결합한 것이다. 양사는 토큰 자체의 안정성만큼 토큰을 발행한 실 기업 정보도 검증이 필요하다고 봤다. 특히 리버스 ICO(기존 사업을 대상으로 암호화폐를 발행) 형태의 기업 토큰 발행이 많아지는 만큼 기업 정보도 함께 검증해 투자자의 정보 투명성 강화, 시장의 안정성 확대에 기여한다는 계획이다. 안랩이나 헥슬란트와 같은 기업들이 디지털 금융 시장 플레이어로 진출하는 것은 좋은 징조이다. 긍정적인 생태계 조성을 위해 보안은 필수이며, 개인과 기업의 안전을 보장할 수 있는 서비스가 출시되면 시장은 더욱 성장할 것으로 보이기 때문이다.

디지털 자산 해킹이 반복되는 이유와 금액이 큰 이유는 해커들이 표적으로 삼기 쉽다는 것이 전문가들의 의견이다. 해커들에게 디지털 자산은 꿀단지처럼 매력적이다. 단, 한 번이라도 디지털 자산을 탈취에 성공하면 이를 회수하거나 되돌리기가 매우 어렵고, 현금화가 용이하기 때문이다. 이와 같은 해킹을 둘러싼 일련의 사건들은 디지털 자산과 탈중앙화금융 DeFi 보안의 필요성에 대하여 많은 시사점을 준다.

CHAPTER 2

디지털 자산 보험의 등장

디지털 자산 보험이
필요한 이유

디지털 자산 해킹 사건과 테라 루나 폭락사태를 경험하며 디지털 자산 투자자와 플레이어들은 보험과 보안에 대한 필요성을 절실히 느끼고 있다. 디지털 자산 보험 상품은 이전부터 존재했으나, 다소 소극적 형태의 보험 상품이었다. 이번 사건을 계기로 해당 섹터는 더욱 성장할 것으로 예상하며, 디지털 자산 보험에 대한 개요는 다음과 같다.

2019년, 코인베이스가 고객의 암호화폐를 보험하기 위하여 가입하였고, 당시 핫월렛에 보관하는 자산 2%인 2억 5,500만 달러 상당의 디지털 자산을 보험으로 보장했고, 콜드월렛으로 보관하는 자산은 98%로(250억 달러) 별도의 보장 여부를 언급하지 않았다.

코인베이스는 디지털 자산 기업이 입을 수 있는 소비자 손실 가운데 가장 발생 가능성이 높은 것은 해킹 가능한 핫월렛이라고 지적하였고, 핫월렛 보장 보험이 콜드월렛 보장 보험보다 훨씬 비싸다고 주장하였다. 핫월렛 보험은 범죄 보험 시장에서 제공되는 상품이지만, 콜드월렛은 고급 재화 보험 시장에서 제공되는 상품이었다. 범죄 보험은 '움직이는 가치'에 대한 손실을 보장하는 상품이지만, 고급 재화 보험은 귀금속, 증권, 현금, 예술 작품 등 '움직이지 않는 가치'를 보장하는 상품이다. 따라서 기업은 가치의 손실을 보장하는 보험에 주목해야 한다며, 핫월렛으로 보관하는 자산에 대해서만 보험을 든 것으로 추정되었다.

이후, 2020년부터 영미권을 중심으로 디지털 자산 보험상품이 확대되었으며, 디지털 자산 수탁사를 부보하는 보험회사도 설립되었다. 당시 윙클보스 형제가 이끄는 디지털 자산 거래소 Gemini^{www.gemini.com}가 고객들의 잠재적 손실에 대비하여 자체 보험사 나카모토를 설립하기도 하였다. 회사 이름은 비트코인 창시자 사토시 나카모토^{中本哲史}에서 따왔으며, 디지털 자산 수탁 업무를 수행하는 제미니 커스터디^{Gemini Custody}는 최고 2억 달러까지 보험 보상 능력을 갖추기도 하였다.

2021년, 비트코인이 사상 최고가를 경신하며 비트코인을 결제 및 투자 수단으로 채택하는 기업이 증가함에 따라 해킹, 도난, 사기 등의 리스크를 헷징하는 디지털 자산 보험에 대한 관심도 증가하였다. 당시 '크립토컴페어'에 따르면 전 세계 디지털 자산 거래소의 70%는 면허가 없었고, 거래소의 96% 이상이 해킹에 대비한 보험이 없었다. 주요 보험회사는 디지털 자산 합법화에 관한 논란, 규제 가능성, 높은 가격 변동성, 사이버 공격, 거래소 보안 인프라 파악에 대한 어려움으로 보험 상품 개발에 소극적이었고 제한적인 범위에서 보험을 제공하였다. 보험 상품이 부실한 가운데, 세계 최대 디지털 자산 거래소 바이낸스는 내부 적립금을 이용한 자체 해킹 방지기금을 통해 사용자의 자산을 보호하며 리스크에 대비하기도 하였다.

2022년, 영미권을 중심으로 디지털 자산 보험시장이 확대되고 있으며, 캡티브 보험사[5]를 설립하여 디지털 자산 수탁업체를 부보하는 방법도 생겨나고 있다. 세계 최대 보험 조합인 런던 로이즈는 2018년, 디지털 자산 수탁사인 킹덤트러스트에 디지털자산 보험을 제공한 바 있으며, 2020년 3월, 디지털 자산 가격 변동에 따라 보상금액이 유연하게 변동하는 디지털 자산 해킹 및 도난보험을 출시하였다. 현재 제공되는 디지털 자산 보험은 도난에 관한 범죄피해 외에도 디지털 자산 관리에 관한 수탁보험, 개인정보 침해 등을 보상하는 배상책임보험 등 다양한 기업성 보험도 생겼다.

시장 생태계 확장에 따라 관련 위험을 보장하는 상품에 대한 수요가 증가하고 있지만, 기존 보험사의 상품 개발은 이에 미치지 못하고 있다. 이에, 보험사 대신 스마트 계약을 통해 디지털 자산 투자자가 관련 위험을 인수하는 새로운 형태의 위험 보장 서비스 '탈중앙화 대안 보험'도 시도되고 있다. 해당 상품은 디지털 자산 이해도가 높은 전문가들이 플랫폼을 통하여 자율적으로 집단을 형성하고, 탈중앙화 자율 조직이 보험사를 대

---

5 캡티브 보험회사 : 보험회사를 자회사 형태로 설립하여 위험을 타 보험회사에 전가하지 않고 스스로 관리하는 위험관리 기법

신하여 위험 평가, 보험금 지급 심사에 참여하는 사업 모형이다. 기존 보험상품과 비교 시, 리스크 풀링을 통해 보장 서비스를 제공한다는 점은 유사하지만, 디지털 자산 풀을 형상하는 참여자(보험계약자 및 투자자)가 직접 위험을 평가하고 보험금 지급을 결정해야 한다는 점에서 차이가 있다.

이와 같은 방식의 보험은 이더리스크Etherisc, 넥서스뮤츄얼Nexus Mutual, 브릿지뮤츄얼Bridge Mutual 등이 있고, 기존 보험상품이 보장하지 않는 디지털 자산 생태계 관련 다양한 위험에 대하여 보장 서비스를 제공한다. '탈중앙화 대안 보험'은 디지털 자산 투자자의 위험 추구 성향, 스마트 계약의 신뢰성 등 기회요인이 많은 반면, 소비자보호 관련 법적 근거 미비 등 장애요인도 다양하게 존재하므로 선별하여 진입해야 할 것으로 보인다.

2022년 4월, 미국 연방 예금 보험회사FDIC, The Federal Deposit Insurance Coverage Company 또한 디지털 자산 보험에 대한 필요성을 느꼈다. 이에 본인들이 추진해야 할 업무와 전략을 살피기 위하여 수백 개의 은행에게 요청을 보냈고, 미국 통화 시스템 내에서 안정성과 대중의 신뢰성을 유지하기 위해 디지털 자산 보험에 대한 감독을 준비하고 있다.

디지털 자산 시장 생태계의 확장으로 인하여, 디지털 자산 보험에 대한 업계의 관심이 요구되고 있으며, 각종 보험회사는 디지털 자산 보험의 성장 추이에 관해 관심을 갖고 대응 중이다.

국내,
디지털 자산 보험 현황

2018년 9월, 국내에서 디지털 자산 해킹으로 인한 피해를 보상하는 보험 상품이 등장해 눈길을 끌었다. 한화손해보험은 디지털 자산 거래소를 대상으로 해킹으로 인한 피해 보상을 중심으로 한 사이버 보험 상품을 선보였다.

그러나 해당 보험 상품이 활성화되려면 넘어야 할 산이 많았다. 디지털 자산 해킹 사고가 발생할 경우 분실 피해의 범위를 어디까지 규정할 것인지, 가입 금액은 얼마로 할 것인지 이해관계가 복잡했다. 디지털 자산 시장에 대한 정부 규제 등이 엄연히 존재하고 있는 만큼 상품을 활발히 출시하기에 리스크가 크며, 가격 변동성이 크기 때문에 보험금 지급 대상이 많이 늘어날 가능성이 있고, 보험사마다 사이버 보험에 대한 경험과 전문 지식이 취약하였기 때문이다. 이를 극복하기 위해, 디지털 자산 거래소의 보안 강화가 필요하며 내부 시스템을 더욱 탄탄하게 만들어 리스크를 적극적으로 관리해야 보험 시장의 활성화에 긍정적으로 도움이 되는 상태였다. 그렇지만 이후 제도적인 개선은 없었다.

이로부터 4년이 지난 2022년 3월, 국민의힘 가상자산특위위원장을 맡은 윤창현 의원은 '디지털 자산 거래소가 해킹 등을 당하면 보험사가 보상하는 손해보험을 도입할 것'이라며, 고객 보호 조치를 위한 보험제도 도입 및 확대를 예고했다. '개미 투자자들'이 개인별 보험가입으로 보험료 부담을 주기보다는 거래소를 통한 보험 제도 확대를 예고한 것이다.

이 같은 보험 공약이 나온 것은 디지털 자산 피해가 늘지만 안전망은 취약하다는 판단에서다. 빗썸은 2018년, 업비트는 2019년에 수백억 원 규모의 해킹 사고를 당했다. 윤 의원실에 따르면 2021년 1~11월, 국내 디지털 자산 범죄 피해액은 3조 87억 원으로 2020년, 피해액(2136억 원)보다 14배 넘게 증가했다.

하지만 보험 안전망은 여전히 취약하다. 대부분 거래소는 개인정보유출 사고 때에만 보험을 통한 보상이 가능하다. 해킹·시스템 오류에 대한 손해보험 상품 자체가 없기 때문이다. 업비트 관계자는 "보험 상품을 찾아봤는데, 개인정보유출 사고 보상 이외의 보험은 없는 실정"이라고 전했다. 빗썸 관계자는 "꽤 많은 보험에 가입돼 있지만 보험의 보상 범위가 주로 개인정보유출 사고로 국한돼 있다"고 말했다. 중소형 거래소 상황은 더 심각하다. 대형 거래소는 해킹 등의 사고 시 보험 적용을 못 받아도 자체 재원으로 보상할 수 있지만, 중소형 거래소는 보상 자체가 힘들 수 있기 때문이다.

이는 외국과 정반대 상황이다. 해외에서도 디지털 자산 해킹 등의 피해가 잇따랐다. 세계 최대 디지털 자산거래소인 바이낸스는 2019년, 해커의 공격을 받아 약 470억 원 규모의 비트코인을 분실했다. 영국의 디지털 자산거래소 엑스모EXMO는 2020년, 거래소 지갑 해킹으로 약 130억 원 상당의 코인을 탈취당했다.

피해가 잇따르자 해외에서는 코인 보험이 이미 도입된 상태다. 보험연구원에 따르면, 지난해 영국 보험회사 런던 로이즈는 디지털 자산 보험 플랫폼 코인커를 대상으로 해킹 등 디지털 자산 범죄 위험을 보장하는 보험을 적용하기 시작했다. 미국의 디지털 자산 전문 보험회사인 에버타스는 디지털 자산 관련 사업을 운영하는 기업에 기술 오류 및 결함에 관한 배상책임보험 등을 제공하고 있다.

디지털 자산 업계에서는 해킹 등에 대한 코인 손해보험이 도입되는 것에 환영하는 분위기다. 거래소들이 자체 보안 시스템을 강화했는데, 코인 손해보험까지 도입되면 고객 보호 안전망이 이중·삼중으로 강화되는 효과가 있기 때문이다.

그렇지만, 보험업계가 얼마나 적극적으로 나올지가 관건이다. 보험업계에서는 우려하는 목소리도 있어 신중하다. 디지털 자산 시장이 변동성이 크고, 초기 시장이므로 보험사가 떠안을 리스크가 클 수 있다. 디지털 자산거래소가 해킹을 통해 몇 천억 원 ~ 수 조 원 규모의 디지털 자산이 탈취당한다면, 관련 보험사까지 망할 수 있기 때문이다.

이를 극복하기 위하여 국내 디지털 자산 거래소는 정보보호 관리체계

ISMS 인증 획득, 트래블룰 시스템 정비 등을 통해 보안을 강화했다. 그렇지만, 결국 디지털 자산 시장의 보험과 보안은 불가분의 관계이고, 디지털 자산 보험 시장은 잠재력이 매우 큰 시장이기 때문에 보험사도 쉽게 손을 놓을 수 없을 것이다.

디지털 자산 시장 생태계가 성장하는 동안 보안, 보험 산업 또한 발전할 것이다. 보안과 보험 산업이 발전하면, 소비자 보호는 자연스럽게 따라오게 된다. 이렇게 선순환 구조는 형성될 것이며, 이를 기반으로 디지털 자산 시장은 더욱 투자하기 쉬운 시장으로 발전할 것으로 예상된다.

PART 6

2023
지표 Index 트렌드

CHAPTER 1

암호화폐의 대장,
비트코인 투자를
위한 지표

비트코인 반감기

비트코인 이벤트 중 가장 큰 이벤트를 들라고 한다면 바로 '비트코인 반감기'라 할 수 있다. 비트코인 반감기는 비트코인 공급을 제한적으로 유지하기 위해 채굴자에게 주어지는 보상이 줄어드는 메커니즘을 뜻한다.

비트코인은 2,100만 개까지 채굴되도록 설계되어 있으며, 21만 번째 블록이 형성될 때마다 반감기를 가진다. 첫 번째 비트코인 반감기는 2012년

비트코인 가격차트

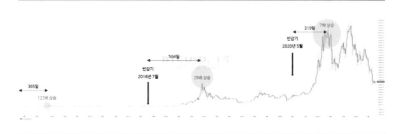

출처 코인마켓캡 활용(coinmarketcap.com/ko/currencies/bitcoin/)

비트코인 반감기와 가격

반감기	반감기 시점 가격	반감기 이후 최고 가격 시점(기간)	반감기 이후 최고 가격(상승률)
2012년 11월 30일	1만 원	2013년 11월 30일(365일)	122만 원(122배)
2016년 7월 31일	77만 원	2017년 12월 17일(504일)	2,120만 원(28배)
2020년 5월 30일	1,170만 원	2021년 4월 14일(319일)	8,040만 원(7배)
2024년 04월(예상)	-	2025년 5월(예상)	-

11월이었는데, 채굴 보상이 1블록당 50개에서 25개로 줄었다. 두 번째 반감기는 2016년 7월로, 채굴 보상이 1블록당 25개에서 12.5개로 줄었다. 가장 최근에는 2020년 5월로, 채굴 보상이 1블록당 12.5개에서 6.25개로 줄었다.

비트코인 가격은 반감기 후 꾸준히 상승하다가 1~2년 사이에 정점을 찍는 특징이 있다. 첫 번째 반감기에 1만 원에 불과했던 비트코인 가격은 2013년 11월, 122만 원으로 100배가 넘게 올랐다. 두 번째 반감에는 77만 원하던 비트코인이 2,120만 원으로 28배 상승하였다. 세 번째 반감기에는 1,170만 원 하던 비트코인 가격이 8,040만 원으로 약 7배가 뛰었다. 채굴에 대한 보상이 절반으로 줄어드는 효과 못지않게 반감기 후, 가격이 올라갈 거라는 기대 심리는 가격 상승을 더 부추긴다. 다음 반감기는 2024년으로 예상되며, 과거의 경험으로 인해 비트코인 상승에 보다 과감하게 베팅하는 투자자들이 많을 것으로 보인다.

출처 www.academy.binance.com/ko/halving

비트코인 해시레이트

해시레이트는 채굴을 위한 연산 처리 능력을 측정하는 단위이다. 쉽게

말해서 비트코인 채굴 난이도를 의미한다. 비트코인의 블록 생성 주기는

비트코인 해시레이트

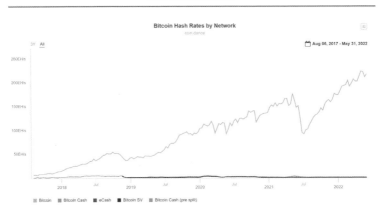

출처 Coin.dance/blocks/hashrate

10분 내외이다. 이 주기는 채굴자가 많든 적든, 채굴기의 성능이 좋든 안 좋든 일정하게 유지된다.

따라서 해시레이트가 높아지면 비트코인 가격은 상승한다. 비트코인 채굴비용이 상승하기 때문에 비트코인 생산 원가는 올라가고 이에 따라 판매 단가는 상승한다. 반대로 해시레이트가 하락하면 비트코인 가격은 떨어진다. 비트코인을 쉽게 채굴할 수 있으므로 생산 원가가 낮아지고, 이에 따라 비트코인 판매가도 떨어진다.

하지만 2022년 10월 현재, 해시레이트 차트와 비트코인 시세에 큰 연관성은 없어 보인다. 다만 2021년에 중국에서 채굴장 폐쇄에 나서면서 해시레이트 감소, 비트코인 가격 하락으로 이어진 적은 있다. 2022년 1월에도 채굴량 세계 2위인 카자흐스탄에서 전력난으로 채굴을 중단하면서 채굴 난이도가 하락하여 비트코인 가격이 급락한 적이 있다. 참고로 비트코인의 가격이 일시적으로 하락하더라도 해시레이트의 추이에 큰 변화가 없다면 향후 가격이 회복될 가능성이 크다.

비트코인 200주 이동평균선

이동평균선은 기본적으로 지지선과 저항선의 역할을 한다. 그중 지지는

가격이 일정 수준까지 떨어지면 매입 세력에 의해 가격이 더 하락하지 않

비트코인 가격차트와 200주 이동평균선

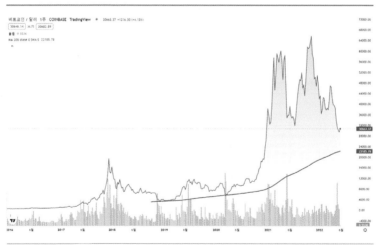

출처 트레이딩 뷰

는 것을 뜻한다. 앞 페이지 차트의 파랑색 선은 비트코인의 주봉 차트이고 빨간색 선은 200주 이동평균선을 나타낸다. 차트를 보면, 과거 3~4년간 비트코인 차트가 200주 이동평균선을 항상 상회하는 것을 알 수 있다. 특히 최근 반감기(2020년 5월) 이전 시점의 비트코인 저점 구간은 모두 200주 이동평균선의 지지를 받으며 반등하였음을 확인할 수 있다. 200주 이동평균선 추세를 보고 앞으로의 비트코인 저점 및 반등 구간을 예측하는 것도 투자 시 참고할만하다.

최근 해시레이트 차트와 비트코인 시세에 큰 연관성은 없어 보인다. 다만 2021년에 중국에서 채굴장 폐쇄에 나서면서 해시레이트 감소, 비트코인 가격 하락으로 이어진 적은 있다. 2022년 1월에도 채굴량 세계 2위인 카자흐스탄에서 전력난으로 채굴을 중단하면서 채굴 난이도가 하락하여 비트코인 가격이 급락한 적이 있다. 참고로 비트코인의 가격이 일시적으로 하락하더라도 해시레이트의 추이에 큰 변화가 없다면 향후 가격이 회복될 가능성이 크다.

CHAPTER 2

알트코인 투자를 위한 지표와 참고할 것들

알트코인 시장 규모

알트코인은 비트코인 이외의 후발 암호화폐를 칭한다. 현재 그 수를 헤아릴 수 없을 정도로 많고 코인의 가치척도를 나타내는 시가총액(줄여서 시총)도 규모가 고르지 않고 다양하다. 비트코인은 2022년 5월 기준, 시총 750조 원이고, 시총 2위인 이더리움은 약 300조 원으로 비트코인 절반에도 못 미친다. 3위부터는 규모가 급격히 줄어 에이다가 26조 원, 리플이

시총 상위 순위

	디지털 자산		기간별 상승률		시가총액	
			시가총액 ⌄	거래대금(24H) ⌄		업비트 거래
1	Ⓑ	비트코인	7,553,414 억원	415,541 억원		거래하기 ▾
2	◆	이더리움	2,934,582 억원	226,740 억원		거래하기 ▾
3	☼	에이다	265,003 억원	40,533 억원		거래하기 ▾
4	✕	리플	255,139 억원	21,177 억원		거래하기 ▾
5	⬤	솔라나	193,601 억원	18,483 억원		거래하기 ▾

출처 업비트 (www.upbit.com/trends)

25조 원 정도이다. 참고로 한국인이 가장 많이 사용하는 거래소 '업비트'에 상장된 유벤투스 코인은 약 60억 원 정도이다. 이더리움을 제외하면 알트코인 대부분이 비트코인에 비해 아주 미미한 수준이다.

비트코인 도미넌스

비트코인 도미넌스는 전체 암호화폐(코인) 시총 중 비트코인 시총이 차지하는 비율을 나타내는 지표이다. 즉, 비트코인의 시장 점유율이다. 비트

비트코인 도미넌스 차트

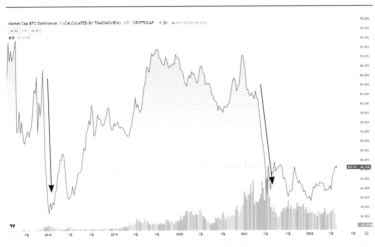

출처 트레이딩뷰 참고(kr.tradingview.com/chart/?symbol=CRYPTOCAP%3ABTC.D)

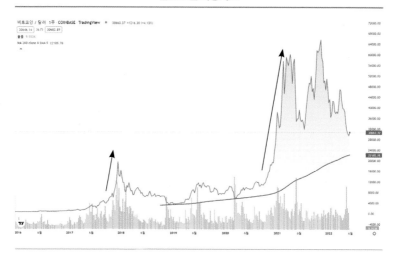

출처 트레이딩뷰 참고(kr.tradingview.com/chart/?symbol=CRYPTOCAP%3ABTC.D)

코인 도미넌스는 트레이딩뷰 사이트에서 확인할 수 있다. 검색어에 BTC.
D를 입력하면 된다.

도미넌스는 상대적인 비율을 나타내기에 시가총액의 양적 변화를 확
인할 수 없다. 따라서 트레이딩 뷰에서 TOTAL을 검색하여 비트코인을 포
함한 가상화폐 시가 총액 또는 비트코인을 제외한 알트코인 시가총액을
함께 참고하여 보면 시장의 흐름을 보다 잘 이해할 수 있다.

비트코인 도미넌스 차트를 보면, 반감기 후 비트코인 가격 상승과 함께
비트코인 도미넌스 비율이 점차 올라가는 것을 보게 된다. 그리고 도미넌
스가 65~70%의 정점을 지나서 그 비율이 급격히 떨어진다. 그 이유는 알
트코인 시총 그래프를 보면 알 수 있는데, 2017년 말부터 2018년 초까지

비트코인 도미넌스와 알트코인 상관관계

반감기		반감기 이후
가격	도미넌스	가격
상승	상승	소폭 상승
	횡보	상승
	하락	불장
횡보	상승	하락
	횡보	횡보
	하락	상승
하락	상승	폭락
	횡보	하락
	하락	소폭 하락

그리고 2020년 연말부터 2021년 5월까지 알트코인 시총이 폭발적으로 상승하기 때문이다. 물론 비트코인 가격은 내려가지 않고 횡보하고 있기에 전체 코인 시총은 증가하고 있다.

비트코인 도미넌스, 알트코인 시총 그래프의 상관관계를 나타내면 위의 표와 같다. 알트코인에 투자해야 하는 시기는 표에 따르면, 비트코인 가격이 상승하는 중에 도미넌스가 횡보하거나 하락하는 지점인 것을 확인할 수 있다. 구체적으로는 비트코인이 전 고점을 뚫고 더 상승하고 비트코인 도미넌스가 65~70% 사이를 차지할 때이다. 반대로 투자에 주의해야 하는 구간은 비트코인이 한동안 횡보하며 추가 상승을 보이지 않고 비트코인 도미넌스가 30%대를 기록하면 위험 신호로 인지할 필요가 있다.

다만, 다음 반감기에는 도미넌스 수치를 5~10% 정도 아래인 55~65% 구간을 정점으로 설정해야 할 수도 있다. 스테이블 코인의 도미넌스가 과거에 비해 많이 올라왔기 때문이다. 스테이블 코인은 달러와 동일한 가치를 가지고 거래소에서 마치 현금처럼 쓰이기 때문에 과거 수치와 비교할 때 감안하여 보아야 한다. 대표적인 스테이블 코인으로는 서클 Circle 사가 개발한 USDC 코인과 테더 사가 개발한 USDT가 있다. 아래 그 래프는 USDC의 도미넌스를 나타낸 것인데, 2020년 4~5월에 비해 2022 년 5월은 도미넌스가 4% 정도 상승했다.

USDC 스테이블 코인 도미넌스

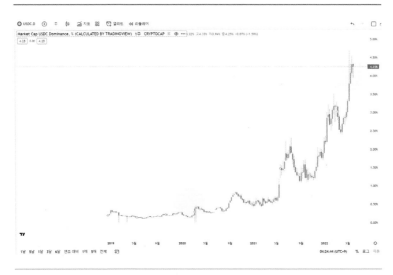

출처 트레이딩 뷰

투자 시
참고해야할 것들

알트코인 투자는 대체로 중·단기 투자에 적합하다. 비트코인이 크게 상승한 후에 시총이 낮은 알트코인에 투기성 자금이 몰리기 때문이다. 그리고 비트코인에 비해 알트코인은 내재가치가 불분명하기 때문에 대외적인 변수에 영향을 크게 받는다. 과거 반감기 사이클 동안 실제로 알트코인 불장기는 4~5개월로 짧았다. '코인과 사랑에 빠져서는 안 된다'는 말이 있는데, 이는 알트코인에 대한 기술력이나 향후 전망이 너무 부풀려진 것이 아닌지 항상 경계하며 투자하라는 의미이다.

주식이 그러하듯 알트코인도 테마가 있다. 예를 들어 블록체인 기반 신원인증DID, Decentralized IDentitifier이라는 테마가 있는데, 이 테마에는 휴먼스케이프, 메타디움, 시빅이라는 코인이 있다. 또한 게임 테마가 있고 해당하는 코인은 보라, 왁스, 샌드박스, 디센트럴랜드 등이다. 클라우드 플랫폼 테마에는 스토리지, 파일, 골렘 등의 코인이 있다. 이 밖에도 많은 테마와 코인이 있는데 코인니스coinness.live/market/theme 사이트를 방문하면 이를 확인해 볼 수 있다. 코인은 테마별로 가격 등락이 같이 움직이는 상황이 많다. 블록체인 기술은 실생활에 다양하게 접목될 수 있고 접목되는 분야에 따라서 관심을 받는 테마가 생기기 때문이다. 따라서 특정 코인 가격이 크게 상승했다면 이와 같은 테마의 다른 코인도 관심을 받을 가능성이 크다.

알트코인은 뉴스에 민감하다. 대기업이 코인 프로젝트에 투자하게 되었다는 내용이나 국가기관이 블록체인 기술을 활용한 사업에 참여하겠다는 뉴스가 나오면 가격이 크게 상승한다. 일반인들이 이해하기 힘든 기술들과 불확실성으로 가득한 코인 판에 믿을만한 기관의 등장은 그 자체

코인 호재일정

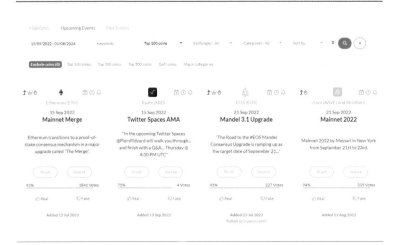

만으로도 코인의 신뢰도를 확실히 올려 준다. 투자자 입장에서는 이를 미리 알아내어 저가에 매수해 둔다면 큰 수익을 거둘 수 있다. 투자 수익을 얻기 위해 별도의 노력을 들여 뉴스를 찾아낼 수도 있지만 따로 정리해둔 사이트도 있으니 이를 활용해 봐도 좋을 것이다. 코인마켓컬coinmarketcal.com 사이트는 앞으로 있을 코인호재 일정 및 코인호재에 대한 유저의 반응을 살필 수 있으며, 쟁글Xangle 사이트는 코인 별 공시자료와 수준 높은 분석 자료를 확인할 수 있다.

알트 코인
투자 적용 사례

① DID 테마 메디블록

2021년 3월, 블록체인 기반 신원인증DID 사업 공고문이 조달청 홈페이지에 나왔다. 공고문 홈페이지 등록일은 3월 17일이었으며 제안서 평가일은 4월 2일이었다. 이 기간 각종 커뮤니티에는 DID관련 코인이 무엇이 있고, 선정 가능성이 있는 코인은 무엇인지에 대한 얘기가 주를 이루었다.

결국, DID 테마로 묶인 코인들은 많은 관심을 받으며 짧은 기간 동안 4,5배의 엄청난 상승률을 보여 주었다. 구체적으로 메디블록 코인의 경우, 3월 17일부터 제안서 평가일인 4월 2일, 약 보름 남짓한 기간 동안 60원에서 400원까지 약 6배 이상 올랐다. 관련 뉴스를 누구보다 먼저 접한 사람은 큰 수익을 거둘 수 있었을 것이다.

암호화폐 시장의 특징은 아직 기관 플레이어가 없다는 점이다. 따라서 그 사업과 밀접한 관계인을 제외하고는 정보에 있어 누구에게나 공평하다.

DID 사업 공고문

(재공고) 분산ID 생태계 활성화 방안 연구

| 담당자 | 블록체인확산팀 박소현 | **전화** | 061-820-1854 | **이메일** | ✉ | **등록일** | 2021-03-17 |

조회 1966

****

본 입찰은 KISA전자계약시스템을 이용한 전자입찰 대상으로 전자입찰서는 반드시 KISA 전자계약시스템(https://cont.kisa.or.kr)에 접속하여 인터넷으로 제출하여야 하며, 전자계약을 실시합니다.

제출된 서류의 누락 및 오제출, 증빙기간만료 등의 오류가 있을 경우 입찰 부적격 처리 됩니다.

접수마감 기한 경과시 전자계약시스템이 자동마감 되며, 마감시간에 임박하여 접수할 경우 시스템 사용 미숙에 따른 오류, 입찰등록 집중으로 인한 시스템 장애 등이 발생할 수 있으니 가급적 1~2일 전부터 여유를 갖고 접수하시기 바랍니다.

****

1. 입찰에 부치는 사항

관리번호	계 약 건 명	등록마감일시	제안서평가일(예정)	입찰방법
제2021-064호	분산ID 생태계 활성화 방안 연구	2021. 03. 31.(수) 14:00까지	2021. 04. 02.(금) 오전10:00 부터 (온라인 평가)	제한경쟁입찰

※ 제안서평가 일정 및 진행 방법(오프라인 또는 온라인) 등은 본원의 사정에 따라 제안서 제출자에게 공지 후 변경될 수 있으며, 입찰참가 등록 마

출처 조달청 홈페이지

메디블록 코인 차트

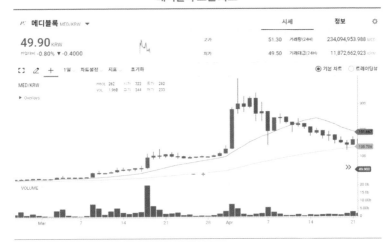

출처 업비트

일반 개인도 열심히 정보를 찾으면 그만큼 결실을 볼 수 있는 시장이다.

② 밈 테마 도지코인

일명 '도지파더'라 불리는 일론 머스크Elon Musk가 2021년 4월 28일, 자신의 '트위터'에 미국 유명 코미디쇼 '세러데이나이트SNL' 출연 소식을 알렸다. 과거 일론 머스크가 도지코인을 언급할 때마다 도지코인의 가격이 크게 올랐기에 각종 커뮤니티를 비롯하여 일반 언론에서도 도지코인에 대한 관심이 급증하였다. 실제로 트위터 언급 시점부터 머스크가 출연하기로 한 5월 8일까지 도지코인은 350원에서 780원으로 약 두 배 넘는 상승을 하였다. 일론 머스크를 트위터에 추가해놓고 누구보다 이 소식을 빨리 접한 사람은 약 100%가 넘는 수익을 올릴 수 있었을 것이다.

도지코인 차트

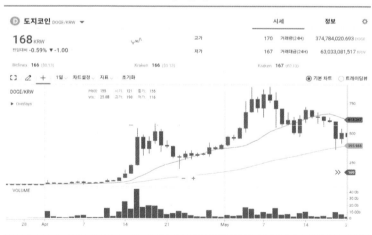

출처 업비트

출처 제민일보 (www.jemin.com/news/articleView.html?idxno=716721)

암호화폐 시장에는 일론 머스크 외에 시장에 영향을 줄 수 있는 많은 유명인이 있다. FTX 설립자인 샘 뱅크맨 프리드Sam Bankman-Fried, 암호화폐 기업 DCG의 CEO인 배리 실버트Barry Silbert 등이 그들이다. 코인 관련 유명인들을 트위터에 추가해 놓는다면 코인 시장의 흐름을 읽거나 투자에 보다 수월하게 된다.

과거 일론 머스크가 도지코인을 언급할 때마다 도지코인의 가격이 크게 올랐기에 각종 커뮤니티를 비롯하여 일반 언론에서도 도지코인에 대한 관심이 급증하였다. 실제로 트위터 언급 시점부터 머스크가 출연하기로 한 5월 8일까지 도지코인은 350원에서 780원으로 약 두 배 넘게 상승하였다. 일론머스크를 트위터에 추가해놓고 누구보다 이 소식을 빨리 접한 사람은 약 100%가 넘는 수익을 올릴 수 있었을 것이다.

CHAPTER 3

암호화폐 시장 반등을 알리는 지표

온체인 데이러 CDD

온체인 데이터On-Chain Data는 블록체인상에서 이루어진 거래 명세를 담고 있는 데이터이다. 블록체인은 모두에게 열려있다는 특징을 가지고 있어 이를 활용해 거래된 코인 수, 지갑 주소, 채굴자들에게 지급되는 수수료 와 같은 기본적인 정보들을 파악할 수 있다. 온체인 데이터는 크립토퀀트 https://cryptoquant.com/에서 확인할 수 있다. 온체인 데이터를 보는 가장 핵심 은 고래가 보유한 암호화폐 물량의 이동을 파악하기 위한 것이다. 고래는 대량의 가상화폐를 보유하고 있어 고래의 움직임은 시장 가격에 큰 영향 을 미치는 것은 물론이고, 개인 투자자의 심리에도 영향을 준다.

온체인 데이터 중, CDD 지표는 비트코인 이동 물량에 기간 가중치를 준 수치이다. 보유기간이 긴 비트코인을 대량으로 지갑 밖으로 출금하면 수치가 올라간다. 옆 페이지의 그래프를 보면 CDD 수치가 크게 뛴 후에 비트코인 가격에 추세 전환이 오는 상황을 볼 수 있다. CDD가 크게 올랐

비트코인 CDD 지표

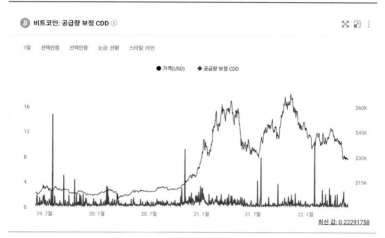

출처 크립토퀀트(cryptoquant.com/ko/asset/btc/chart/network-indicator/supply-adjusted-cdd?window=DAY&sma=0&
ema=0&priceScale=linear&metricScale=linear&chartStyle=line)

다는 것은 비트코인 장기 홀더들이 물량을 많이 매도했다는 의미이다. 그리고 이와 동시에 강력한 신규 매수세가 유입되었다는 뜻이기도 하다. 보통 이럴 때 신규 매수자는 많은 물량을 매수할 수 있는 고래인 경우가 많다. 고래는 결국 자신의 평단가 보다는 가격을 띄우려 할 것이기 때문에 비트코인 가격 하락 구간에서 CDD 수치가 크게 올랐다면, 반등 시그널로 판단해 볼 수 있다.

온체인 데이터 MVRV

MVRV^{Market Value to Realised Value} 지수는 코인의 현재 시가총액을 실현 시가총액으로 나눈 값이다. 여기서 실현 시가총액은 다른 지갑에 마지막으로 전송된 모든 비트코인의 가격을 더한 값이다. 따라서 값이 1이 나오면 마지막 지갑 전송 당시 가격을 기준으로 평균적으로 수익률이 0%인 상태를 의미하고, 2가 나오면 100% 수익을 거둔 상태를 의미한다. 3번의 반감기를 거치는 동안 경험적으로 MVRV 수치가 1 이하일 때 저점인 상황이 많았고 3.7 이상일 때 고점인 경우가 많았다. 2022년 5월 현재, 1에 아주 근접해 있는 상태이다.

비트코인 MVRV 비율

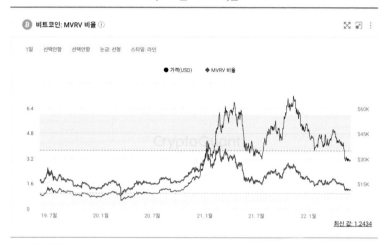

출처 크립토퀀트(cryptoquant,com/ko/asset/btc/chart/market-indicator/mvrv-ratio?window=DAY&sma=0&ema=0&priceScale=linear&metricScale=linear&chartStyle=line)

공포 탐욕 지수

투자자들의 심리를 나타내는 지표로 공포 탐욕 지수Crypto Fear And Greed

Index가 있다. 지수의 범위는 1~100까지로 수치가 낮을수록 투자자가 공

공포탐욕 지수 기간 데이터

출처 alternative.me/crypto/fear-and-greed-index/

비트코인 차트

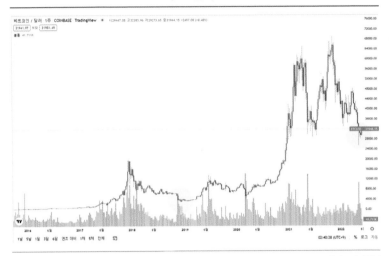

출처 트레이딩뷰

포를 느끼고, 높을수록 탐욕을 느끼는 것이다. 보통 1~20까지의 수치를 극단적인 공포로 매수를 추천하고, 80~100을 환희에 차있는 구간으로 매도를 추천한다. 이 사이트alternative.me/crypto를 방문하면 현재 수치 및 과거 데이터를 확인해 볼 수 있다.

공포 탐욕 지수를 보면 2022년 5월, 극단적 공포에 몰려있는데 과거 2020년 3~4월, 2018년 12월 두 시점도 마찬가지로 극단적 공포에 점들이 몰려있음을 알게 된다. 위의 비트코인 차트를 보면, 과거에는 극단적 공포가 몰려있는 구간에서 비트코인 가격 반등이 왔음을 확인할 수 있다.

CHAPTER 4

암호화폐 하강국면, 경계해야 하는 미국 경제지표

나스닥 및 소비자물가지수

(1) 나스닥

경기 하락기에 미국 경제 지표는 비트코인에 영향을 많이 준다. 아래의

그래프를 보면 2021년 12월을 전후하여 나스닥 지수주황색 선가 하락하는

나스닥 지수와 비트코인 그래프

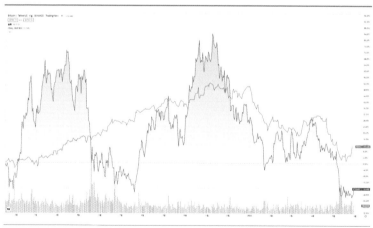

출처 트레이딩 뷰

데, 하강 국면에서 나스닥 차트와 비트코인 차트 움직임이 유사한 것을 확인할 수 있다. 비트코인도 자본 시장에 속하기 때문에 경기 하락기에 나스닥 등 미국 경제지표에서 벗어날 수 없는 것이다. 실제로 한 주를 마무리하는 금요일 장에 미 증시가 크게 하락 마감하면 주말 동안 비트코인 가격이 크게 빠지는 일이 종종 발생했다.

(2) 소비자물가지수

미국 경기 지표 중 또 관심을 가져야 하는 지표는 소비자물가지수Consumer Price Index, CPI이다. 미국 고용통계국에서 매달 발표하는 것으로 미국 소비재 및 서비스 시장에 대한 소비자가 지불하는 가격의 변동을 측정한 지수이다. 소비자물가지수가 상승한다는 의미는 상품의 가격이 오르는 것을, 상품 가격의 상승은 실질 임금의 감소를 의미한다. 즉, CPI의 상승은 인플레이션을 측정하는 도구로 사용된다.

한편, 미국의 중앙은행인 연방준비제도이하 연준 최고 의사 결정권자가 FOMCFederal Open Market Committee를 구성하고 있는데, FOMC는 금리인상, 테이퍼링 등 중요한 정책 결정이 이루어지는 곳이다. FOMC 정책 의사결정은 미국 소비자물가지수 등에 영향을 많이 받는다. 소비자물가지수가 당초 예상 보다 크게 올라간다면 미 증시 및 비트코인에 부정적인 정책 결정이 이루어질 수 있다. 반대로 소비자물가지수가 당초 예상보다 밑돈다면 증시와 비트코인에 긍정적인 정책 결정이 나올 수도 있다고 예상해 볼 수 있다.

미국 소비자물가지수(CPI) 〈전년 대비〉

실제 수치가 예상치보다 높은 경우 미달러화 가치 및 전망이 긍정적이라는 뜻이며, 낮은 경우 부정적임을 의미합니다.

통화: USD
출처: U.S Bureau of Labor Statistics...

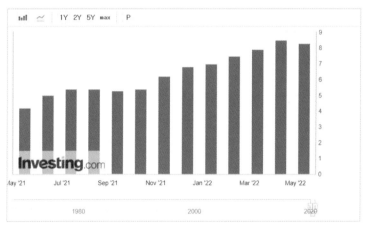

발표일	시간	발표	예측	이전
2022년 06월 10일 (5월)	21:30		8.1%	8.3%
2022년 05월 11일 (4월)	21:30	8.3%	8.1%	8.5%
2022년 04월 12일 (3월)	21:30	8.5%	8.4%	7.9%
2022년 03월 10일 (2월)	22:30	7.9%	7.9%	7.5%
2022년 02월 10일 (1월)	22:30	7.5%	7.3%	7.0%
2022년 01월 12일 (12월)	22:30	7.0%	7.0%	6.8%

출처 인베스팅 닷컴

달러지수 및 실업률, 실업수당청구건수

(1) 달러지수

달러지수는 세계 주요 6개국 통화 대비 달러화의 평균적 가치를 나타내는 지표이다. 달러의 가치가 올라가면, 자산의 가치는 하락한다. 반대로 달러의 가치가 하락하면, 자산의 가치는 올라가는 경향이 있다. 과거 시점에 대입해보면, 2018년 코인 불장기일 때, 달러지수가 저점을 찍었고 2020년 3월, 비트코인 저점일 때 달러지수가 고점을 찍었다. 2021년 초도 같은 경향으로 비트코인 가격과 달러지수가 정확히 반대로 가고 있음을 알게 된다. 한편, 달러지수는 트레이딩 뷰에서 DXY로 검색하면 확인할 수 있다.

(2) 실업률, 실업수당청구건수

앞서 설명한 소비자물가지수와 함께 고용지표도 눈여겨 보아야 한다.

달러지수

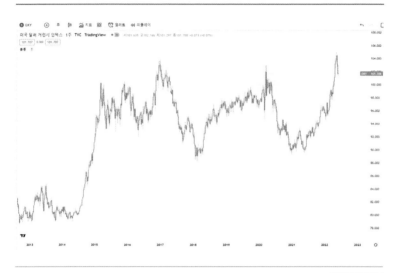

사람들이 돈을 벌지 못하면 소비로 이어지기 힘들고 투자 또한 꺼려하기 때문이다. 미국의 주요 고용 관련 지표는 실업률Unemployment Rate과 실업수당청구건수Jobless Claims가 있다.

매월 첫째 주 금요일에 발표하는 실업률은 수치가 낮을수록 경기가 활성화된 상태를 의미한다. 고용이 늘었다는 건 기업이 돈을 잘 벌고 있고, 더 많은 생산을 위해 사람들을 고용한다는 의미이다. 미국 정부가 안정적으로 보는 실업률은 3%대이다.

매주 목요일에 발표하는 실업수당청구건수Jobless Claims는 주단위로 발표하기 때문에 실업률 지표보다 고용시장의 분위기를 빠르게 파악하는 데 활용될 수 있다. 청구 건수가 높을수록 고용 상황이 좋지 않다는 신호이다. 신규와 연속이 있는데, 신규는 최초로 실업 수당을 신청한 사람이고, 연속은 몇 주 동안 연속으로 실업 수당을 청구한 사람이다.

투자는 쉴 수 있지만 트렌드에 대한 관심은 놓지 말아야 한다

'자산'의 개념은 문명 초기부터 존재하였다. 가치를 축적하고 거래하며 새로운 가치를 창출하는 수단으로 인류 사회에서 자산은 중요한 역할을 했다. 역사적으로 자산은 식량, 가축, 금화, 증서, 주식, 옵션, 선물 등의 다양한 형태로 변화하며 확장되었다.

블록체인 기술의 등장으로 '디지털 자산'이라는 새로운 자산이 등장했고, 시장의 확장과 성장에도 불구하고 높은 변동성, 자금 세탁, 투기, 스캠 등 부정적 측면이 부각되어 본질적 가치가 제대로 평가되지 못하고 있다. 1990년대 중반, '인터넷은 불법'이라며 사용을 금지하는 주장이 우세하였다. 2022년 현재, 디지털 자산을 보는 일부 시각과 유사하지 않은가? 다가오는 디지털 자산 현상이 일시적인 유행과 거품이 아니라 사회적 기술의 진보 방향으로 향하고 있음은 분명하다.

그렇다면 디지털 자산 시장에서 성공적인 투자를 위해 가장 중요한 덕목은 무엇일까? 거시 경제 파악, 투자 전문가 의견 청취, 백서 공부, 투자자 파악 등 다양한 방법론이 있을 수 있다. 그중 가장 중요한 것은 '시장에 살아남아 트렌드를 꾸준히 파악하는 것'이다.

　암호화폐 시장을 포함한 자산 시장은 기본적으로 호황기, 후퇴기, 불경기, 회복기 사이클이 있기 마련이다. 사이클 속에서 트렌드를 잘 파악하여 대응한다면 돈을 벌 기회는 무궁무진하다. 비트코인은 2013년, 2017년, 2021년 호황기를 거치며, 후퇴기, 불경기 그리고 회복기도 거쳤다. 2022년, 현재는 후퇴기나 불경기에 가까운 크립토 윈터일 것이다. 아무리 불경기라도 호황기는 오며, 반대로 호황기를 누리다가도 불경기는 오는 것이 자연의 섭리이다. 그 변곡점을 놓치지 않고 기회를 잡기 위해서, 투자는 쉴 수 있어도 트렌드에 대한 관심은 놓지 말아야 한다. 다시 한번 2023년, 암호화폐 트렌드를 간략히 정리하면 다음과 같다.

[열 가지 키워드]

하나, CBDC

둘, 스테이블 코인Stable Coin

셋, 웹Web3.0

넷, 메타버스Metaverse

다섯, NFT

여섯, X2E

일곱, 크로스 체인Cross Chain

여덟, 디파이DeFi2.0

아홉, 다오DAO

열, 디지털 커뮤니티Digital Community

[내용]

하나, 디지털 자산 시장의 대규모 채택이 진행되어, 시장은 더욱 성숙/성장할 것이다.

둘, 디지털 자산은 전통 시장에도 영향을 주고 있으며, 다양한 분석이 필요하다.

셋, 웹3.0 시대를 통해 가상 세계로 한 발 더 나아갈 것이다.

넷, 메타버스, NFT, X2E는 이미 일상이 되고 있다.

다섯, 디파이 진화, 다오의 출현은 라이프 스타일을 바꿀 것이다.

여섯, 보안과 보험은 디지털 자산 시장 성장/성숙에 필수적인 요소이다.

《암호화폐 트렌드 2023》을 통해 디지털 자산 시장의 숲을 보았는가? 앞서 산 정상에서의 나무와 갈대를 비유했듯, 트렌드를 잘 살피지 않은 채 자기 주관만 고집하다 꺾이는 나무가 될 것인지, 아니면 변화의 작은 움직임도 빠르고 정확히 감지해 유연하게 대처하여 유유히 살아남는 갈대가 될 것인지, 선택은 투자자의 몫이다. 투자에는 정답이 없다. 그렇지만 해답은 존재한다. 이 책이 그 해답을 찾는 데 도움이 되길 바란다.

참고문헌

PART 1

- 나이브 부켈레 트위터, https://twitter.com/nayibbukele/with_replies
- 코인마켓캡, https://coinmarketcap.com/ko/legal-tender-countries/
- 보스턴컨설팅그룹, 2022 자산 디지털 민주화의 시작
- CCAF 공식 사이트, 비트코인 마이닝맵
- 법무법인광장, 디지털 자산/NFT의 시대를 맞이한 기업들의 대응전략
- CBDC Tracker, https://cbdctracker.org/
- 업다운뉴스, 메타버스 시대의 도래 : CBDC 선두주자 중국과 앞으로 풀어야 할 과제
  http://www.updownnews.co.kr/news/articleView.html?idxno=301315
- 정보통신정책연구원, 미국의 CBDC 정책 최근 동향 : 관망에서 가장 시급으로 입장 변화
  https://www.kisdi.re.kr/report/view.do?key=m2101113025339&masterId=4311435&arrMaste
  rId=4311435&artId=656896
- 코인마켓캡, https://coinmarketcap.com/
- 트레이딩뷰, 알트코인 시총
  https://kr.tradingview.com/chart/N2xOXWOO/?symbol=CRYPTOCAP%3ATOTAL
- 토큰포스트, 전 세계 블록체인 벤처 투자금 '11조 원'…분기 최고 기록 세웠다
  https://www.tokenpost.kr/article-94545 a16z, State of Crypto (https://a16zcrypto.com/wp-
  content/uploads/2022/05/state-of-crypto-2022_a16z-crypto.pdf)
- Goldman Sachs, Overview of Digital Assets and Blockchain (p.28)
- 토큰포스트, CME 그룹, 28일 마이크로 비트코인 및 이더리움 옵션 상품 출시
  https://www.tokenpost.kr/article-85439
- 코인니스, 골드만삭스 BTC 담보 대출 서비스 출시
  https://coinness.live/news/1029814
- 코인데스크, 그레이스케일이 비트코인 현물 ETF를 주장하는 여섯 가지 이유

http://www.coindeskkorea.com/news/articleView.html?idxno=79348

- 토큰포스트, 메타, 자체 '암호화폐 거래소' 출범 시사… '메타페이' 상표권 출원

  https://www.tokenpost.kr/article-94290

- 〈조선일보〉, "저커버그보다 빠르다"… 산업용 메타버스 진격하는 마이크로소프트

  https://www.chosun.com/economy/tech_it/2022/05/25/7DQHNG5MKVENVECMVKTIK
  E5UFI/

- 연합뉴스, 금융위 "스테이블코인, 디파이 규율 적극 검토"

  https://m.yna.co.kr/view/AKR20220524110100002

- 연합인포맥스, 가상자산 허락하자… 금융사 WM에 대출까지 '각양각색'

  https://news.einfomax.co.kr/news/articleView.html?idxno=4216389

- 이데일리, '가상자산'으로 돌파구 찾는 증권사… 조직 꾸리고 연구조사 강화

  https://m.edaily.co.kr/news/Read?newsId=04477206632268240&mediaCodeNo=257

- Chain Analysis, Crypto Crime Report 2022 (25page)

PART 2

- Introducing the 2022 State of Crypto Report

  https://a16zcrypto.com/state-of-crypto-report-a16z-2022/

- What the Heck is web3? Simple Explanation

  https://ayedot.com/540/MiniBlog/What-the-Heck-is-web3?-Simple-Explanation

- 유튜브 채널 〈지혜의 족보〉

  https://www.youtube.com/channel/UCzGUaygjUeV-Zm_DRuFS0pA/community

- What is Web3? Here Are Some Ways To Explain It To A Friend

  https://consensys.net/blog/blockchain-explained/what-is-web3-here-are-some-ways-to-
  explain-it-to-a-friend/

- What is the Blockchain Trilemma?

- https://learn.swyftx.com/blockchain/blockchain-trilemma/

PART 3

- Tether Independent Accountant Report https://tether.to/en/transparency/#reports

  2022 Circle Examination Report April 2022

- https://www.centre.io/hubfs/PDF/2022%20Circle%20Examination%20Report%20April%20
  2022.pdf?hsLang=en

- Makerdao Whitepaper https://makerdao.com/ko/whitepaper

  Dai In Numbers: Momentum Report Q3

- https://blog.makerdao.com/dai-in-numbers-momentum-report-q3/

  USN stablecoin goes live on NearProtocol

- https://www.theblockcrypto.com/post/143275/usn-stablecoin-goes-live-on-near-protocol

- NearProtocol whitepaper https://near.org/papers/the-official-near-white-paper/

- Frax Finance Price Stability https://docs.frax.finance/price-stability

  A Report on Decentralized Finance (DeFi) - grayscale

- https://grayscale.com/learn/a-report-on-decentralized-finance-defi/

  The Web3 World - Canvas Venture

- https://www.canvas.vc/blog/the-web3-world?fbclid=IwAR0NqTyMYtCW56WpJDE8pNdXUfS
  Xkb7I-7LbClsr9TeNbrvtJGhVupGQxbQ

  [한화자산운용] Digital Asset Report - DeFi에 대한 이해

- https://www.hanwhafund.co.kr/webapp/hw_kor/hw_invest_info/hw_notice_view.jsp

  쟁글 테더(USDT) 뱅크런 리스크 점검

- https://xangle.io/research/628f14e3b561336ae9ccbbf3

  《디지털 부자가 꼭 알아야 할 NFT》 191,194페이지

- Money and Payments: The U.S.Dollar in the Age of Digital Transformation - 2022.2

  https://www.federalreserve.gov/publications/files/money-and-payments-20220120.pdf

- Designing Internet-Native Economies: A Guide to Crypto Tokens - a16z

  https://future.a16z.com/a-taxonomy-of-tokens-distinctions-with-a-difference/

- State of Crypto report 2022 - a16z

  https://a16zcrypto.com/state-of-crypto-report-a16z-2022/

- Lido: Ethereum Liquid Staking Report

  https://lido.fi/static/Lido:Ethereum-Liquid-Staking.pdf
- dydx whitepaper

  https://whitepaper.dydx.exchange/
- Cosmos whitepaper

  https://v1.cosmos.network/resources/whitepaper
- Yearn Finance whitepaper

  https://www.allcryptowhitepapers.com/yearn-finance-3-whitepaper
- Curve Finance whitepaper

  https://curve.fi/whitepaper
- Convex Finance (CVX) Surpasses Aave in Total Value Locked

  https://beincrypto.com/convex-finance-cvx-surpasses-aave-in-total-value-locked/
- Convex Finance: Pre-Launch Announcement

  https://convexfinance.medium.com/convex-finance-pre-launch-announcement-
  3630b2a428d0https://docs.olympusdao.finance/main/basics/basics
- Olympus Fundamentals: Universal Acceptance Through The Liquidity Pillar
- https://olympusdao.medium.com/olympus-fundamentals-universal-acceptance-through-the-
  liquidity-pillar-83aaa10f92bb
- [정우현의 코인세상 뒤집어보기] 디파이 2.0의 간판, 올림푸스 다오 분석
- https://www.womaneconomy.co.kr/news/articleView.html?idxno=208740

  Aragon (ANT): DAOs for Communities and Businesses
- https://www.gemini.com/cryptopedia/aragon-crypto-dao-ethereum-decentralized-government
  VC는 탈중앙화 자율 조직이 될 수 있을까?
- https://medium.com/despread-creative/vc%EB%8A%94-%ED%83%88%EC%A4%91%EC%95
  %99%ED%99%94-%EC%9E%90%EC%9C%A8-%EC%A1%B0%EC%A7%81%EC%9D%B4-
  %EB%90%A0-%EC%88%98-%EC%9E%88%EC%9D%84%EA%B9%8C-ffef4ea54c47
- How to turn your VC firm into a DAO
- https://www.protocol.com/newsletters/pipeline/dao-venture-capital-bessemer Once Upon a

time in DAOlin

- https://pleasr.mirror.xyz/

- Friends With Benefits: 4 Tips for a Successful FWB Relationship

- https://www.masterclass.com/articles/friends-with-benefits-tips

- https://www.coindeskkorea.com/news/articleView.html?idxno=80549

> PART 4

- 메타버스, '엔데믹' 턱에 걸려 급제동

  https://view.asiae.co.kr/article/2022052309445690216

- 위키백과 〈메타버스〉

  https://ko.wikipedia.org/wiki/%EB%A9%94%ED%83%80%EB%B2%84%EC%8A%A4

- 페이스북이 꿈꾸는 메타버스 세상: 페이스북 'Connect 2021' 리뷰, 삼정KPMG 경제연구원

  The Important Difference Between Web3 And The Metaverse :https://www.forbes.
  com/sites/bernardmarr/ 2022/02/22/the-important-difference-between-web3-and-the-
  metaverse/?sh=28261e585af3

  7 Essential Ingredients of a Metaverse

- https://future.a16z.com/7-essential-ingredients-of-a metaverse?fbclid=IwAR2NktZRYdEvO60
  6idhkoR3rMsLDkzed9zp_54VEtsiuW_1WFyFD-2c_Fyc

- 50+ metaverse Statics/ Market Size & Growth(2022)

- https://influencermarketinghub.com/metaverse-stats/

- 메타버스의 걸림돌 'VR울렁증'…원인은 멀미와 같다고?

- https://www.hankookilbo.com/News/Read/A2022051114510002989?did=NA

- 메타버스 일하는 방식을 바꾸다 _ SPRi 이슈리포트

- [해시태그AI] 노래·춤까지 매력 많은 '가상인간' 어디까지 알고 있나요? http://www.aitimes.com/
  news/articleView.html?idxno=144573

- 메타버스 新인류, 디지털 휴먼 _ SPRi 소프트웨어정책연구소

  "공감은 인류의 생존 기술 … 가상현실 속 '디지털 영혼' 나올 것"

https://biz.chosun.com/international/international_general/2022/05/17/DSYJ7CS5V
ZFKTOXKMW7GVOC4LU/?utm_source=naver&utm_medium=original&utm_campaign=biz

- 진화, Global Fandom, Platform, Metaverse&NFT _키움증권 리서치센터
- 생방송마다 팬 1만 명 몰고 다닌다…데뷔 동시 1위 걸그룹 정체
- https://www.joongang.co.kr/article/25071782
- NFT 재미에서 일상으로_이승훈, 이환욱, 이현옥_ IBK 투자증권
- NFT(Non Fungible Token)를 둘러싼 최근 이슈와 저작권 쟁첨_전재림 선임연구원_한국저작권위
  원회

PART 5

- 안랩, 암호화폐 범죄 피해사례와 예방법
  https://www.ahnlab.com/kr/site/securityinfo/secunews/secuNewsView.do?seq=31459
- 지디넷코리아, 헥슬란트 '암호화폐 보안, 발행사' 동시 검증해준다'
  https://zdnet.co.kr/view/?no=20220530091710
- MoneySenator, FDIC는 1,000개의 은행에 암호화폐 계획을 공개하도록 요청했습니다. https://
  moneysenator.com/fdic-asks-1000s-of-banks-to-disclose-crypto-plans-regulation-bitcoin-
  information/
- CBC뉴스, 암호화폐 해킹 보험 출시… 보험 코인도 등장
  https://post.naver.com/viewer/postView.naver?volumeNo=16626874&memberNo=31875496
  &vType=VERTICAL
- 〈이데일리〉, "거래소 털려도 보상" 코인 손해보험 나오나… 기대 반 우려 반
  https://www.edaily.co.kr/news/read?newsId=01672806632262992
- 코인데스크, 암호화폐 관련 보험의 세부내용이 공개됐다.
  http://www.coindeskkorea.com/news/articleView.html?idxno=43541
- 블록미디어, 암호화폐 거래소 제미니, 전속보험사 나카모토 설립…2억 달러 보상 능력
  https://www.blockmedia.co.kr/archives/124221
- 아이뉴스 24, 코인 보험도 있네… 해외서 '탈중앙방식 대안보험' 등장

https://www.inews24.com/view/1442983

- 美 SEC, 세계 5번째 거대 토큰 BNB의 증권 여부 조사…제2의 리플 되나

  https://www.news1.kr/articles/?4704148

- 美 상원서 암호화폐 '시장 친화적' 법안 발의…"증권보단 상품에 유사"

  https://www.news1.kr/articles/?4705591

- '다크코인' 된 라이트코인, 국내 거래소서 결국 퇴출

  https://www.news1.kr/articles/?4705945

- [트래블룰 진단]② 시행착오 속출, 모호한 특금법에 땜질 처방 악순환 - IT조선〉기업〉금융

  (chosun.com)

  http://it.chosun.com/site/data/html_dir/2022/04/18/2022041801350.html

- 그레이스케일, 美 SEC와 '비트코인 현물 ETF' 승인 물밑 접촉 (theguru.co.kr)

  https://www.theguru.co.kr/news/article.html?no=35406

PART 6

- https://blog.naver.com/dbwjdekf/222671335662

- https://iloveaxie.com/

- https://namu.wiki/w/MMORPG

- https://xangle.io/research/626233731c7bd14a3644b211

- www.mk.co.kr/news/it/view/2022/01/35157/

- www.mobileindex.com/mi-chart/daily-rank

- www.c2x.world

- coinness.live/search/result?q=로닌%20네트워크&category=news

- www.news1.kr/articles/?4693858

- www.jemin.com/news/articleView.html?idxno=716721

- https://cryptoquant.com/

- blog.naver.com/kyoheijoa/222649601260

- www.bls.gov/cpi/

- 《10년 후 100배 오를 암호화폐에 투자하라》, 나비의활주로, 박종한 지음
- www.joongang.co.kr/article/24095214#home
- blog.naver.com/psl0408
- https://www.youtube.com/c/크립토환
- blog.naver.com/jong8783/222617160148
- https://blog.naver.com/dgoonmir
- https://www.instagram.com/wasajang